应|用|型|人|才|培|养|规|划|教|材·**经济管理系列**

零售学

（第2版）

徐盛华　倪昌红◎编著

清华大学出版社

北京

内 容 简 介

本书系统地阐述了零售学的基本概念、内容和方法，主要包括零售学导论、现代零售业态、零售商扩张战略、零售商竞争战略、零售商目标市场战略、零售顾客购买行为、商场设计与商品陈列、零售商组织结构设计、零售企业商品规划、零售采购管理、定价及调整、零售企业的促销管理、零售企业的服务管理、网络零售方面的内容。

本书可用作高等院校的市场营销、工商管理、经济贸易等经济管理类专业的教材，也可作为零售管理人员的学习参考用书，亦适合作为各类零售管理培训的教材或教学参考用书。

图书在版编目（CIP）数据

零售学/徐盛华，倪昌红编著. —2 版. —北京：清华大学出版社，2020.11(2023.1重印)
应用型人才培养规划教材. 经济管理系列
ISBN 978-7-302-56685-4

Ⅰ. ①零…　Ⅱ. ①徐…　②倪…　Ⅲ. ①零售业—商业经营—高等学校—教材　Ⅳ. ①F713.32

中国版本图书馆 CIP 数据核字（2020）第 203607 号

责任编辑：邓　婷
封面设计：刘　超
版式设计：文森时代
责任校对：马军令
责任印制：宋　林

出版发行：清华大学出版社
　　　网　　址：http://www.tup.com.cn, http://www.wqbook.com
　　　地　　址：北京清华大学学研大厦 A 座　　　邮　　编：100084
　　　社 总 机：010- 83470000　　　邮　　购：010-62786544
　　　投稿与读者服务：010-62776969，c-service@tup.tsinghua.edu.cn
　　　质量反馈：010-62772015，zhiliang@tup.tsinghua.edu.cn
印 装 者：三河市君旺印务有限公司
经　　销：全国新华书店
开　　本：185mm×260mm　　印　　张：16　　字　　数：389 千字
版　　次：2015 年 8 月第 1 版　　2020 年 12 月第 2 版　　印　　次：2023 年 1 月第 3 次印刷
定　　价：59.80 元

产品编号：089032-01

前　言 | Foreword

改革开放以来，我国零售行业得到了快速发展，在生产者和消费者之间建立起了很好的桥梁。目前零售行业之间的竞争空前激烈，大大小小的零售商都感受到了前所未有的竞争压力，许多零售商因缺乏系统性零售管理理论的指导，不能适应市场环境的新变化，出现经营萎缩、停业和破产等问题。怎样才能走出困境，已成为零售管理者必须思考的重要问题。

零售学是一门复杂的应用性学科，其将经济学、管理学、心理学和消费学等方面的知识综合应用于现代零售组织管理。为了进一步研究零售管理学科，指导零售管理者适应市场环境的新变化，更好地进行零售管理工作，我们经过长期学习与研究，深入企业调研，博采众家之长，编写了本书。

本书系统地阐述了零售学的基本概念、内容和方法，主要包括零售学导论（主要阐述零售及零售业、零售组织发展规律、西方零售业和中国零售业的变革情况）、现代零售业态（介绍零售业态的内涵以及便利店、专业店与专卖店、百货商店、超级市场、仓储式商店、购物中心和无店铺零售业态形式）、零售商扩张战略（介绍零售商的扩张战略、商圈分析、商店位置选择和零售的选址方法）、零售商竞争战略（介绍零售商竞争环境、零售商成本领先战略、零售商差异化战略、零售商目标集聚战略以及如何建立零售竞争优势）、零售商目标市场战略（阐述零售商市场细分的概念与作用、零售商市场细分的原则与标准、零售商市场细分的步骤和零售目标市场选择等方面的内容）、零售顾客购买行为（主要阐述顾客购买决策类型、购买决策过程和影响顾客购买决策的因素）、商品设计与商品陈列（介绍商场设计、货位布局和商品陈列）零售商组织设计（介绍零售商组织设计要求、零售商组织设计程序、零售商组织类型和零售商文化）、零售企业商品规划（介绍商品经营范围、商品结构调整、单品和品类管理与零售企业自有品牌管理）、零售采购管理（介绍零售商商品采购程序、零售采购制度、零售商商品采购决策和零售商采购人员管理）、定价及调整（主要阐述影响定价的主要因素、定价策略、定价方法和价格调整）、零售企业的促销管理（介绍促销组合策略、广告策略、销售促进策略和公共关系策略）、零售企业的服务管理（介绍零售企业服务的重要性、零售企业服务的设计、零售企业服务质量的改进）、网络零售（包括网络零售概述、淘宝网开店的步骤、网店经营策略、C2C 电子商务的物流模式选择）等方面的内容。

本书综合反映了国内外学者对零售管理问题的最新研究成果和近年来国内外零售鲜活的实践经验，具有如下特色：

1. 突出体系的完整性。零售管理知识体系完整，总体结构安排有逻辑性。本书先对零售学进行总论，再对零售管理各环节进行分论，最后对网络零售进行叙述，形成了一个较完整的零售学知识体系。

2. 突出结构的新颖性。每章内容安排有新意。每一章的结构按学习目标、导读、章节内容、本章小结、思考题和案例分析编写。

3．突出内容的有效性。内容叙述言简意赅，提纲挈领，读者容易把握。这对提高零售业的管理水平，取得满意的经营业绩有一定的指导作用。

本书可用作高等院校的市场营销、工商管理、经济贸易等经济管理类专业的教材，也可作为零售管理人员的学习参考用书，亦适合作为各类零售管理培训的教材或教学参考用书。

本书由江西理工大学徐盛华、倪昌红编写，由于知识水平所限，疏漏在所难免，敬请读者赐教。

作者

2020 年 9 月

目 录 | Contents

第一章 零售学导论

 学习目标

1. 掌握零售、零售商、零售业等基本概念。
2. 了解零售组织的基本类型及特点。
3. 了解国外零售组织发展演变的相关理论。
4. 了解西方零售业历次重大变革的特点及背景。
5. 了解我国现阶段零售业发展变革的基本情况。

 导读

2018 年中国零售业基本情况

第四次全国经济普查数据显示，2018 年年末，全国批发和零售业企业法人单位 649.9 万个，从业人员 4 008.2 万人，法人单位数与从业人员数均居第三产业各行业首位；批发和零售业企业法人单位资产总计 53.4 万亿元，全年实现营业收入 88.2 万亿元，占第三产业全部法人的 58.5%。

（资料来源：根据第四次全国经济普查数据整理）

零售学是一门复杂的应用性学科，是将经济学、管理学、心理学和消费学等方面的知识综合应用于零售组织管理的学科。在本章中，首先介绍零售及零售业的概念与特点，再介绍零售组织发展规律，最后介绍西方与中国零售业变革的基本情况。

第一节 零售及零售业

一、零售的概念及其特点

零售是指向最终消费者出售商品及相关服务的全部活动。零售包括以下几个方面的特点。

（1）向最终消费者出售商品。零售是将商品及相关服务提供给消费者作为最终消费之用的活动。例如，零售商将汽车轮胎出售给顾客，顾客将之安装于自己的车上，这种交易活动便是零售。若购买者是车商，车商将轮胎装配于汽车上，再将汽车出售给消费者，则不属于零售。

（2）向最终消费者提供相关服务。零售活动不仅向最终消费者出售商品，同时也提供相关服务。零售活动常常伴随商品出售提供各种服务，如送货、维修、安装等，在多数情形下，顾客在购买商品时，也买到了相应的服务。

（3）零售活动方式多样化。零售活动不一定非在零售店铺中进行，也可以利用一些使顾客便利的设施及方式，如上门推销、邮购、自动售货机、网络销售等，无论商品以何种方式出售或在何地出售，都不会改变零售的实质。

（4）零售的顾客为各类型的最终消费者。零售的顾客不限于个别的消费者，非生产性购买的社会集团也可能是零售顾客。例如：公司购买办公用品，以供员工办公使用；某学校订购鲜花，以供其会议室或宴会使用；等等。所以，零售活动提供者在寻求顾客时，不可忽视团体对象。在我国，针对社会集团的销售额平均占总零售业销售额的 10 %左右。

二、零售活动的特点及零售商的作用

零售活动是指零售商把制造商生产出来的产品及相关服务出售给最终消费者，从而使产品和服务增值的全部活动。

1. 零售活动的特点

零售活动具有以下特点。

（1）交易规模小，交易频率高。由于零售主要面对的是众多的个人消费者，他们一次的需求量少，因而每次交易的数量和金额比较少，在一定时间内交易的次数比较多。据统计，美国百货商店平均每笔交易额约为 54 美元，专业店约为 64 美元，超市约为 32 美元。而在我国的一些超级市场，平均每笔交易额还不到 20 元，每天发生的交易次数达到上千或上万次。零售活动的这一特征要求零售商须严格控制每笔交易相关的费用，如送货、包装、资信确认等方面的费用。零售商可通过使用计算机上的信息管理系统，及时了解销售和存货动态，努力增加商店的顾客数量，降低存货水平。

（2）即兴购买多，受情感影响较大。顾客在惠顾商店过程中发生的购买行为有可能是事先计划好的，也有可能是因一时冲动而做出的决策。有许多顾客喜欢在去商店之前想好要买的东西或写一张购物清单。相反，有一些顾客则主要是根据他对购物过程的感受的好坏而决定购买与否。调查发现，大部分顾客购物前并不注意广告，也不事先准备购物清单；有些顾客即使有购物清单，但受商店气氛的影响也往往会增加额外购买或转移商品品牌。这些情况对现场展示、吸引人的商店布局、组织良好的商店货架和商店橱窗具有重要价值。同时，零售商还必须注意服务员的态度、礼仪以及服务效率，使顾客受到尊重，获得满意的购物体验，维持对商店的忠诚。

（3）顾客去实体店购物仍是主要购物方式。尽管近几年邮购、电话销售、网络销售的零售额在不断增长，顾客完全可以选择足不出户购买所需商品。但是，绝大部分零售额仍然是通过商店销售实现的。这说明，顾客去实体店购物仍是主要购物方式。分析其原因，有：最终消费者数量众多；许多消费者仍对亲自购物，以及在不同品牌和款式之间选择感兴趣；平均销售规模小，购买具有无计划性；消费者不希望被干扰；等等。国内的许多消费者仍把去商店购物当作一种休闲方式。面对顾客的购物习惯，零售商不得不在商店位置、运输设施、营业时间、错位竞争、商品组织、停车场和广告等方面下功夫。

　　2. 零售商的作用

　　零售商从事的活动是把制造商生产出来的产品及相关服务出售给最终消费者。在产品的流通过程中，零售商发挥着至关重要的作用。

　　零售商作为制造商、批发商以及其他供应商与最终消费者的中介，可以提高流通效率，促进生产，引导消费。例如，为了实现效率最大化，许多制造商往往只生产一种商品，并把全部存货销售给尽可能少的购买者，而许多最终消费者却想从种类繁多的商品中选购数量有限的品种，于是零售商聚集来自不同渠道的商品，大批量购买，然后小批量出售给消费者。这样，由于制造商和批发商只集中精力专注于商品生产和流通的某一个环节而获得了更高的效率；最终消费者也因为零售商提供的品种繁多的商品和便利舒适的购物环境而感到满意。同时，零售商源源不断地将制造商的产品信息提供给消费者，再将消费者的需求信息反馈给制造商，从而衔接了供需，促进了生产和消费。

三、零售商活动内容

　　零售商要想成功地起到制造商、批发商以及其他供应商与最终消费者之间的中介作用，必须合理地安排以下活动：商圈分析；零售竞争战略；零售目标市场战略；零售商品管理；零售采购管理；零售价格管理；零售促销管理；商场设计与商品陈列；零售服务管理。无论是中小零售商店，还是跨国零售公司，其成功主要取决于对零售活动各要素的科学合理的组织与安排。零售商开展上述经营活动的核心是顾客，以及竞争对手和所处的环境。成功的零售商必须了解其目标顾客的需要，然后提供满足其需要的商品和服务。成功的零售商必须比竞争对手拥有更多的竞争优势，只是简单地满足顾客需求是不够的，还必须密切关注竞争对手的行动，并努力比竞争对手做得更好，以保持顾客的忠诚。此外，零售商还需要了解环境的变化，包括新的顾客需求、新出现的竞争对手、各种新技术、社会道德标准和政府法规政策等，并随着这些变化做出相应的零售策略调整。

四、零售业的概念

　　零售业是指通过买卖形式，将工农业生产者生产的产品直接售给居民作为生活消费用或售给社会集团供公共消费用的商品销售行业。零售业没有统一定义，目前比较主流的零售业定义分为两种：一种是营销学角度的定义，即认为零售业是任何一个从事由生产者到消费者的产品营销活动的个人或公司，他们从批发商、中间商或者制造商处购买商品，并直接销售给消费者。这种定义在近三十年的营销学文献中非常普遍。另一种是美国商务部的定义，即零售贸易业包括所有把较少数量商品销售给普通公众的实体。它们不改变商品的形式，由此产生的服务也仅限于商品的销售。零售贸易板块不仅包括店铺零售商，还包括无店铺零售商。我们认为，零售业是指以向最终消费者（包括个人和社会集团）提供所需商品及其附带服务的行业。

　　零售业是最古老、最重要的行业之一。零售业的每一次变革和进步，都带来了人们生活质量的提高，甚至引发了一种新的生活方式。零售业是一个国家和地区经济运行状况的晴雨表。国民经济是否协调发展，社会与经济结构是否合理，终究会在消费品市场上表现出来。零售业是一个国家和地区的主要就业渠道，对劳动就业有突出贡献，很多国家和地区把扶持发展零售业作为解决就业问题的优先方向。

现代零售业是高投资与高科技相结合的行业。现代零售商可运用互联网技术对变化中的消费需求迅速做出反应。

第二节　零售组织发展规律

一、零售组织分类

零售组织虽然与零售商的概念相近，但还是有一些区别。零售组织强调这一机构所进行的零售活动的组织方式，而零售商更多的是指一个独立核算的营利机构。例如，百货商店、超级市场、便利店可以被称作不同的零售组织形式，但一个零售商可以同时拥有百货商店、超级市场和便利店等零售组织的经营形式。

由于零售组织形式繁多，所以划分的标准也不统一。目前，对零售组织的分类主要有三种方法：按零售组织的目标市场及经营策略不同划分为百货商店、超级市场、便利店、仓储式商店、专业店、专卖店、折扣商店、杂货店、目录展示室；按是否设立门店划分为独立商店、直营连锁商店、特许经营、租赁商品部、垂直营销系统、消费者合作社；按零售组织所有权形式划分为有店铺零售和无店铺零售，而无店铺零售又包括邮购、上门销售、电话订购、电视销售、网络商店、自动售货机、流动商贩。

我国贸易部把零售业态划分为八种，即百货商店、超级市场、大型综合超市、专业店、专卖店、便利店、仓储式商店、购物中心。

1. 百货商店

百货商店是指经营服装、鞋帽、首饰、化妆品、装饰品、家电、家庭用品等众多种类商品的大型零售商店。它是在一个大建筑物内，根据不同商品部门设销售区，采取柜台销售和开架面售方式，开展进货、销售、核算、定价和管理，注重服务功能，满足目标顾客追求生活时尚和品位需求的零售业态，具有管理信息系统应用程度较高，商品丰富、种类齐全，设施先进、环境优良的特点。

2. 超级市场与大型综合超市

超级市场是20世纪30年代出现在美国的一种零售业态，被称为"零售商业的第二次革命"。超级市场是指采取顾客自我服务销售方式，主要销售食品、副食品、杂货日用，特别是生鲜食品，以满足消费者每日生活需求的零售业态。这是传统意义上的标准型食品超市，具有以下特点：顾客自我服务代替营业员的服务；由于节约了劳动力，使成本降低，商品得以廉价销售；货款一次结清，提高了购物效率；包装食品、生鲜食品的经营占较大比重。大型综合超市是标准化食品超市和大众化日用品商店的综合体，其商品种类齐全，可以满足顾客一次性购足的需要。大型综合超市的营业面积一般都在几千平方米，甚至几万平方米。

3. 专业店、专卖店

专业店是指以经营某一大类商品为主并且具备有丰富专业知识的销售人员和适当的售后服务，以满足消费者对某大类商品的选择需求的零售业态。专卖店是指专门经营或授权经营制造商品牌和中间商品牌，以适应消费者对品牌选择需求的零售业态。两者在经营上具有相似性。专业店和专卖店是商品生产和商品流通发展到一定水平的产物，是以满足消费者选择性需求为主要目的的零售业态。

4. 便利店

便利店于 20 世纪 40 年代中期在美国诞生，50 年代中后期至 60 年代迅速发展起来。便利店是一种以自选销售为主，销售小容量应急性的食品、日常生活用品和提供商品性服务，以满足顾客便利性需求为主要目的的零售业态。从严格意义上讲，便利店不同于我们通常称的小卖店，它具有营业面积小、营业时间长、价格较高、服务便利、连锁经营的特点。

5. 仓储式商店

仓储式商店又称为仓库商店、货仓式商场、超级购物中心等，是一种集商品销售与商品存储于一个空间的零售形式。这种商场规模大、投入少、价格低，大多利用闲置的仓库、厂房运行。场内极少豪华装饰，一切以简洁自然为特色。

商品采取开架式陈列，由顾客自选购物，商品品种多，场内工作人员少，应用现代计算机技术进行管理，即通过商品上的条形码实　　行快捷收款结算和对商品进、销、存采取科学合理的控制，既方便了人们购物，又极大提高了商场的销售管理水平。

6. 购物中心

购物中心是指在一个毗邻的建筑群中或一个大型建筑物中，由一个管理机构组织、协调和规划，把一系列的零售商店和服务机构组织在一起，提供购物、休闲、娱乐、饮食等各种服务的一站式消费中心。

国内通常所说的购物中心实为百货商店的另一种称呼。购物中心不仅规模巨大，集合了百货商店、超市、大卖场、专卖店、大型专业店等各种零售业态，而且有各式快餐店、小吃店和特色餐馆，以及电影院、儿童乐园、健身中心等各种休闲娱乐设施。另外，购物中心还提供了百货商店、大卖场等无法提供的如漫步在长廊、广场、庭院般悠闲的购物享受。

二、零售组织演化规律理论

1. 零售轮转理论

零售轮转理论又被称作车轮理论，是美国哈佛商学院零售专家 M. 麦克尔教授提出的。他认为，零售组织变革有一个周期性的、像一个旋转的车轮一样的发展趋势。新的零售组织最初都采取低成本、低毛利、低价格的经营政策。当它取得成功时，必然会引起他人效仿，结果激烈的竞争促使其不得不采取价格以外的竞争策略，诸如增加服务、改善店内环境，这势必增加费用支出，使之转化为高费用、高价格、高毛利的零售组织。与此同时，又会有新的革新者以低成本、低毛利、低价格为特色的零售组织开始问世，于是"轮子"

又重新转动。超级市场、折扣商店、仓储式商店都是沿着这一规律发展起来的。

2. 零售手风琴理论

零售手风琴理论是由布兰德（E.Brand）于 1963 年首先提出的，再经霍兰德（S.C.Hollander）于 1966 年加以发展并命名，用拉手风琴时风囊的宽窄变化来形容零售组织变化的产品线特征。手风琴在演奏时不断地被张开和合起，零售组织的经营范围与此相似地发生变化，即从综合到专业，再从专业到综合，如此循环往复，一直继续下去。拉尔夫·豪尔说："在整个零售业发展历史中（事实上，所有行业都如此），似乎具有主导地位的经营方法存在着交替现象。一方面是向单个商号经营商品的专业化发展，另一方面是从这一专业化向单个商号经营商品的多元化发展。"事实上，美国等西方国家零售业大致经历了五个时期：一是杂货店时期（经营产品的宽度选择大宽度/小深度）；二是专业店时期（经营产品的宽度选择小宽度/大深度）；三是百货店时期（经营产品的宽度选择大宽度/小深度）；四是便利店时期（经营产品的宽度选择小宽度/大深度）；五是购物中心时期（经营产品的宽度选择大宽度/小深度）。

3. 零售自然淘汰理论

零售自然淘汰理论由美国零售专家吉斯特首先提出。这一理论的具体内容是：零售组织的发展变化必须与环境因素变化相适应，越是能适应环境因素（如生产结构、技术革新、消费增长及竞争态势等）的变化，越是能生存至永远。否则，将会自然地被淘汰或走向衰落。对于某种零售组织来说，必须不断进行自我调整，适应变化的环境，这也是适者生存的原则。但环境是不断变化的，所以零售组织的调整也是无限的，当零售组织不适应变化的环境时，这一类型的组织也将消亡。

4. 零售辨证过程理论

零售辨证过程理论是由斯卡尔（Schary）和凯尔伯（Kirby）提出的。他们用黑格尔哲学中的正、反、合原理来说明零售业态的变迁。所谓"正"是指现存的零售业态，所谓"反"是指现存业态的对立面，而所谓"合"是"正""反"的统一或混合，即新、旧两种业态相互取长补短，形成更新的零售业态。该理论认为，一种新型零售业态出现以后，必然带来另一种与它完全不同的零售业态的出现，新出现的零售业态基本上是现存零售业态的否定形式或现存零售业态的重新组合。就零售业来说，辨证模型是指各零售组织面对对手的竞争相互学习并趋于相同。因此，一个企业遇到具有差别优势的竞争者的挑战时，将会采取某些战略和战术以获取这一优势，从而消除竞争者的部分吸引力，同时，竞争者也不是保持不变，而是倾向于按其挑战的企业情况来改进或修正产品和设施。这种相互学习的结果，使两个零售组织逐渐在产品、设施、辅助服务和价格方面趋向一致，变得非常相似，成为一种新的零售组织，即"合"。这种新的零售组织又会受到新竞争者的"否定"，辨证过程又重新开始。辨证过程理论揭示了零售组织发展变化的一般规律，即从肯定到否定，再到否定之否定的变化过程。

5. 生命周期理论

美国零售专家戴维森等人认为，零售组织像生物一样，有它自己的生命周期。随着时代的发展，每一种零售组织都将经历创新期、发展期、成熟期、衰退期四个阶段。这一理论分析了各种零售组织从产生到成熟的间隔期，并对各个阶段零售组织的特点做了描述，提出了处于不同阶段的各零售组织可采取的相应策略，包括投资增长和风险决策、中心业务管理、管理控制技术的运用和最佳的管理作用等方面的策略。

6. 商品攀升理论

商品攀升理论是从零售组织的产品线角度解释其发展变化的。该理论说明了零售组织不断增加其商品组合宽度的规律，当零售组织增加相互不关联的或与公司原业务范围无关的商品和服务时，即发生了商品攀升。例如，一家鞋店原先主要经营皮鞋、运动鞋、拖鞋、短袜、鞋油等商品，经过一段时间的发展，其经营的商品种类越来越多，又增加了诸如手袋、皮带、伞、帽子、毛衣、手套等商品，这就是攀升了的商品组合。

第三节 西方零售业的变革

零售业中的某些变化要提升到重大变革的高度，必须满足三方面的条件：一是革新性，即这一变化应产生一种全新的零售经营方式、组织形式和管理方法，并取得支配地位；二是冲击性，即新的零售组织和经营方式将对旧组织和旧方式产生强烈的冲击，同时也影响顾客购物方式的变化和厂商关系的调整；三是广延性，即这场变革不会转瞬即逝，而是会扩展到一定的空间，延续到一定的时间。从这几个方面考察，西方零售业历史上出现过四次重大变革。

一、第一次零售变革：百货商店的诞生

零售业的第一次重大变革是以具有现代意义的百货商店的诞生为标志的，学术界称之为"现代商业的第一次革命"，足见其划时代的意义。当时百货商店被称为具有革新性的经营手法现在看来十分平常，诸如：明码标价和商品退换制度；店内装饰豪华，顾客进出自由；店员服务优良，对顾客一视同仁；商场面积巨大，陈列商品繁多，分设若干商品部，实施一体化管理；等等。这些改革对当时传统零售商来说，已是一个质的飞跃。

1. 销售方式上的根本性变革

百货商店是世界商业史上第一个实行新销售方法的现代大量销售组织。其新型销售方法概括起来表现为以下几方面。

（1）顾客可以毫无顾忌地、自由自在地进出商店。

（2）商品销售实行明码标价，商品都有价格标签，对任何顾客都以相同的价格出售。

（3）陈列出大量商品，以便于顾客任意挑选。

（4）顾客如果对购买的商品不满意，可以退换。

这些销售方式，虽然在现在看来是十分平常的事情，但它是由百货商店的诞生及其对零售销售的变革而来的。

2. 经营上的根本性变革

当时出现的百货商店的一个最大特点是，设有若干不同的商品部，这些商品部就像是

一个屋顶下的"商店群"，即把许多商品按商品类别分成部门，并由部门来负责组织进货和销售。而且，百货商店是主要以生活用品为中心，实行综合经营的大量销售的组织。按不同商品和不同销售部来经营，虽然每个部的经营规模不大，但由于它们是汇聚在一个经营体之中的，因而这种综合经营的规模比之前的杂货店和专门店更庞大。因此，百货商店实行综合经营是其适应大量生产和大量消费的根本性变革内容之一。

3. 组织管理上的根本性变革

在传统的城市零售店和乡村杂货店中，店主不仅亲自营业，而且自行负责店内的人、钱、物的管理。与此不同，百货商店由于同时经营若干系列的商品，企业规模庞大，因而其经营活动分化成相对独立的专业性部门，实行分工和合作；而管理工作则是分层进行的，企业有统一的计划和组织管理原则，然后由若干职能管理部门分头执行。因此，百货商店是在一个资本的计划和统制下，按商品系列进行分部门、分层次管理的。

二、第二次零售变革：超级市场的诞生

1. 革命性变化

超级市场的诞生标志着一场零售革命的爆发，其对零售业的革新和发展以及整个社会的变化产生了以下影响。

（1）开架售货方式流行。开架售货方式尽管不是超级市场首创，但其是因超级市场而逐渐流行的，超级市场采用的自选购物方式，作为一个重要的竞争手段，不仅冲击了原有的零售形态，而且影响了新型的零售业态，后来出现的折扣商店、货仓式商店、便利店等都采取了开架自选或完全的自我服务方式。

（2）购物时间大大节省。随着人们工作时间增多，闲暇时间减少，人们已不把购物当作休闲方式，而是要求购物更方便、更快捷，超级市场恰好满足了人们的这种新要求，将原本分散经营的各类商品集中到一起，实施关联商品陈列和统一结算，大大节省了人们的购物时间，使人们能将有限的闲暇时间用于旅游、娱乐、健身等活动，创造了一种全新的现代生活方式。

（3）舒适的购物环境普及。超级市场所营造的整齐、干净的舒适购物环境，取代了原先脏、乱、嘈杂的生鲜食品市场，使人们相信购买任何商品都能享受购物乐趣。

（4）促进了商品包装的变革。开架自选迫使厂商进行全新的商品包装设计，展开包装、标识等方面的竞争，出现了大中小包装齐全、装潢美观、标识突出的众多品牌，这也使商场显得更整齐、更美观，造就了良好的购物环境。

2. 产生背景

超级市场的出现和发展现在看来有其历史的必然，其产生背景如下。

（1）经济危机是超级市场产生的导火线。20世纪30年代席卷全球的经济危机使得居民购买力严重不足，零售商纷纷倒闭，生产大量萎缩，店铺租金大大降低，超级市场利用这些租金低廉的闲置建筑物，采取节省人工成本的自助购物方式和薄利多销的经营方针，实现了低廉的售价，因而受到了当时被经济危机困扰的广大消费者欢迎。

（2）生活方式的变化促成了超级市场。"二战"后，越来越多的妇女参加了工作，人

们生活、工作节奏加快，加上城市交通拥挤，原有零售商店停车设施落后，许多消费者希望能到一家商场，停车一次，就购齐一周所需的食品和日用品，超级市场应运而生。

（3）技术进步为超级市场创造了条件。制冷设备的发展为超级市场储备各种生鲜食品提供了必要条件，包装技术的完善为超级市场中的顾客自选提供了极大的方便；而后来的电子技术在商业领域的推广应用，更促使超级市场利用电子设备提高售货机械化程度。此外，冰箱和汽车在西方家庭中的普及使消费者的大量采购和远距离采购成为可能。

三、第三次零售变革：连锁商店的兴起

连锁商店是现代大工业发展的产物，是与大工业规模化的生产要求相适应的。其实质就是通过将社会化大生产的基本原理应用于流通领域，达到提高协调运作能力和规模化经营效益的目的。连锁商店的基本特征表现在四个方面。

1. 标准化管理

在连锁商店中，各分店统一店名，使用统一的标识，进行统一的装修，在员工服饰、营业时间、广告宣传、商品价格方面均保持一致性，从而使连锁商店的整体形象标准化。

2. 专业化分工

连锁商店总部的职能是连锁，而店铺的职能是销售。表面上看，这与单体店没有太大的区别，实际上却有质的不同。总部的作用是研究企业的经营技巧，并直接指导分店的经营，这就使分店摆脱了过去靠经验管理的影响，大大提高了企业管理水平。

3. 集中化进货

连锁商店总部集中进货，商品批量大，从厂家可以得到较低的进货价格，从而降低进货成本，取得价格竞争优势。由于各店铺是有组织的，因此，在进货上克服了盲目性，不需要过大的商品库存，就能保证销售需要，库存成本又得到降低。各店铺专门负责销售，就有更多的时间和手段组织促销，从而加速了商品周转。

4. 简单化作业

连锁商店的作业流程、工作岗位上的商业活动尽可能简单，以减少经验因素对经营的影响，由于连锁体系庞大，在各个环节的控制上都有一套特定的运作规程，要求精简不必要的过程，达到事半功倍的效果。

四、信息技术孵化零售业第四次变革

信息时代，网络技术的发展对零售业的影响是巨大的，绝不亚于前三次生产方面的技术革新对零售业影响的深度和广度。网络技术引发了零售业的第四次变革，甚至改变了整个零售业。这种影响具体表现在以下几方面。

（1）网络技术打破了零售市场时空界限，店面选址不再重要。店面选址在传统零售商经营中曾占据了极其重要的地位，有人甚至将传统零售经营成功的首要因素归结为"Place，Place，Place"（选址、选址，还是选址），因为没有客流就没有商流，客流量的多少成了零售经营至关重要的因素。连锁商店之所以迅速崛起，是因为打破了单体商店的空间限制，

赢得了更大的商圈范围。而在信息时代，网络技术突破了这一地理限制，任何零售商只要通过一定的努力，都可以将目标市场扩展到全国乃至全世界，市场真正国际化了，零售竞争更趋激烈。对传统商店来说，地理位置的重要性大大下降，要立足市场必须更多地依靠经营管理的创新。

（2）销售方式发生变化，新型业态崛起。信息时代，人们的购物方式发生了巨大变化，消费者从过去的"进店购物"演变为"坐家购物"，足不出户，便能轻松在网上完成过去要花费大量时间和精力的购物过程。购物方式的变化必然导致商店销售方式的变化，一种崭新的零售组织形式——网络商店应运而生，其具有的无可比拟的优越性将成为全球商业的主流模式，并与传统有店铺商业展开全方位的竞争，而传统零售商为适应新的形势，也将引入新型经营模式和新型组织形式来改造传统经营模式，尝试在网上开展电子商务，结合网络商店的长处和传统商业的长处，综合发挥最大的功效。零售业的变革不再是一种小打小闹的局部创新，而是一场真正意义上的革命。

（3）零售商内部组织面临重组。信息时代，零售业不仅会出现一种新型零售组织——网络商店，同时，传统零售组织也将面临重组。无论是企业内部的还是企业与外界的，网络技术都将代替零售商原有的一部分渠道和信息源，并对零售商的企业组织造成重大影响。这些影响包括业务人员与销售人员的减少、企业组织的层次减少、企业管理的幅度增大、零售门店的数量减少、虚拟门市和虚拟部门等企业内外部虚拟组织盛行。这些影响与变化，促使零售商意识到组织再造工程的迫切需要。尤其是网络的兴起，改变了企业内部作业方式，以及员工学习成长的方式，个人工作者的独立性与专业性进一步提升。这些都迫使零售商进行组织的重整。

（4）经营费用大大下降，零售利润进一步降低。信息时代，零售商的网络化经营实际上是新的交易工具和新的交易方式的形成过程。零售商在网络化经营中，内外交易费用都会下降，就一家零售商而言，如果完全实现了网络化经营，可以节省的费用包括企业内部的联系与沟通费用，企业人力成本费用，大量进货的资金占用成本、保管费用和场地费用，通过虚拟商店或虚拟商店街销售的店面租金费用，通过网络进行宣传的营销费用和获取消费者信息的调查费用，等等。另外，由于网络技术大大克服了信息沟通的障碍，人们可以在网络上漫游、搜寻，直到最佳价格显示出来，因而将使市场竞争更趋激烈，导致零售利润进一步降低。

第四节   中国零售业的变革

一、中国零售业的变革历程

中国零售业主要经历了以下变革历程。

（1）第一阶段：改革开放初至1989年年底，传统百货商店占零售市场主导地位。

（2）第二阶段：1990—1992年年底，超级市场开始涌现，动摇了百货商店的主导地位。

（3）第三阶段：1993—1995 年年底，各种新型零售组织崭露头角，出现百花齐放局面。

（4）第四阶段：1996—1999 年年底，跨国零售商进入中国，加速了零售业现代化进程。

（5）第五阶段：1999 年以后，零售竞争日益加剧，连锁经营趋势增强。

二、中国零售业变革的动因

基于中国零售业所进行的深入而广泛的变革，目前有三种说法解释其背后的原因和原动力。

第一种说法是零售业的变革源于技术进步力量的推动。近代以来，西方零售业的发展经历了三次重大变革，并在信息技术的催化下酝酿第四次重大变革，如今西方国家发达的现代零售业就是这几次零售革命的必然结果。近代零售业的多次变革，每一次都能找到技术力量推动的影子，它伴随着同期技术革命所引发的产业革命而行。尤其是信息时代，网络技术在社会各个领域的广泛应用，电子商务的兴起，迫使传统零售从管理观念、管理模式、组织结构到作业流程进行相应变革。而我国引发零售革命的技术条件均已成熟，网络技术也已逐渐渗透到社会经济生活的各个角落，因而中国零售业变革是大势所趋。与西方发达国家不同的是，中国零售业是多项变革同时进行，而不是呈阶段性发展，这就导致这场变革的复杂性和急剧性。

第二种说法是零售业外部市场环境变化导致零售业内部做出相应调整。根据"零售组织进化论"的"适者生存"观点，零售必须同社会经济环境的变化相适应，才能继续存在和发展，否则就将不可避免地被淘汰。经过多年的经济体制改革，中国市场环境已经发生了根本性的变化，在从卖方市场向买方市场转化过程中，消费者逐渐成为控制市场的主导力量，信息技术的发展使得消费者的个性化和多样化需求得到充分满足。如果零售商不相应调整经营方式，则制造商极有可能越过中间商直接向消费者提供商品和服务。同时，跨国零售集团的进入，以更先进的管理方式提供更优质的顾客服务，使中国零售竞争在更高平台上开展，这些都迫使中国零售商为赢得生存空间，在零售业内部做出相应调整。

第三种说法是经济发展进程中零售业自身发展规律所引发的内部结构调整。从近代西方发达国家零售业发展路径来看，零售业有着自身的发展规律，如西方学者总结的"零售轮转学说""零售综合化和专业化循环学说""零售辨证学说""零售组织生命周期学说"等，都从不同角度阐释了零售业发展演变规律，说明商品流通系统通过自身的发展变革，能够在大量生产与多样化消费之间，通过创造新的组织形式，充分发挥协调生产与消费的功能。在中国经济高速发展时期，西方新型组织形式和经营方式的引入，促使零售业内部进行着质的变化。

三、中国零售商面临的挑战

1. 面临零售业创新带来的挑战

业态创新是传统零售突围的根本途径。西方零售革命的历程已表明，不同零售业态的产生通常是与不同的生产力发展水平相适应的。因此西方成熟的零售业态模式未必都适合在中国发展，中国零售绝不能一味照搬西方成熟的零售业态模式，必须要立足于中国国情和生产力发展水平，进行零售业态的创新，发展适合中国国情和与生产力发展水平相适应的零售业态。这是中国零售业未来发展的方向。

2. 面临技术进步带来的挑战

目前国内零售对信息技术的应用还停留在"办公自动化"水平。很多零售仅满足于数据汇报，很难看到真正的智能分析。而现代零售必须依托信息化手段进行精细化的管理，包括对产品品类以及单品的精细化管理。跨国零售的实践表明，信息技术不只是单纯的管理工具，更是企业塑造竞争优势的关键因素之一。信息技术带动下的精细化管理将有力促进零售的发展与变革。在电子商务时代，实体零售要想生存与发展，就必须重视发展线上业务，实现线下与线上的有效联动。网上零售目前呈现一片欣欣向荣的景象，但是商业模式创新和供应链优化等一系列问题的解决有待零售的管理者去探索。

3. 面临消费者需求变化带来的挑战

随着人们生活水平的提高和生活观念的变化，消费者开始注重包括商品因素在内的整体服务质量，消费者越来越以一种"机会成本"的意识对购物活动做出价值判断，消费者希望在单位时间内能尽可能多地行使商品选择权和自主决策权，消费者对商品价值的评价转化为对让渡价值的评价。在很多情况下人们并不是为了购物而购物，消费者渴望与人交流、受人尊敬，甚至希望以某种独特的方式参与到商品的销售服务乃至设计、生产的全过程之中，从而在获得商品使用价值的同时，得到一种颇具意味的体验。消费需求的巨变直接导致零售业交易方式的变化，从而给零售业市场带来巨大的挑战。

4. 面临竞争与合作的挑战

零售业国际竞争力是指在国际竞争环境下，一国零售企业比较国际上同类商品和服务的竞争者进行商品销售和提供服务的能力。对于零售业这种地域性很强的行业，除了国内零售之间的相互竞争外，还要面对外来竞争者的竞争。我国零售多为中小型企业，其整体和单店规模有限，组织化程度也较低，资本运作能力与外资零售业相比还有差距，为此我国零售必须加强合作，提升国际竞争能力，我国零售业发展面临竞争的挑战与合作的机遇。

四、西方零售业的经验对中国零售业的变革的启示

1. 国外名百货店商品经营的成功经验

（1）卖主品，也卖连带性商品，负责供应零配件和维修业务。西尔斯公司根据顾客的消费习惯和商品的连带性，对所属商店及时调整商品品种和布局。例如，在童装部、妇女用品部和房屋装饰品部的邻近设有玩具品部、家用器皿部和园艺用品部；公司设有170个零配件供应中心，经营30多万种商品，5个大型中央批发站和78个仓库；除各个零配件供应中心外，公司的若干商店也供应零配件。此外，购买的技术复杂商品发生故障时，可立即给予维修。为此，公司雇用了2万名保修技术员，绝大多数代客维修工作由保修站派人在指定时间内到顾客家中进行。

（2）重视经营定制商品。美国一家百货商店的服装部安装了一套由摄影机和计算机组

成的制衣设计系统。对前来购买服装的顾客，先由摄影机拍摄，然后由计算机根据拍摄结果，计算出顾客的身高、胸围、腰围等数据，紧接着屏幕上显示出顾客身着新装的正面、侧面、后面等不同视角的效果，顾客可以从150多种样衣中选出自己中意的一种。通过网络，有关顾客衣服式样的数据被传送到生产车间，几天后，顾客就可以拿到非常合体的新衣。这就是"定制经营"。定制经营不仅适用于服装，也适用于其他许多商品。这种由商家为顾客"量身定做"的全新经营战略，在崇尚个性化消费的今天，极大地提高了满足市场需求的程度。据了解，采用定制经营的企业，其经营的商品互不雷同，各有特色。这既大大减少了库存，缓解了因价格过度竞争给企业带来的压力，又推动了厂商之间由单纯的供销关系向"你设计，我生产"互惠互利的合作伙伴关系转变。

（3）积极调整商品结构。传统上，商品品种是否齐全是衡量一家百货店服务水准高低的重要指标。实际上，商品过于包罗万象，往往使顾客的购买过程复杂化，同时增加了库存定额，延长了平均库存周期，提高了库存成本和由于品种多带来的其他成本。因此，许多百货店越来越注重减小商品大类中品种的深度，控制商品种类。例如，马莎公司在取消五金制品、陶瓷制品、餐具、文具等17个部门后，虽然商品品种减少了70%，经营商品只有五六千种，但销售额却大幅上升。这说明，企业完全有可能做到减少商品品种的多样性而不影响顾客对商店所售商品范围的感觉和销售额。

（4）注重开发自有品牌商品。自有品牌可比厂商品牌大大节省成本。百货店可直接设厂或绕开批发环节与厂家合作，使通路变短，既降低了进货价格，又可以自行决定零售价格，因而能实现售价低、利润多的效果。例如，西尔斯公司1955年经营的商品中有95%是自有品牌，有10 000家制造商为其定牌生产，西尔斯自己还拥有22家生产厂。马莎公司的"圣米高"牌服装均以下订单的方式在1 200多家工厂加工，顾客知道，要买"圣米高"牌商品，就去马莎。另外，日本的大荣公司专门成立了标准商品开发部，负责自有品牌的开发。该公司自有品牌开发集中在食品、杂货、家庭用品、衣料、家用电器和家具六大类商品，其基本做法是，了解顾客对这类商品的希望价格，公司计算出销售和采购价格，厂商考虑生产的可能性。其原则是，自有品牌商品要比厂商名牌产品价格低20%，但毛利要确保达到同类商品的平均水平。

（5）全面推行单品管理。20世纪80年代，伊藤洋华提出并逐步完善了单品管理概念，即把各类商品进行细分，把同一品牌商品按不同质地、不同样式、不同颜色等标准分类后管理。比如猪脊肉，可细分为肉丝、肉块、肉丁、肉馅等，每一品种又依重量细分为500克、300克和200克等不同包装，这些不同商品的销售信息实时输入计算机，每两小时分析一次，如果300克肉块好卖，就多加工一些。单品管理将重点放在能产生顾客需求差异的单品上，争取在第一时间掌握每一单品的销售动向，不断优化商品结构，力求最大限度满足顾客需求。同时以此为根据，精确选择进货的品种和数量，从而解决了百货店最常见也是最难解决的"库存损失"和"机会损失"问题。

2. 对中国零售业的变革的启示

如果本土百货店在巩固人文和地缘优势的同时，大胆借鉴国外先进的商品经营理念和管理技术，敢于优化商品经营品种，那么保持甚至超越目前的经营业绩并非不可能。具体来说，可采取以下措施。

（1）做好商圈分析，选择符合市场需要和本店定位的商品结构。百货店多聚集在城市的繁华街区，要想避免两败俱伤，最好实行错位经营，即把对手商品经营上的弱项作为自己的经营强项。这就需要对周边商圈进行研究，其中，重点调查消费者和竞争者的情况，如商圈内消费者的年龄结构、性别结构、消费习惯和消费心理；竞争对手的经营特色和经营业绩；何种类型的顾客有可能培育成重点顾客和忠诚顾客；什么档次的商品最受顾客欢迎和可形成购买力；等等。百货店在调整商品经营结构时，一定要从商圈的总体布局出发，努力适应商圈的经营特点和经营范围，做到拾遗补阙。例如，位于上海徐家汇广场的三家企业，经过多年的"火并"和冷静的思考，终于各自寻找到了目标市场：东方商厦以注重名牌的中高收入顾客为目标市场，以精品店面貌出现；太平洋百货以追求时尚的青少年为目标市场；第六百货坚持薄利多销、便民利民，以大众为目标市场。

（2）从"为人做嫁衣"转向"创立自有品牌"。百货企业曾为制造商培育了一个又一个名牌，但属于自己的品牌却很少。生产者最初创品牌时，往往主动求助于百货店，随着市场的打开和品牌知名度的上升，工厂就会和商家"讨价还价"，使商家十分被动。这种局面的形成固然有供应商的因素，但商家甘心"为人做嫁衣"，无意经营创新也是重要原因。其实，百货店开发自有品牌是完全可能的。据了解，南京中央商场自1995年起就通过两种形式实施自有品牌战略。一是定牌监制，先后注册了"极"和"百思特"两个服装商标，委托工厂加工生产，由商场负责销售，效果不错。二是自己加工，自行开发"紫晶包""祖母绿"系列首饰，因款式新、成本低，售价比市场价低30%，年销近千万元。从全社会角度来看，百货店自有品牌的发展体现了商业在消费品生产和流通中主导作用和控制能力的加强，这对于促进工商一体化意义重大。

（3）以现代信息技术，创新商品管理方法。商品管理是百货企业重要的管理环节。过去，经营的分散化与手工操作使得企业对商品的管理只能是商品的柜组管理或大类管理，很难深入某一具体商品或品牌的管理。今天，借助IT工具，现代百货店可以及时地把大量进、销、存商品信息转换为可控数据，商品管理不仅可以深入某一具体商品，而且可以根据需要进一步加以细分，准确地把握商品销售信息，即时响应消费者需求的细微变化，随时调整商品经营结构。事实证明，IT应用的不足严重制约了企业的有效经营。

（4）突破传统竞争观念，走合作竞争型经营道路。现代百货店若不依靠合作方式，很难实现其连锁经营、开发特色商品、创立自有品牌和商品结构合理化等策略。因为21世纪的市场竞争，已不是企业与企业之间的竞争，而是供应链与供应链之间的竞争。商品供应链实际是一条利润链，它以利益机制将合作各方紧密相连，使它们不分主次，形成一荣俱荣的双赢效应。这就要求百货企业必须抛弃以自我为中心的狭隘观念，用合作取代竞争，通过提高自己在供应链环节的效率，来带动整个供应链效率的提高，从而增加顾客的利益，提升商品的竞争力。

本章小结

1．零售是指向最终消费者出售消费品及其相关服务的全部活动。其特点有：向最终消费者出售商品、向最终消费者提供相关服务、零售活动方式多样化、零售的顾客为各类型的最终消费者。

2. 零售活动是指零售商把制造商生产出来的产品及相关服务出售给最终消费者，从而使产品和服务增值的全部活动。其特点有：交易规模小，交易频率高；即兴购买多，受情感影响较大；顾客去实体店购物仍是主要购物方式。

3. 零售业是指通过买卖形式，将工农业生产者生产的产品，直接售给居民作为生活消费用或售给社会集团供公共消费用的商品销售行业。

4. 我国贸易部把零售商业业态划分为 8 种：百货商店、超级市场、大型综合超市、专业店、专卖店、便利店、仓储式商店、购物中心。

（1）百货商店，是指经营服装、鞋帽、首饰、化妆品、装饰品、家电、家庭用品等众多种类商品的大型零售商店。

（2）超级市场，是指采取顾客自我服务销售方式，主要销售食品、副食品、杂货日用，特别是生鲜食品，以满足消费者每日生活需求的零售业态。

（3）大型综合超市，是指标准化食品超市和大众化日用品商店的综合体，其商品种类齐全，可以满足顾客一次性购足的需要。

（4）专业店，是指专门经营某一类商品或几类有连带关系商品的商店；而专卖店是专门出售某一品牌商品的商店，两者在经营上具有相似性。

（5）便利店，是指以经营加工食品、挑选性小的日常生活必需品为主的，以满足顾客日常生活便利性需求为主要目的的零售业态。

（6）仓储式商店又称为仓库式商场、货仓式商场、超级购物中心等，是指一种集商品销售与商品存储于一个空间的零售形式。

（7）购物中心，是指在一个毗邻的建筑群中或一个大型建筑物中，由一个管理机构组织、协调和规划，把一系列的零售商店和服务机构组织在一起，提供购物、休闲、娱乐、饮食等各种服务的一站式消费中心。

5. 零售组织演化规律理论包括：

（1）零售轮转理论。其核心思想是零售组织变革有一个周期性的像一个旋转的车轮一样的发展趋势。

（2）零售手风琴理论。其核心思想是用拉手风琴时风囊的宽窄变化来形容零售组织变化的产品线特征。

（3）零售自然淘汰理论。其核心思想是零售组织的发展变化必须要与环境因素变化相适应，越是能适应环境因素，越是能生存至永远。否则，将会自然地被淘汰或走向衰落。

（4）零售辨证过程理论。其核心思想是用黑格尔哲学中的正、反、合原理来说明零售业态的变迁。

（5）生命周期理论。其核心思想是零售组织像生物一样，有它自己的生命周期。随着时代的发展，每一种零售组织都将经历创新期、发展期、成熟期、衰退期四个阶段。

（6）商品攀升理论。其核心思想是从零售组织的产品线角度解释其发展变化。该理论说明了零售组织不断增加其商品组合宽度的规律，当零售组织增加相互不关联的或与公司原业务范围无关的商品和服务时，即发生了商品攀升。

6. 西方零售业历史上曾出现过四次重大变革，分别以百货商店的诞生、超级市场的诞生、连锁商店的兴起、信息技术孵化零售业第四次变革为标志。

7．中国零售业的变革经历了五大阶段，其动因有技术进步力量的推动、外部市场环境变化导致零售业内部做出相应调整、零售业自身发展规律所引发的内部结构调整。

8．中国零售商面临着零售业创新带来的挑战、技术进步带来的挑战、消费者需求变化带来的挑战，以及竞争与合作的挑战。

 思考题

1．论述零售组织演化规律理论的主要内容及其在我国的应用情况。

2．概述零售业四次重大变革的主要内容、背景及对零售业的影响。

3．如何理解零售组织演化规律的内容及其局限性。

4．如何理解我国零售业目前正在发生急剧变化，国内零售商面临的挑战？

5．搜集有关我国零售业当前发展情况的资料，从中提炼出我国零售业目前发展的特点。

 **案例分析**

上海便利店如何走出经营困境

上海连锁便利店处于高速发展期，4 500多家的规模已使上海平均每3 800人就拥有一家便利店，与日本及美国的平均水平相近。然而，门挨门的激烈竞争也使上海便利店目前陷入全线亏损的窘境，以致将赚钱的便利店变成了"烧钱"的行当。

"目前上海的便利店全部亏损，十几家公司没有一家是赚钱的。"一位业内人士指出，这在业内已算不上什么秘密了，更多人的说法与上海连锁商业协会秘书长胡文章的答复一致，目前的亏损属于投资性亏损而非经营性亏损，如果停止开设新店，就不存在亏损问题。联华快客的一位人士则直截了当地说，当上海不到1 000家便利店的时候快客是赚钱的，但现在4 000多家便利店分食同一块"蛋糕"，可的、好德、快客门挨门地开着，出售商品又一样，大家怎么能不一起亏损呢？

世界最大的便利店"7-11"的一位内部人士分析认为，以上海目前人均GDP5 000美元的发展水平，根本支撑不了4 500多家便利店，现在大家已经开出这么多店来，必然一起亏损，那些没有庞大资金作后盾的公司最终的结果是因巨额亏损而关闭或转手。

既然如此，为什么大家还在疯狂开店？业内人士指出，随着中国人均收入增加及生活节奏的加快，大家普遍看好24小时连锁便利店这一新兴零售业态的市场前景。尽管现在不能赢利，但上海的十几家便利公司都在暗自较劲，认为坚持到最后的人一定能够得到巨大的市场。此外，待价而沽也是大家不谋而合的心思。

据"7-11"内部一位人士透露，公司内部曾经明确表示不会在成本很高的情况下以收购形式进入上海。他们已连续对上海做了10年的便利店市场调查，认为上海便利店商品结构不合理，毛利率水平很低，目前没有一家高出20%。而根据他们的分析，便利店的毛利率如果达不到25%是不可能赢利的。这位人士根据现状预测，在3～5年，上海就会有大批便利店因长期亏损而难以维系，到时自然会挪出市场空间。

有专家指出，便利店业态的核心竞争力在于能够提供便利的商品和服务，在大力发展这一业态前，必须解决好目标顾客群的定位问题，这是这一业态能否顺利发展壮大的关键所在。他认为，现在许多城市很多便利店充其量只能叫作便利超市，试图给居民区里的所有人服务，结果却事与愿违，在价格上不敢比超市高多少，服务上也不能满足需求，因而缺乏吸引力，最终导致亏损（连军）。

问题：

1．上海便利店为何处境尴尬？便利店在上海有没有发展前景？

2．你认为上海便利店应如何改革才能走出目前的经营困境？

分析：

1．上海便利店处境尴尬的原因是：竞争过度、定位雷同、商品结构不合理、经营策略不科学。便利店在上海仍然有发展前景。

2．上海便利店应该在准确选址、定位准确、调整商品结构、进行有效成本控制、加大便民服务等方面着力，以走出经营困境。

第二章　现代零售业态

 学习目标

1. 掌握零售业态的内涵及组成要素。
2. 掌握便利店、专业店和专卖店、百货商店、超级市场、仓储式商店、购物中心、无店铺零售等业态的基本特征。
3. 了解各种零售业态目前在国内的发展情况及其发展方向。

 导读

2018 年与 2013 年中国零售行业结构性增长比较

2018 年年末，医药及医疗器材批发企业法人单位数比 2013 年末增长 151.4%，年均增长 20.2%；其他依次为纺织服装及家庭用品批发、食品饮料及烟草制品批发、其他批发业、文化体育用品及器材批发、农林牧渔产品批发、机械设备五金产品及电子产品批发、矿产品建材及化工产品批发和贸易经纪与代理，企业法人单位数分别增长 140.7%、130.4%、129.8%、117.0%、89.8%、85.5%、84.7%和 81.1%。

（资料来源：批发和零售业总体规模不断扩大　行业结构持续优化[EB/OL].（2019-02-16）. http://www.stats.dl.gov.cn/index.php?m=content&c=index&a=show&catid=48&id=12970.）

零售业态是指零售为满足不同的消费需求而形成的不同的经营形态。通常我国把零售业态具体分为食杂店、便利店、折扣店、超市、大型超市、仓储会员店、百货店、专业店、专卖店、家居建材商店、购物中心、厂家直销中心、电视购物、邮购、网上商店、自动售货亭、直销、电话购物 18 种。下面就零售业态的含义，以及便利店、专业店与专卖店、百货商店、超级市场、仓储式商店、购物中心和无店铺零售等典型业态形式分别做介绍。

第一节　零售业态的含义

一、零售业态与零售业种

1. 零售业态的概念与特征

零售业态，是指零售为满足不同的消费需求而形成的不同的经营形态。零售业态的分类主要依据零售业的选址、规模、目标顾客、商品结构、店堂设施、经营方式、服务功能等确定。

零售业态具有以下主要特征。

（1）零售业态是零售经营理念和经营方式的外在表现形式。这种表现形式能让消费者容易识别，如消费者很容易将一家店铺归类于百货商店、超级市场、专卖店、便利店等形式。

（2）零售经营理念和经营方式的外在表现形式是根据不同消费需求和目标市场而形成的，每一种零售业态都是为了满足某一特定目标顾客需求而存在的。

（3）目标市场需求决定了零售商店的经营效率，只有采取与目标市场需求相适应的零售业态形式，零售商的经营才有效益，否则很难立足。

2. 零售业态与零售业种的区别

零售业态是由零售业种发展演变而来的。零售业种是指零售商品的行业种类，通常按经营商品的大类将零售划分为若干个业种，业种强调的是"卖什么东西"。按所经营的商品类型划分为各类零售商店。零售商店自古有之，如粮店、布店、鞋店、药店、肉店、杂货店等，只不过那时候商店规模较小，经营品种非常有限，有时候人们进一家店仅能买一种商品。这种商店的存在是与当时手工业作坊的生产方式、消费需求的单一化和偶然化、商业资本的小规模条件相适应的。

零售业种商店与零售业态商店的区别在于以下几方面。

（1）经营目的不同。零售业种商店的主要目的是推销自己所经营的商品，而零售业态商店的经营目的主要是满足目标顾客的需求。

（2）营销观念不同。零售业种商店的经营是以商品为核心，而零售业态商店的经营以顾客为核心，体现以消费者为导向的市场营销观念。

（3）经营重点不同。零售业种商店强调的是"卖什么"，而零售业态商店强调的是"怎么卖"。

二、零售业态的内在组成要素

在零售竞争中，许多零售商竞相采取不同的零售策略组合，包括目标顾客、商品结构、价格策略、服务方式、店铺环境等因素的组合，以强化企业良好形象，避免陷入与竞争者过于雷同的境地，从而使零售经营形式多样化。由于各因素选择余地大，组合形式多，使得现代零售业态的经营内容丰富多彩，同一业态的零售商店也表现出不同的经营特色。

第二节　便　利　店

一、便利店的定义

便利店，是一种以自选销售为主，销售小容量应急性的食品、日常生活用品和提供相关服务，以满足顾客便利性需求为经营目的的零售业态。

二、便利店的特征

根据国外衡量标准和国内有关规范，便利店有以下几个特征。

（1）选址在居民区，交通要道，娱乐场所，机关、团体、企事业办公区等消费者集中的地方，步行购物 7 分钟以内可到达便利店。

（2）经营商店面积不大，一般为 100 平方米左右。

（3）经营品种以速成食品、饮料、小百货为主。

（4）以开架自选为主，运用收银机，统一办理结账。

（5）营业时间较长，一般在 16 小时以上，甚至 24 小时，终年无休。

三、便利店的发展

便利店起源于美国的南陆公司。当时它的营业时间是从早上 7 点到晚上 11 点，故称"7-11"商店。目前这家方便商店的营业时间已演变成 24 小时全天营业，而且每周 7 天营业，仍沿用"7-11"商店的名称。

目前世界发达的国家和地区，尤其是亚洲的日本和中国台湾地区，便利店已经成为最具有竞争力的零售业态。我国大陆的便利店还处于引入期，市场竞争相对较弱，发展潜力十分巨大，便利店将是继超级市场之后又一个具有生命力的零售业态。其主要原因有：一是居民的生活节奏越来越快，空闲时间越来越少，而便利店全天 24 小时营业，紧邻住宅区，配合各种便民服务措施，较好地适应了居民的生活方式的变化；二是国内大量小型便利店经营规模小，商品质量无保证，经营费用较高，管理水平差，由连锁形式的便利店来整合或取代小型便利店，已是大势所趋；三是便利店适合采取特许经营方式发展连锁网络，在这方面比其他业态拥有更多的优势，容易后来居上，形成快速发展之势；四是在信息时代，网络购物将成为人们购物的发展趋势，但网络购物现在面临的最大难题是物流问题，而便利店正好可以解决电子商务的物流瓶颈，通过强大的配送能力，将网上所购商品由散布在各个居民区的销售网点送到消费者手中。这一新的利润增长点使得未来的便利店具有广阔的发展前景，并将成为商家争夺的新的利润增长点。

第三节　专业店与专卖店

一、专业店

1. 专业店的定义

专业店指经营某一大类商品为主，并且具备有丰富专业知识的销售人员和适当的售后服务，以满足消费者对某大类商品的选择需求的零售业态，如服装店、体育用品商店、家具店、花店、书店。在国外，专业店又可以根据其产品线的宽窄程度进一步分类，如时装店就是单一产品线商店，男式时装店则是有限产品线商店，而男式定制衬衫店是超级专业店。

2．专业店的特点

专业店具有以下特点。

（1）选址多样化，多数设在繁华商业中心、商店街或百货商店、购物中心内。

（2）营业面积根据主营商品特点而定。

（3）商品结构体现专业性、深度性，品种丰富，选择余地大，主营商品占经营商品的90%。

（4）经营的商品、品牌具有自己的特色。

（5）采取定价销售和开架销售。

（6）从业人员具备丰富的专业知识。

3．专业店的发展

专业店一直是我国零售领域的一种重要零售业态。20世纪90年代以来，我国专业店借助连锁经营方式，取得了突破性的进展。从行业上看，遍及服装、医药、护肤品、家电、通信器材等诸多行业；从演绎方式上看，有直营店，也有特许加盟店。在专业店的发展中，有两个行业的专业店在当今的零售市场上增长十分迅速：一个是医药专业店，另一个是家电专业店。在医药专业店中，随着医疗体制的改革，医药连锁店异军突起，尤以深圳地区发展最为显著，著名的专业店如海王星晨健康药房、一致药店、万泽药店、中联大药房等，每家已发展到100多家加盟店，而且向国内其他地方扩张的势头十分迅猛。

二、专卖店

1．专卖店的定义

专卖店（Exclusive Shop）指专门经营或授权经营制造商品牌，适应消费者对品牌选择需求和中间商品牌的零售业态。

2．专卖店的特点

专卖店具有以下特点。

（1）选址在繁华商业区、商店街或百货商店、购物中心内。

（2）营业面积根据经营商品的特点而定。

（3）商品结构以著名品牌和大众品牌产品为主。

（4）销售体现在量小、质优、高毛利方面。

（5）商店的陈列、照明、包装和广告讲究。

（6）采取定价销售和开架销售方式。

（7）注重品牌名声，从业人员具备丰富的专业知识，并提供专业的服务。

3．专卖店的发展

专卖店在中国获得迅速发展的原因主要有：一是随着国内工业生产的高速发展，已经出现了一批知名度和美誉度较高的名牌商品，加上国际著名品牌的进入，各自形成了一定的忠实消费群；二是随着收入的增长，消费者品牌意识逐渐提高，对假冒伪劣商品的担忧，使消费者更相信专卖店商品；三是制造商利用开设专卖店来开辟新营销渠道，控制营销主动权，实施整体营销策略，树立品牌形象。

第四节　百 货 商 店

百货店由来的传说

电视剧《戏说乾隆》里，乾隆皇帝自命文采不凡，喜欢微服私访。传说"百货"的名字也是由他而来。

清朝乾隆皇帝本名爱新觉罗·弘历，小名艾四。因为康熙、雍正二帝的努力，乾隆接手的江山颇为繁盛。乾隆本身也有些作为，将国家治理得国泰民安，史称"康乾盛世"。既然江山稳固了，乾隆的玩耍天性也就迸发了，开始满世界转悠。到处招猫逗狗，惹是生非。

一天，乾隆来到苏州，看到市井繁华，百业昌盛，心下高兴。东游西逛，优哉游哉。忽然看见前面好大一家店铺，客流如织，熙熙攘攘，甚是热闹！信步来到近前，却原来是个卖各种货物的商店。抬头看那匾额，刚劲行草，三个大字——"万货全"。

乾隆一看，心中冷笑。好大的口气啊，居然敢说万货全！于是打定主意想找碴儿，羞臊一下这个店老板。进了店内，游目观看，不由将原来的轻视心理收敛了许多。原来，这个店铺的货物还真是齐全！锅碗瓢盆、家具床具、衣衫布料、玩具武器、琴棋书画、农具车马、山珍海味、药材药具、柴米油盐酱醋茶，居然是应有尽有！整个大店铺分成几个大厅，各类货物分别安排，分门别类，摆放井然。后院还有牛羊马驴等各种常用牲口。难怪敢叫万货全！乾隆想找个这里没有的东西还真一时想不出来。

这时，店里的伙计看到乾隆主仆进来，略一端详，就知道这是个有钱有身份的主儿，不敢怠慢，上来端茶倒水，安排坐下。打了个千儿，笑容早堆了满脸。"二位爷，您需要点儿什么？"虽带着吴音，却是一口官话。

乾隆端着架儿，憋着就想找点儿毛病出来。琢磨了半天，问："你们这个店铺名字叫得可够大的呀！当真万货都全吗？"

那伙计颇为自豪，"爷，您别不信！我们这名可是名副其实！真的是万货全。您想要什么，我们立马就能给您拿来！而且价格公道，童叟无欺！"伙计看来很是自豪。

"我却不信！"乾隆今儿是成心捣乱，"要是我要的东西你们没有呢？"

"那不可能！"小伙计自信得很。

"去，把你们老板叫来！你做不了主！"伙计看这主儿派头挺大，不敢怠慢，把老板请了出来。老板来了，仍是自信满满，说法跟伙计一样，并告诉乾隆，这个店铺是百年老店，打明朝天启年间就有了。想买什么来这儿一准有！

乾隆越听越想跟他较这个劲，于是与其打赌。"店家，我要的东西你要是没有，该怎么办？"

"不可能！"

"要真没有呢？"

"您拆了我的招牌！"老板说得斩钉截铁！

"好，那我要个金粪叉子！"

"这……"老板愣在那儿了。心想哪有用金子打造粪叉子的呀！

"怎么？有么？"乾隆得理不饶人，步步紧逼。

"您玩笑，您玩笑！"老板有点儿冒汗了，"哪有那么靡费，用金子做粪叉子的！"

"我有钱，我就想要个金子做的粪叉子，你有吗？"

老板有点儿蔫儿了，吭叽半天，牙缝儿里挤出两个字儿，"没有！"但他还是不服气，补了一句，"您只要出得起价钱，我们可以给您定做！"

乾隆倒没在乎，"好，这个算你有！那我再要一样，你有吗？"

"您说！"老板有点儿缓过劲儿了。

"我要两门红衣大炮，外加一把龙椅！"

老板差点儿没晕过去！这是来买东西的吗？这哥们儿要造反啊！看着不像山大王啊！可还不敢得罪，只好讪讪地说，"没有。"声如蚊虫。

"好！"乾隆眉毛一扬，"来人，拆招牌！"

老板扑通一下就给乾隆跪下了，"这位爷，您高抬贵手！我认输了！您要别的什么都成，可不能拆了招牌啊！"那老板声泪俱下，"爷，您放过我们！我这是祖上传下来的，可不敢在我手里完了呀！"

乾隆也只想挫挫他的锐气和自满，未必就真为了这么件小事儿拆人招牌。看他这样，也有些不忍，便道："那好，招牌不拆可以，但是得改改！"

"成，成，您说怎么改都成！"老板叩头如捣蒜。

"拿纸笔来！"乾隆一手臭字，媚而无骨，端而无锋，但偏爱满世界题字。

那老板赶紧笔墨伺候着，乾隆展纸濡墨，一挥而就三个字——百货全。

写完后，教训店老板，"什么话不要说得太满！饭可以满吃，话不能满说，知道吗？！你店铺再大，终究也有你没有的东西！你不能说龙椅、大炮不是货物吧？就赏你这个做招牌吧！"

老板一看，几个字写得拖泥带水，但一看落款，"艾四"还有个"十全主人"的章（那时候乾隆还不老，还不叫十全老人），心里想，哼，艾四艾四，果然碍事！还不让我叫万货全，你自己却叫什么十全主人，你就十全十美吗？

心里这么想，嘴上却不敢讲。恭恭敬敬接过，表示马上就换。

后来苏州知府路过这里，看见那印章，下拜叩头。问明事由后，那老板才知道原来那个"碍事"是当今万岁爷。这个店也因有皇上所题匾额而身价百倍。

从那以后，凡是经营南北各种货物的店铺就都叫"百货"了，一直沿用至今。

（资料来源：田心林．"百货店"由来[J]．国学，2009（1）．）

一、百货商店的定义及其特征

1. 百货商店的定义

（1）美国对百货商店的定义。根据美国政府《零售贸易普查》中的规定，百货店至少要有 25 个雇员，能提供各种包括服装和纺织品、家用纺织品和布类产品、家具和装饰品及器皿等商品的商店。美国市场营销专家科特勒认为，百货店一般要销售几条产品线的产品，尤其是服装、家具和家庭用品等。每一条产品线都作为一个独立的部门，由专门采购员和营业员管理。

（2）中国对百货商店的定义。根据我国 2004 年颁布的《零售业态分类规范意见（试行）》，百货店是指在一个大建筑物内，根据不同商品部门设销售区，开展进货、管理、运营，满足顾客对时尚商品多样化需求的零售业态。

2. 百货商店的特征

百货商店首创了顾客自由进出、商品明码标价、可以退换商品、实行低价策略、毛利率在 14%～20%的零售特点。根据我国《零售业态分类规范意见（试行）》，对百货商店的要求如下。

（1）百货商店内按商品的类别设置商品部或商品柜，实行专业化经营。

（2）经营范围广泛，商品种类多样，花色品种齐全，以经营男装、女装、儿童服装、服饰、衣料、家庭用品为主。

（3）采取少批量、定价销售。

（4）采取柜台销售与开架销售相结合方式。

（5）商店设施较好，店堂典雅、明快。

（6）服务功能齐全，设餐饮、娱乐等服务项目和设施。

（7）服务质量较高，可以退货。

二、百货商店分类

我国的百货商店按照规模大小分为三类。

（1）大型百货店。营业面积在 2 000～10 000 平方米以上，员工 500 人以上，经营品种在一万五千种左右。

（2）中型百货店。营业面积在 1 000～2 000 平方米，员工 200～400 人，经营品种在一万种左右。

（3）小型百货店。营业面积在 200～1 000 平方米，员工 10～100 人，经营品种在几百种至数千种。

三、百货商店的发展

世界上最早的百货商店是 1862 年在法国巴黎创办的"好市场"。目前世界上最大的百货商店是美国的希尔顿百货商店。以美国零售市场为参照，百货店的发展大约经历了三个阶段：1880—1914 年是百货店的发展期。营业额迅速增加，坚持薄利多销策略，毛利率限定在 14%～20%。经营的商品以大量日常用品为主，并开始注重店堂布置和商品展示。1914—1950 年是百货店的成熟期。许多新的零售商业形式，如连锁商店、杂货店等开始出现。百货店面临威胁，但仍保持着优势地位。其主要经营措施是增加向顾客提供的服务，实行集中购买，开办各种分店和特许经营点。1950 年以后为百货店的衰落期。在这期间百货店之间竞争激烈，其他销售形式也蚕食着百货店的地盘，廉价商店、专业商店、超级市场的发展势如破竹，使百货店面临困境。

20世纪50年代，西方传统百货商店从成熟走向衰退，多数企业面临经营困境。造成经营困难的原因主要有：百货商店之间竞争激烈；走向其他零售业态迅速成长起来，纷纷蚕食百货商店的市场份额；百货店一般选址在城市中心，由于市中心的人口向郊区迁移，城市交通拥挤，停车困难，人们去市中心百货商店购物的欲望逐渐降低；对价格敏感的消费者比过去任何时候都多，他们被折扣商店所吸引；传统百货公司在顾客市场细分方面犹疑，经常改变其战略方向，或其管理有时过于分散化，导致它们在消费者心目中的形象过于模糊。

中国第一家百货店是1900年俄国资本家在哈尔滨开设的秋林公司。当前百货商店是中国城镇零售商业的一种重要形式。中国的百货商店是否与西方发达国家一样步入了衰退期，对此各方面人士持不同观点。尽管不少人对中国百货业的发展持悲观态度，但许多学者仍然认为中国百货商店尚未进入衰退期，而只是处于成熟期，原因如下。

（1）百货业态总体业绩不佳，但主体地位仍未改变。近几年百货公司总体业绩不佳，然而它们仍占据零售业的主体地位。根据对相关零售的统计，百货店销售额占零售总额的57.4%。这说明中国百货商店仍然是零售市场的主力业态。而美国的百货商店的零售额只占7%～10%，而且还有下降的趋势。

（2）中国城市居民集中在市区。中国人比较倾向于在市区居住，加上大量的农村人口涌入城市，导致中国城市的人口密集程度比较高。这是中国百货商店发展的一个很好的客观条件。

（3）中国百货商店走过的道路与国外不同。中国百货商店是在计划经济下奠定的基础，改革开放后，因消费潜力急剧增长，导致百货商店的盲目开设。经过几十年的发展，中国由"短缺"经济进入"过剩"经济，消费者购买力的增速有所减缓，势必导致百货业进行大调整。

（4）中国人消费习惯与国外人不同。国外由于工作节奏比较快，人们去购物大多是一次完成。而中国历来有逛商场的习惯，特别是女性，甚至把节假日逛街作为一种休闲娱乐。这是百货商店发展的前提条件。

作为成熟业态的百货业走下坡路在西方发达国家已经发生，一些百货公司就此一蹶不振，破产倒闭，而有些百货公司纷纷进行一系列改革：进一步澄清市场上的定位；进一步突出顾客服务和销售人员服务；推出令人激动的店内环境和商品展示；通过缩小商店的营业面积，减少周转慢且占据空间大的商品，提高营业空间利用率；在城镇开设购物中心分店；提升采购和促销功能，更有效地接近顾客。这些百货公司积极进取，不断创新，再次收复市场份额，依旧叱咤风云。

随着社会经济的不断发展，百货商店的经营方向和经营内容呈现出两个新的发展趋势：一是经营内容多样化。除销售商品外，还附设咖啡厅、小吃部、餐饮部、娱乐厅、舞厅、展览厅、停车场、休息室、电话间等多种服务设施。二是经营方式灵活化。除零售外，还兼营批发，并设立各种廉价柜、折扣柜，以满足顾客的多层次需求，提高商店的竞争能力。

第五节　超级市场

一、超级市场的发展

超级市场产生于 1930 年的美国纽约，被称为零售业的第三次革命。1930 年 8 月，美国人迈克尔·库仑（Michael Cullen）在美国纽约州开设了第一家超级市场，取名为"金库仑联合商店"。当时美国正处在经济大危机时期，迈克尔·库仑根据他几十年食品经营经验，精确设计了低价策略，首创商品品种定价方法，使用自助式销售方式，并采取一次性集中结算。其超级市场平均毛利率只有 9%，这和当时美国一般商店 25%~40%的毛利率相比是令人吃惊的。为了保证售价的低廉，必须做到进货价格的低廉，只有大量进货才能压低进价，迈克尔·库仑以连锁的方式开设分号，建立起保证大量进货的销售系统。

20 世纪 30 年代中期以后，超级市场这种零售组织形式由美国逐渐传到了日本和欧洲各国。我国超级市场 1978 年才被引入，当时称作"自选商场"。20 世纪 90 年代以来，中国零售业发生了根本性变化，并呈阶段性跳跃发展，开始出现真正意义上的现代零售业态。1990 年年底，中国第一家连锁超市——"美佳"超级市场在东莞虎门镇开业，该市场采用开架自选的售货方式，以较低的价格和面向居民区的选址取得了良好的经济效益。美佳的经验对后来者产生了极大的影响。随后，上海、北京等地也出现了"超市热"。

1996 年，世界顶级零售巨人在中国开始了"圈地运动"，沃尔玛、家乐福等零售巨头纷纷进入中国零售市场，给中国超级市场，乃至所有零售商带来巨大的冲击和压力，而违反商业规律运作的零售商纷纷倒闭，如广州阳光超市和北京红苹果超市等一些零售商倒闭，从一个侧面反映了中国超级市场已进入一个调整时期。这迫使中国零售商重新思考发展战略，为生存而斗争。在这一调整过程中，一些连锁超市迅速成长起来，1999 年上海联华超市销售额超过上海第一百货公司，当时名列中国零售业榜首，此后，上海第一百货公司持续了多年的百货商店统治地位宣告结束。近几年来，各地连锁超市向外地扩张势头明显增强，零售商之间的联合、兼并与重组已成为连锁超市扩张的重要方式之一。

二、超级市场的定义及其特点

1. 超级市场的定义

超级市场（Supermarket）是实行自助服务和集中式一次性付款的销售方式，其以销售包装食品、生鲜食品和日常生活用品为主，满足消费者日常生活需求。在超级市场中最初经营的主要是各种食品，随后经营范围日益扩大，逐渐扩展到销售服装、家庭日用杂品、家用电器、玩具、家具以及医药用品等。

2. 超级市场的特点

超级市场具有以下特点。

（1）超级市场商品规格统一。超级市场的商品均事先以机械化的包装方式，分门别类地按一定的重量和规格包装好，并分别摆放在货架上，明码标价。

（2）超级市场内的商品品种齐全。人们可以在一个商场内购买到日常生活所需的大部分商品。

（3）顾客实行自我服务。超级市场采取开架自选，一般在入口处备有手提篮或手推车供顾客使用，顾客可以随意挑选，将挑选好的商品放在购物篮或车里，到出口处收款台统一结算。

（4）超级市场使用电子设备。使用电子设备便于管理人员迅速了解销售情况，及时保存、整理和包装商品、自动标价、计价等，因而提高了工作效率。

（5）具有一定规模，店址主要设在居民住宅区或郊区。

三、超级市场的类型

超级市场主要分为三种类型。

1. 传统食品超级市场

超级市场是从传统食品超级市场开始的。传统食品超级市场的营业面积一般为 300～500 平方米，其经营的商品种类一般是食品和日用品。其中食品占全部商品的 70%左右，日用品约占 30%。传统食品超级市场的功能集中了食品商店、杂货商店、小百货商店、粮店等各自的单一功能，成为综合化的超级市场。传统食品超级市场的主要目标顾客是家庭主妇。

20 世纪 80 年代末，500 平方米左右的传统食品超级市场在我国发展起来。由于传统食品超级市场仅仅是对传统小商店的综合，但综合程度不高，没有经营生鲜食品，不能真正满足消费者一次性购足所需商品的需求。当新的业态模式，如标准食品超级市场和大型综合超级市场出现并纷纷进入市场参与竞争时，传统食品超级市场就面临着巨大竞争压力，不再具有优势。此时，传统食品超级市场具有的唯一优势是距离居民区近，购物便利，然而，当便利店发展起来以后，这种便利优势也让位于便利店。从世界范围来看，传统食品超级市场的市场空间缩小得最快。因此，传统食品超级市场不可能成为主要的零售业态。

2. 标准食品超级市场

标准食品超级市场，也称生鲜食品超级市场，其经营面积一般在 1 000 平方米左右，与传统食品超级市场相比，生鲜食品超级市场以经营生鲜食品为主，其营业面积的 50%～70%要用来销售生鲜食品，可以说标准食品超级市场实际是在传统食品超级市场基础上的扩大，强化生鲜食品的经营。显然标准食品超级市场基本上满足了消费者一次性购足生活必需品的需要，但面临着被大型综合超级市场等替代的危险。从目前中国的情况来看，由于受消费习惯、收入水平、保鲜技术、冷冻技术、农产品加工技术等因素的制约，以标准食品超级市场为发展模式的连锁企业没有一家取得成功，即使是具有很强的经济实力，并在经营生鲜食品方面具有丰富经验的外国公司，如日本的西友、荷兰的阿霍德，在 1999 年也被迫退出了中国的上海市场。标准食品超级市场经营生鲜食品的成功一直是业界追求的目标。

3. 大型综合超级市场

大型综合超级市场是标准食品超级市场与折扣店的结合体，经营衣、食、用、行等方面的商品，品种较为齐全，可以满足消费者基本生活需要的一次性购足要求。其营业面积可以分为两类：大型综合超级市场营业面积为 2 500～6 000 平方米；超大型综合超级市场营业面积为 6 000～10 000 平方米，一般配备与营业面积相适应的停车场。

大型综合超级市场有两个最基本的特点：第一，经营内容的大众化和综合化，适应了消费者一次性购足的要求。第二，经营方式的灵活性和经营内容的组合性。它可以根据营业区域的大小和消费者需求的特点而自由选择门店规模的大小，组合不同的经营内容，实行不同的营业形式。低成本、低毛利、大流量是大型综合超级市场的经营特色。它不经营品牌商品和贵重商品，一般经营的都是大众日常的消费品，毛利由市场决定，所以价格不会高。在这种情况下，大型综合超级市场要想赚取利润，就只能采用低成本的方式经营，如：员工数量比百货商店少，服务项目也不应比百货商店多；不设导购员；没有送货上门服务；等等。

目前，中国的大型综合超级市场有以下几种经营模式。

（1）日本模式。以北京的华堂和上海的佳世客为代表，是生鲜超级市场和百货商店的结合，主体是百货商店，并采取自助服务和自选商品部相结合的销售方式。

（2）美国模式。以深圳的沃尔玛购物广场和上海的易初莲花中心为代表，是生鲜超级市场和综合百货商店的结合，但其主体是超级市场，采取自助服务方式。

（3）欧洲模式。以法国的家乐福为代表，是生鲜超级市场和折扣店（非食品的廉价商品）的结合。

（4）中国模式。以上海的农工商超级市场 118 店为代表，是家乐福经营模式和传统批发商业模式（当场开单，当场配提货）的结合。

从市场表现看，美国模式和欧洲模式的大型综合超级市场要优于日本模式，因为欧美模式是价格折扣型，而日本模式是商品选择型。在经济调整时期，价格折扣型当然更加盛行。大型综合超级市场由于经营内容综合化，能真正满足消费者一次性购足的需要，是主要的零售业态，也是中国零售业的第一主力军。

四、超级市场商品的营销策略

（一）形成正确的营销观念

日本连锁超级市场的经营者决定要在某一地区成立分店时，一定会请一位店长将他的家庭迁到这个区域，实际居住半年以上。这样做的目的是对该地区的消费者有一个大概的认识，进一步发现他们的消费需求，同时也可以了解该区域内同业的商品结构以及竞争情况。这位店长基于对该区域内情况的了解，进一步考虑公司的商品策略，从而形成一种新的营销观念，决定各部门的特征及商品的结构。例如，这位店长进入一个新的超市预定商圈后，他发现这个区域居住的消费者教育程度普遍不低，收入处在一般收入水准之上，经常购买的是品质高且有特色的商品。而在该区域内的同业中，由于面积的限制，所出售的日用品品种明显不足，且品质层次太低，无法满足该区域内消费者的需求。针对这种情况，这位店长可能形成这样的营销观念：提高经营商品的品质与鲜度，扩大家庭日用品的比率，以满足消费者一次购足的需求，这样才可能取得经营成功。

（二）经营商品策略

1. 经营消费者"想要"且"需要"的商品

对于超市经营者而言，营销观念的形成主要依据对消费者需求的了解。只有有了正确的营销观念之后，才可据此决定各部门的结构特征，逐步开发各项商品，经营消费者"想要"且"需要"的商品。所谓"需要"，是指消费者在日常生活中不可缺乏的商品，不外乎是"吃"和"用"两类。吃的方面如蔬菜、水果、肉类、鱼类、饮料、糖果、饼干等品类，用的方面如洗衣粉、牙膏、牙刷、卫生纸、厨房清洁用品等品类，这些都是超级市场商品结构中不可或缺的商品。至于顾客"想要"的商品，如夏天想吃一片冰凉的西瓜，喝一罐饮料，天冷时想多吃一顿热气腾腾的火锅大餐，春节想买个礼物去拜访亲朋好友，等等。

2. 创新商品的特色

如何建立商品的特色，是超级市场经营者所要研究的重要课题。例如，"组合菜"或称"配菜"是超市兴起之初所突出的特色，形成与传统市场的差别化，因为下午5～7点是超市的高峰时段，这一时段超市最常见的景象是职业妇女以极迅速的步调，拿起篮子快速地选购自己需要的蔬菜、水果、肉类、鱼类，然后又迅速地走向收银台，赶着回家处理家务。但也有些职业妇女一进超市就站在蔬菜柜前，不知道该选择何种蔬菜。这促使超市的商品计划人员思考：在超级市场里，应该如何提供简单、营养、可快速下锅的商品，以满足职业妇女的烹饪需求。"组合菜"就是在这种情况下思考出的产物，一经推出，大受顾客欢迎，给超市带来了可观的经营效益。

3. 提高综合竞争能力

随着消费水平的提高，价格竞争会逐渐转换成对购物的舒适性、结账的快速性、资讯提供的及时性、员工的待客态度等方面的综合竞争。超市商品采购人员每引进一项商品，都要思考卖这种商品能不能赚钱，并从差别化着手，去满足消费者的好奇心，降低消费者对价格的敏感度，只有这样超市才能获得应得利益。

（三）促销策略

1. 会员制促销

采用会员制的主要目的是保留住老顾客。国外的仓储式商店及较大型的超级市场往往采用会员制促销办法。当消费者向商店缴纳一定数额的会费后，便成为该商店的会员，在购买商品时能够享受一定的价格优惠或折扣。

会员制具体形式包括：

（1）普通会员制。消费者无须向店方缴纳会费，只需在商店一次性购买足额商品，便可申请到会员卡，此后便享受5%～10%的购物价格优惠和一些免费服务项目。

（2）公司会员制。消费者以公司名义入会，商店向入会者收取一定数额的年费。公司会员制是入会公司对持卡人购买的一种信用担保。这种会员卡适合入会公司内部雇员使用。美国日常支付普遍采用支票，很少用现金结算，时常发生透支现象，公司会员制的会员在购物时可享受 10%～20%的购物优惠和一些免费服务项目。而非会员购物时不能以个人支票支付，只能用现金结算。

（3）终身会员制。消费者一次性向商店缴纳一定数额的会费，成为该店的终身会员，可长期享受一定的购物优惠，并且可以长年得到店方提供的精美商品广告，还可以享受一些免费服务，如电话订货和免费送货，等等。

（4）内部信用卡会员制。适合于大型高档商店。消费者申请某店信用卡后，购物时只需出示信用卡，便可享受分期支付贷款或购物后 15～30 天内现金免息付款的优惠，有的还可以进一步享受一定的价款折扣。

2. 折扣促销

折扣促销的主要目的是开拓新顾客。商店在经营时，往往对顾客实行一定程度的价格优惠或贷款折扣来招徕生意，折扣促销主要包括以下几种。

（1）供应商折扣。供应商在一些指定的零售商店或超级市场出售的商品包装上贴上特殊优惠或折扣标志，顾客在购物时只需将其取下，并寄送至指定地点，一段时间后便会收到供应商寄来的可兑现的一定折扣额的支票。

（2）优惠券。零售商在商店入口处放置或在报刊上刊登购物优惠券，有的零售商为了扩大销售，甚至将优惠券送到顾客家门口或投入其信箱内。顾客只需持券前往购物，就可享受一定价格优惠。

（3）附赠商品。附赠商品常用于食品超级市场。商店根据顾客当天购物的金额，分送不同等级的礼品。这种附赠品一般价格都较低，但却很实用，如茶杯、碗碟、衣架、卫生纸、盒装鸡蛋等礼品。对一些购买贵重商品或消费金额较大的顾客，零售商便相应赠送一些价值较高的商品。

（4）购物印花票。购物印花票主要是用来吸引长期回头客。顾客每次购物都会得到一张打印成印花票形式的付款凭证，如果把这种印花票积攒到一定数量或一定金额，便可以得到商店一定的购物折扣或回赠礼品。

（5）联合折扣。零售商与其他行业，如餐旅业、娱乐业、洗车业等联合开展的一种促销活动。顾客购物时，会得到商店赠送的小票，凭小票就可以在该零售商与其他行业结成的联合体内，享受购物折扣或接受优惠服务。

3. 广告促销

广告是超级市场促销的重要手段，主要有以下几种策略。

（1）通过广告树立超市独特形象。在树立独特形象方面可采取以下几种策略。

① 借助电视、电台、报纸等大众传播媒体，推广公司的总体形象，使消费者对超市产生认同感，并激发其购物兴趣。

② 利用超市的"看板"诱导顾客。

③ 将公司的配货车装饰成商用宣传车，使之发挥流动广告的作用。

④ 开发自设产品系列，如香港的百佳超市将其销售产品命名为"百佳牌"，这对于树立独特形象具有重要作用。

⑤ 扩大超市在社区内的影响。组织社区活动，与社区内的居民、厂商、社会机构保持经常的沟通，以建立和维持相互间的良好关系。

（2）运用多种广告形式。除了报纸、电视等主要广告媒介外，还可运用店头广告、表演性广告和口传信息等多种广告形式。

① 店头广告。这是指在商店内及店门口所制作的广告。一般可分为立式、挂式、柜头用式和墙壁用式 4 种。这种广告在国外简称为 POP，虽然产生的时间不长，但是使用得已相当普遍了。店头广告的主要作用有以下几个。

● 有利于美化店容店貌，吸引顾客前来光顾。

● 可以提醒消费者购买，能起到无声推销员的作用，激发起消费者的购买兴趣，劝导消费者购买。

● 广告宣传的对象广泛，不论文化程度高低，经过商店都能看到、看得懂。

● 保留的时间较长，有利于加深消费者的印象。

② 表演性广告。这是指教消费者使用新产品的广告，也是最能打动消费者的广告。这是因为：

● 表演性广告形式生动、活泼，能够引起人们浓厚的兴趣。

● 面对面地说服消费者，容易使消费者产生亲近感，对广告的内容易于接受。

● 当众表演，消费者能亲眼看到操作表演的结果，可以增强对新产品的信任感。

● 新产品是消费者还不熟知的产品，只有让消费者懂得使用方法，新产品才能普遍被消费者所采用。表演性广告正好能教会消费者如何使用新产品。

③ 口传信息。这是指消费者无论购买了一种好的商品还是不好的商品，都会去向别人讲述这件事，并用自己的感情去影响别人，这就是口传信息。在现代社会里，人们的交际越来越广，往来越来越频繁，因而口传信息对消费者行为的影响就越来越大。所以商店在花钱大做广告的同时，不可忽视这种"义务广告"。当然，口传信息既能促使消费者购买商品，也能阻碍消费者购买商品。促使消费者购买商品的"义务广告"是正面的"义务广告"，而阻碍消费者购买商品的"义务广告"是负面的"义务广告"。商店要想争取顾客，扩大销售，在激烈的市场竞争中站稳脚跟，应当积极地扩大正面的"义务广告"，消除负面的"义务广告"。为此必须做到以下几点。

● 识别出每种商品的创新者和早期采用者，设法搞清这些人的消费特点，投其所好，对其实施重点销售攻势。要通过他们的采用，影响更多的消费者采用。

● 提供价廉物美的商品。消费者同别人谈起购买的商品时，多在质量和价格两个方面。质量好且价格低廉就褒，质量差而价格高昂就贬。因此，只有商品质优价廉，才能使消费者觉得购买的商品合算，才会乐意去做正面的"义务广告"，招引别人也来购买。

● 提供优良的服务。商店的购物环境优美、服务项目多、服务态度好，就会在顾客心中留下一个美好的印象，商店的名声就会传扬出去。因此，商店一定要与顾客保持友好关系，这样一方面可以吸引顾客下次再来，另一方面可以让这些顾客去为商店做正面的"义务广告"。

4. 节日促销

每当节日到来之前，超级市场的促销活动进入高潮，各种促销办法应运而生。以香港超市为例，其主要有以下节日促销策略。

（1）精心布置"陷阱"。国外消费者杂志有关超级市场各种促销手法的报道显示，除了大量刊登广告及广设分店吸引顾客之外，店铺内还十分注意货品的包装摆设，展示特价告示牌以及给顾客送礼品。

大型超级市场广设分店，可以造成轰炸式的宣传效果。每当消费者想购物时，脑海里就会出现这些超级市场的名称。在超级市场内贴满不同颜色的告示，显示某种货品以特价发售，会刺激消费者的购买欲。即使消费者本来并不想购买某种物品，但基于人皆有之的"贪便宜"心态，也会认为是天赐良机，于是便可能大量购买。同时，超级市场货品价格每每渗入 2、7、8、9 等所谓"神奇数字"，使消费者对货品的售价产生一种错觉。

此外，店铺推出特惠包装、散装食品，以迎合消费者预期物价上涨的心理。奉送赠品、代用品或抽奖等，虽是常有的陈年招式，但效果依然良好。超级市场还有许多增加顾客对货品购买欲的招法。例如，将最能吸引顾客的特价商品置于远离入口处或收款处的地方，以延长顾客在市场逗留的时间，待顾客找到特价商品时，可能已"顺道"购买了很多并非特价的商品。又如，将一些利润较高的商品放在与视线平行高度的货架上，借以引起消费者的注意，甚至在收款机前摆放零食，以刺激消费者购买。

（2）以特价为"诱饵"。香港两大超级市场于每星期六在报纸上大做所谓"特价周"的广告，用 100 种比市价便宜一至两成的"特价货"引诱顾客。遇上冬至、圣诞节、元旦和春节等节日，更是大加宣传，将原价 20 多元一件的商品减至 19.9 元，使人产生十几元比二十几元便宜得多的错觉。一些超级市场集团有专门部门设计特价货的陈列。以百佳集团为例，其将最吸引人的特价货放置在市场入口特设的第一组陈列架上，其余的特价货，则分布陈列在店内各处，务求使顾客走完市场一周，才能全部看完市场推销的特价货。百佳集团还尽量美化店内环境，在入口处陈列各种新鲜、干净、排列整齐的水果蔬菜，加之购物车、篮充足，灯火通明，甚至开设烤面包的柜台，通过这些色、香、味的引诱，消费者流连忘返，在不知不觉中增加购物。

（3）从供应商那里要"特价"补偿。由于超级市场的货品一般都是直接从供应商处进货的，在大量进货时已经有折扣，因此，超级市场的货品比一般零售店可便宜 5%～10%。这一差价，可供超级市场作为"特价"优惠。

特价货大部分是无利可图的，但由于供应商必须给超级市场支付一笔钱作为每周特价货的广告费和超级市场内的陈列费，特价货"曝光率"愈高，超级市场收费亦相应提高。同时，供应商还会给超级市场提供一个其他商店无法得到的折扣。这样一来，超级市场所谓的"亏本大拍卖"，其实并不会亏。

第六节　仓储式商店

一、仓储式商店的定义

仓储式商店，是指在大型建筑体内将仓库与商场的功能合二为一，开设在城乡接合部，内部装修简朴，商品价格较低，提供服务有限，并实行会员制的一种零售经营形式。

二、仓储式商店的特点

仓储式商店具有以下特点。

（1）目标顾客以中小零售店、餐饮店、集团购买和流动顾客为主。

（2）经营范围广泛，主要以食品、家庭用品、体育用品、服装面料、文具、家用电器、汽车用品、室内用品等为主。

（3）经营规模较大，设备简陋，人员较少，经营费用和商品价格较低。

（4）开架售货，批量作价，多是成件或大包装出售。

（5）附设大型停车场。

（6）多实行会员制。

三、仓储式商店的发展

仓储式商店起源于 20 世纪 60 年代，是由折扣商店发展而来的，其以一种不同形式、价格较廉、服务有限的方式售货。1968 年，首家仓储式商店——万客隆在荷兰创建。万客隆分店大多建在城乡接合部，附近设有大型停车场。营业面积一般在 20 000 平方米左右，内部装修简单，采用开架式陈列商品，商品以日用消费品为主，质优价廉，商品来源于厂家或国外进口。顾客只要缴纳一定的会费，便可成为其会员，持卡消费，享受价格、送货、保险等方面的优惠待遇。仓储式商店既是货仓，又从事批发与零售业务。

在我国经营的外资仓储式商店，如麦德龙、万客隆等设施简单，服务项目较少，不设立导购人员，管理十分精细，从而使建筑装修成本达到最低，店铺运营成本降至最少。商店从各个方面降低经营费用，真正实现了商品的低价格，在零售市场中占有一席之地。反观国内本土的仓储式商店，却没有从降低经营费用入手，也就没有实现真正的低价格。例如，北京的一些"客隆"仓储式商店比一些超级市场的装修还豪华，地价也很昂贵，使得商店一开始运营即陷入高费用的旋涡之中。许多中国仓储式商店的管理也远远没有到达精细管理的程度，不同之处有：经营的商品没有进行严格筛选，与超级市场的商品结构相同；销售方式没有实现批量销售；加价率很高；会员制没有形成特权；等等。还有些仓储式商店提出了"送货上门"的构想，虽然适应中国国情，但如果免费或低收费，必然加大仓储式商店的运营成本，一味迁就某些消费者的特殊需求，就可能使仓储式商店变成实际的百货商店，最终失去了自己的竞争优势。

第七节 购 物 中 心

一、购物中心的定义与特点

1. 购物中心的定义

购物中心是指在一个大型建筑体内，由企业有计划地开发、拥有、管理、运营的各类零售业态、服务设施的集合体。购物中心的出现，给人类社会的生活带来了巨大变化，是现代生活的重要组成部分，它适应了现代社会高效率、快节奏的需要，满足了人们购物与休闲活动相结合，以及对购物环境舒适性与安全性的要求，成为名副其实的现代购物的乐园。

2. 购物中心的特点

购物中心一般具有以下特点。

（1）统一管理。由发起者有计划地开设，实行商业型公司管理，中心内设商店管理委员会，共同开展广告宣传活动，实行统一管理。商圈根据不同经营规模、经营商品而定。

（2）结构多样。内部结构以百货商店或超级市场作为核心店，由各类专业店、专卖店等零售业态和餐饮、娱乐设施构成，设施豪华、店堂典雅、宽敞明亮，实行卖场租赁制。

（3）功能齐全。服务功能齐全，集零售、餐饮、娱乐为一体。根据销售面积，设相应规模的停车场。地址一般设在商业中心区或城乡接合部的交通枢纽交汇点。目标顾客以流动顾客为主。

二、购物中心的类型

1. 根据国际购物中心学会的定义分类

根据国际购物中心学会的定义，购物中心有两大类型。

（1）条块状型。这类购物中心在前面有一个大的停车场，然后以各种开放式的小路连接各个专卖店。这种类型的购物中心没有封闭的道路和大型屋顶式零售商场。

（2）摩尔（Malls）。这类购物中心的顾客可以把车停在地下车库或其他地方，步行进入购物中心，购物中心是一个屋檐下的巨大室内购物场所，各类专卖店由封闭的道路连接，而且购物中心的转角上一般都是比较大的百货店、超市和专业卖场。

2. 根据购物中心所在的位置分类

根据购物中心所在的位置分类，购物中心有三大类型。

（1）社区购物中心。这是在城市的区域商业中心建立的，面积在 5 万平方米以内的购物中心。

（2）市区购物中心。这是在城市的商业中心建立的，面积在 10 万平方米以内的购物中心。

（3）城郊购物中心。这是在城市的郊区建立的，面积在 10 万平方米以上的购物中心。

三、购物中心的发展

欧美国家的购物中心最早出现于 20 世纪 50 年代，在 80 年代获得了极大的发展，因为城市中心人口的大量外迁，市中心的"空城"化使得城乡接合部的各种购物中心如雨后春笋般出现，对新一轮商业业态的发展起到了极大的促进作用。

中国的购物中心目前仍处于起步阶段。20 世纪 80 年代末 90 年代初，中国一些城市已经出现了购物中心招牌，但有些购物中心与百货商店没有太大差异。20 世纪 90 年代中期，一些大城市相继出现了一批较为规范的购物中心，如北京的新东安、广州的天河城、武汉的武汉广场、沈阳的东亚广场等购物中心，这些购物中心一般位于城市中心区，具有购物与游乐等综合功能。尽管这些购物中心与欧美购物中心有一定差距，但是基本具有了购物中心的特征。

进入 21 世纪，中国购物中心开始热起来，各大城市的政府商业发展规划纷纷将购物中心的兴建列为重点。北京投资商或大型商业集团在京城的西北、东南、东北和西南，兴建了 4 家面积在 20 万平方米的大型购物中心。上海市购物中心呈现多元化发展趋势，除了大型购物中心外，一种规模适中的社区型购物中心正成为人们关注的热点。广东各城市也纷纷将购物中心作为城市商业的一个重点投资项目积极鼓励开发。仅 2019 年全国开业的购物中心就有 529 个。国内购物中心呈现蓬勃发展势头，正拉开中国零售格局的一个新局面。

第八节 无店铺零售业态

一、自动售货机

自动售货机是使用一种投币式售货机售货，顾客只要投入商品标价的硬币或纸币，就可以将商品取出。自动售货机一般置于人流量比较大的公共场所，如车站、码头、机场、剧院、运动场、学校、医院、办公大楼等。自动售货机出售的商品主要是饮料、小食品、香烟、报纸、袜子、化妆品等。

一般自动售货机所售商品具有以下特点。

（1）所售商品的体积一致，一般为便于码放并能计件销售的小型商品。

（2）所售商品的销价不设尾数，便于顾客购买。

（3）所售商品容易激发顾客即兴购买。

（4）所售商品价格一般不高。

（5）所售商品在短时间不会变质。

二、邮购商店

邮购商店是指通过商品目录或广告宣传等资料，供顾客以电话或邮信订购，待收到订单后再寄送商品的商店。这里的商店不是真正意义上的商店，因为它没有供顾客选购商品的场所。

适用于邮购的商品一般具有以下特征。

（1）稀缺。邮寄的商品大多是一般商店所没有的商品。

（2）价格低。邮售节省了营业场地和销售人员的费用，这样可以将售价降低。

（3）新潮。邮寄的范围很广，可以使消费者迅速获得全国乃至世界消费新潮的商品信息，所以，邮寄商品如果是时尚商品，则会很受欢迎。

（4）购买隐蔽。邮售的优势之一是具有隐蔽性，企业经常销售那些顾客不好意思在大庭广众之下通过店铺购买的商品。

我国邮购业务一直很难获得突破性的发展，主要原因有：一是邮购公司本身营销技巧较差，尤其是夸大其词的介绍，难免使顾客产生不信任的感觉；二是国内消费者尚未接受这种购物方式，很多人电话订购出于好奇，并非真实购物；三是该领域法规不健全，一些不法分子乘机兜售假冒伪劣商品，造成该行业的信用危机。因此，邮购业务要在国内顺利发展，必须从这三方面入手，全面营造一个良好健康的生存环境。

三、网络商店

网络商店是通过互联网进行商品经营活动的一种商店形式。通常所见的网上书城、网上花店、网上订票等网络商店，以及网上拍卖，都属于网络商店经营模式。零售商在互联网上开设虚拟商店，建立网上营销的网站，上网的消费者可以根据网址进入网站访问，浏览商店的商品目录等各种信息，找到合意的商品，发送电子邮件向零售商订货，通过电子转账系统用信用卡付款。零售商则通过邮寄或快递公司把商品送给购物者。

网上购物具有独特的优势。它把购物过程中的时间和距离都压缩为网上，使消费者可在短时间内访问所有商店，将各家商品进行比较选择，这样可大大节省消费者购物的时间和费用。

网络商店正在迅速发展，许多传统商业企业涉足电子商务，在网上开设网络商店。因为传统零售商店具有信誉优势、物流配送优势、管理优势和顾客优势，比纯粹的网络商店更容易找到赢利的机会，更容易突破现有条件的局限在网上开展经营活动。同时，传统的零售商店存在诸多缺陷，如营业时间有限制，商店的商圈有一定范围，店铺陈列的商品品种有局限，等等，而网络商店则可以克服这些缺陷，可以 24 小时不停地营业，服务范围可以拓宽到全球任何一个可以上网的地方，网络上陈列的商品也可以成几十、上百倍地增加。因此，传统商店完全可以利用网络扩展自己的业务，国内已经有许多商家借助这一工具使业务有了突飞猛进的发展。

本章小结

1. 零售业态是指零售为满足不同的消费需求而形成的不同的经营形态。零售业态的分类主要依据零售业的选址、规模、目标顾客、商品结构、店堂设施、经营方式、服务功能等确定。

2．零售策略组合，包括目标顾客、商品结构、价格策略、服务方式、店铺环境等因素的组合，以强化企业良好形象，避免陷入与竞争者过于雷同的境地，从而使零售经营形式多样化。

3．便利店是指一种以自选销售为主，销售小容量应急性的食品、日常生活用品和提供相关服务，以满足顾客便利性需求为经营目的的零售业态。便利店是发展潜力巨大的零售业态，其主要原因如下：一是较好地适应了现代人生活节奏越来越快，空闲时间越来越少的方式；二是由连锁形式的便利店来整合或取代小型便利店，已是大势所趋；三是便利店可采取特许经营方式发展连锁网络，形成快速发展之势；四是便利店可将客户网上所购商品由散布在各个居民区的销售网络点送到消费者手中。

4．专业店是指以经营某一大类商品为主，并且具备有丰富专业知识的销售人员和适当的售后服务，满足消费者对某大类商品的选择需求的零售业态。

5．专卖店是指专门经营或授权经营制造商品牌，适应消费者对品牌选择需求和中间商品牌的零售业态。

6．百货店是指在一个大建筑物内，根据不同商品部门设销售区，开展进货、管理、运营，满足顾客对时尚商品多样化需求的零售业态。

7．超级市场是指实行自助服务和集中式一次性付款的销售方式，以销售包装食品、生鲜食品和日常生活用品为主，满足消费者日常生活需求的零售业态。

8．仓储式商店是指一种仓库与商场合二为一，主要设在城乡接合部，装修简朴、价格低廉、服务有限，并实行会员制的一种零售经营形式。

9．购物中心是指在一个大型建筑体内，由企业有计划地开发、拥有、管理、运营的各类零售业态、服务设施的集合体。

10．无店铺零售业态包括以下三种。

（1）自动售货机是使用一种投币式售货机售货，顾客只要投入商品标价的硬币或纸币，就可以将商品取出。

（2）邮购商店是指通过商品目录或广告宣传等资料，供顾客以电话或邮信订购，待收到订单后再寄送商品的商店。

（3）网络商店是通过互联网进行商品经营活动的一种商店形式。

思考题

1．零售业态和零售业种有何区别？零售业态是由哪些因素所决定的？

2．通过实地观察，熟悉、掌握各种零售业态经营的特点，包括其位置选择、目标市场、目标定位、商品策略、价格策略、促销策略、服务特点等。

3．国内百货商店应如何变革才能走出目前的经营困境？

4．试分析便利店在国内发展的前景和经营方向。

案例分析

中国眼镜连锁业发生的变化

日前，世界著名眼镜商意大利 Luxottica Group S.p.A.宣布，将收购我国高档眼镜连锁企业——雪亮眼镜有限公司。收购完成之后，Luxottica 集团将总共拥有 149 个眼镜店，从而成为中国市场上高档眼镜店的"领头羊"。

据不完全统计，我国每年的眼镜市场需求量高达 6 000 万副，年市场销售额多达 200 亿元人民币。显然，吸引外资的正是我国眼镜消费市场蕴藏的巨大潜力。

面对外资的涌入，利润空间逐渐缩小的中国本土眼镜连锁业将如何应对呢？

一、外资巨头抢占中国眼镜市场

中国加入 WTO 后，眼镜市场进一步放开，面对日益壮大的眼镜需求市场，欧美各大眼镜连锁集团对中国这个隐藏着巨大商机的眼镜市场垂涎欲滴，纷纷开始摩拳擦掌，准备不失时机地跑马圈地。意大利的登喜路（dunhill）、古驰（GUCCI）、范思哲（VERSACE），奥地利的 CD 等世界一流品牌早已把自己的眼镜摆上了中国眼镜零售店的柜台，越来越多的国际眼镜展览会也成为国外眼镜企业试探中国市场和寻找合作伙伴的前沿，国外大型眼镜连锁集团也纷纷进驻中国市场。

意大利 Luxottica 集团收购北京雪亮眼镜有限公司的所有股份，收购价格为 1.69 亿元，同时还将承担"雪亮"近 4 000 万元的债务。

Luxottica 集团主要设计、生产、销售中高档眼镜，旗下有香奈尔、凡赛斯、费加洛等20 多种国际知名眼镜品牌，除在意大利拥有 6 个生产基地外，还在中国内地设有 1 个生产基地，在香港拥有 70 家门店。此次收购完成后，其可以利用雪亮眼镜公司在北京的 79 家连锁店抢占内地市场。

无独有偶。欧洲最大的眼镜业投资公司荷兰 HAL Holding N.V 于 7 月与益民百货正式签约，以 2.14 亿元巨资收购其旗下的上海红星眼镜 78% 的股份。上海红星眼镜在全国拥有50 家直营店和 70 家加盟连锁店，这些店主要集中在上海地区，年销售额达 1.7 亿元，利润总额 1 800 万元。其收购意图也是利用"红星"的销售链条，尽快抢滩中国内地市场。

业内人士认为，这两起收购是 2004 年年底中国零售业开放之后，对中国市场觊觎已久的海外眼镜巨头大举进军中国眼镜零售市场的开始，目标直指中、高端市场，中国的眼镜零售行业面临着重新洗牌。而外资在我国眼镜生产领域早有涉猎，如日本野尻 1989 年在上海设立镜架生产厂，现在在全国已有上千家连锁店；全球最大的镜片制造商法国依视路于 1990 年在上海设立了镜架生产基地；英国最大的眼镜公司布鲁金（Bluegem）眼镜有限公司 2004 年年底也在温州投资建立了研发生产中心。

不难看出，国外著名眼镜品牌高调进入中国市场，主要是看中了中国可观的高端消费人群，同时也是看好了在中国已经诞生并将继续膨胀的奢侈品消费群体。根据相关市场研究公司预测，估计消费量占中国总消费量三分之二的城市中上层阶层人数将在未来 5 年内增长近两倍，从而推动奢侈品市场和高档眼镜市场的增长。我们有理由相信，正是中国中高层次消费群体的迅速崛起，令 Luxottica 等国际眼镜知名品牌加快、加大了对中国市场的争夺步伐。

二、"内忧"与"外患"

当外资巨头竞相涌入中国市场的时候，国内眼镜行业要面对的不仅仅是"外患"，还有种种"内忧"。

近几年来，为了抢占商机，很多国内商家想通过连锁扩张来达到目的，以为谁能先把连锁的链条拉开拉大，谁就能首先抢占这一块优势市场。随之而来的便是一场轰轰烈烈的跑马圈地运动。然而经过几年的连锁扩张，尤其是进入 2002 年以后，以地盘、规模、气派为主导的市场竞争模式已经风光不再，市场的实践让眼镜零售商们充分体验到，盲目无限地膨胀并不必然带来市场占有率的扩大。

事实上，即使扩张成功的零售商也难免会有蚍蜉撼大树的黯然。一个明显的例证是，初出茅庐的雪亮眼镜连锁店将分店扩大到 30 多个，销售额连年上升，然而几年之后，最终等待它的却是被外资巨头收购。

2004 年的一份调查结果显示，在各大专业眼镜店中，大明（53%）、精益（42.4%）和同仁（39.6%）三家眼镜店的认知率处于前三甲的位置，是专业眼镜店中的第一方阵，但值得注意的是，目前各个专业眼镜店的美誉度水平偏低，排行前三位的大明、精益和同仁验光中心，美誉度分别为 24%、19.2% 和 17.5%，均不到其知名度的二分之一，而其他眼镜店的美誉度就更不尽如人意了。另外，我国眼镜店品牌呈现出的区域性特点非常明显，与国外眼镜零售业相比，国内的眼镜连锁店缺乏规模和品牌优势，无法进行价格和商品竞争；缺乏高水平的管理方式和先进的经营方法，无法进行客户竞争。总体而言，还没有一个较为强势的全国性眼镜连锁品牌。

值得关注的是，虽然眼镜零售业的利润空间很大，但商家拿到手的真正利润如今却在不断缩水。一位业内人士透露，对于名品连锁店来说，他们为了留住顾客，保证进货渠道，大多是从品牌眼镜代理商手里进货。一副眼镜如果成本是 100 元，厂家卖出 150 元，加上关税后代理商再赚取一部分利润，商家拿到手里的价格可能要达到 300 元左右，商家出售的品牌眼镜利润在 35% 左右。其次，零售商还需承担压货的风险，现在眼镜款式日新月异，品牌眼镜一般进货后就不许退货，有的甚至须现金压货，因此零售商基本压不起货，只能根据需要进适量的货，这种少量进货的价格比起大批量势必要高。另外，由于市场竞争及完善的需要，几乎每个眼镜店都配备了验光、配制、维护等一系列设备仪器，大致成本要50 万元，而这些仪器对顾客都是免费使用的，其折旧费必然追加到眼镜成本中去。一家销售业绩不错、上规模的眼镜零售店，一天的销售额仅几千元，利润再大但盈利很低，对于名品店的生存还是颇具考验的。一副合格的眼镜需经过 126 道工序，其中光电镀的优劣相差的成本就有几十元，品牌眼镜本身开价就高，商家再抬价的余地已不大，相反，真正赚钱的还是从市场进货的杂牌眼镜。

另外，目前国内还出现了以低价为号召的大型平价眼镜店，如北京眼镜城、上海的"百元眼镜店"以及广州的"眼镜直通车"，这些类似眼镜超市的经营方式以低价这枚重磅炸弹投向中国眼镜市场，在业内引起了不小的轰动。国内眼镜品牌连锁也不得不纷纷以打折促销的策略来应战。这一举措使得眼镜市场价格大幅变动，更造成连锁眼镜店、代理商、制造商的利润大幅滑落。

连锁经营的规模发展是不容置疑的，多开几家新店并不是件费劲的事，而当这个链条在一环环不断加长时，如何开一家活一家？如何使这个链条粗壮稳固发展？如何能够在与外资知名眼镜企业、国内平价眼镜店和杂牌眼镜店的竞争中更好地生存和发展？对于国内眼镜品牌连锁业来说是个不小的考验。

三、拼专业拼服务成为竞争重点

面临全球化的市场竞争以及中国加入 WTO 后所带来的压力，眼镜品牌势必将越来越多，服务的价值也将越来越高，国内的眼镜品牌连锁业如果能够在服务和专业技术上做到精益求精，将可以相对摆脱价格战的紧箍咒，巩固主力消费群，同时也可以在外资巨头面前站稳阵脚。

但是长久以来，人们一直忽视的一个问题是，眼镜行业是一个半医半商的行业，优质的服务远不止"微笑""热情""周到"这么简单，"专业"才是竞争的重点。当货源的相似性使每家眼镜店摆出的镜架、镜片都相差无几时，拼的就是配镜的专业技术。

"我们所销售的商品与别人相比较并不存在明显优势，单纯靠商品自身是留不住顾客的。"一个眼镜连锁店的经理这样告诉记者，"当眼镜店靠眼镜已不能赢得顾客时，还能靠什么？如果想不出答案，那说明我们已经把服务的概念抛在了脑后。"服务是零售企业经营管理中的重要一环。从顾客走进店门的一刻起，选镜、验光、配镜、取镜，每一个环节的服务，店家们都要做到无微不至，毕竟在这个商品相似性越来越大的市场上，消费者买的就是服务。

对于连锁企业来说，整体服务的质量和专业配镜技术直接关系着品牌的生存，而品牌的树立和消费者的青睐才是国内眼镜连锁企业想要在市场竞争中必不可少的取胜的关键。所以，无论是外资企业还是国内企业，要想在眼镜行业独占鳌头，就要在专业技术和服务上下足功夫，只有这样才可以在市场的风云变幻中屹立不倒。

（案例来源：中国眼镜连锁业遭遇"内忧外患"[EB/OL]．（2005-08-12）．http://www.linkshop.com.cn/Web/Article_News.aspx?ArticleId=52254．）

问题：

1. 国内眼镜零售业现状有何特点？
2. 国内眼镜零售业发生了什么变化？
3. 国内传统眼镜商应如何应对这场变化？
4. 试述国内眼镜零售业态演变。

分析：

1. 国内眼镜零售业现状表现出以下几个方面的特点。

（1）多种经济成分并存。眼镜零售业的发展将呈现一种外资、内资（国有、民营、混合经济）多种成分并存，经济共同发展的多种所有制并存、相互竞争的零售格局。

（2）多种业态共存。我国眼镜零售业态的发展呈现出以大型百货店、连锁店、专卖店为主业态的多样化、多业态共存的竞争新格局，使日益多元化的消费需求得以满足。

（3）连锁经营发展迅速。中国连锁经营虽然起步较晚，但是发展迅速。连锁经营模式因为具有规模化、标准化和可复制化等特征，可以形成成本优势、价格优势、服务优势、品牌优势、信息化优势、供应链优势、资本运作优势、品牌资源优势、培训交流优势、信用叠加优势等，会给企业带来较大的发展。直营连锁、特许经营和自由连锁，不同形式的连锁经营不仅扩大了零售服务业中连锁经营的业种，而且使服务网点区域分布和设置更为均衡、合理。

（4）零售业态梯次化。由于经济发展不平衡、消费需求多样性、消费习惯差异很大，零售业态呈现梯次化发展的趋势。

2．越来越多的欧美各大眼镜连锁集团对中国这个隐藏着巨大商机的眼镜市场垂涎欲滴，纷纷摩拳擦掌，加快了对中国市场的争夺步伐，不断收购我国高档眼镜连锁企业。为了抢占商机，很多国内商家想通过连锁扩张来达到目的，使得国内眼镜零售业从传统的百货店逐渐转向连锁商店经营的方式。然而国内的眼镜连锁店缺乏规模和品牌优势，无法进行价格和商品竞争；缺乏高水平的管理方式和先进的经营方法，无法进行客户竞争。另外，国内还出现了以低价为号召的大型平价眼镜店。国内眼镜品牌连锁也不得不纷纷以打折促销的策略来应战。

3．传统眼镜店面对与国际巨头、先进的管理、周到的服务等方面的差距，必须采取以下措施。

（1）树立自主品牌，提高产品利润空间。

（2）加大技术研发投入，提高产品技术含量和产品附加值。

（3）加强国内企业的管理水平，提高生产效率和产品质量。

（4）充分发掘国内市场潜力。

（5）要学习国外对手的先进管理和优良服务，只有回归专业技术，才能淡化低价竞争。

4．国内眼镜零售业态的发展呈现由百货店转向连锁店的变化，同时以百货店、连锁店、专卖店为主业态的多样化、多业态共存的竞争新格局。虽然大型百货商店仍占一定的份额，公有制仍起主导作用，但新业态的发展快于传统业态，非公有制的发展快于公有制的发展。外资收购了国内眼镜连锁店，在外资零售业的影响下，各种新业态互相角逐，呈现出多样化的发展态势。

第三章 零售商扩张战略

 学习目标

1. 了解零售商的扩张战略组合要素。
2. 掌握商圈的构成、影响商圈形成的因素、商圈划定的方法、商圈分析的要点。
3. 掌握商店位置选择的原则、程序以及影响因素。
4. 掌握商店选址的基本方法和商店选址报告的内容。

 导读

沃尔玛的网点扩张

在沃尔玛创业之初，山姆·沃尔顿面对像西尔斯、凯玛特这样强大的竞争对手，采取了以小城镇为主要目标市场的发展战略。20 世纪 60 年代，美国的大型零售公司根本不会在人口低于 5 万人的小镇上开分店，而山姆·沃尔顿的信条是即使是 5 000 人的小镇也照开不误，而且山姆对商店选址有严格要求，首先要求在围绕配送中心 600 千米辐射范围内，把小城镇逐个填满后再考虑向相邻的地区渗透，这样正好使沃尔玛避开了和那些强大对手直接竞争，同时抢先一步占领了小城镇市场。待到凯玛特意识到沃尔玛的存在时，后者已经牢牢地在小城镇扎下了根，并开始向大城市渗透。

（案例来源：https://wenku.baidu.com/view/c32682eb81d049649b6648d7c1c708a1284a0af4.html）

零售商要做大做强自己的事业，有必要进行扩张。为此，本章介绍零售商的扩张战略类型与扩张路径，就扩张战略所用到的商圈，零售商圈，商圈的类型，商圈形态，商圈的顾客来源，影响商圈形成的因素，商圈划定方法，选址调查，影响商场选址的因素，以及商场选址的原则、程序和过程分别做介绍。

第一节 零售商扩张战略概述

一、扩张战略的类型

1. 区域性集中布局战略

区域性集中布局战略是指在一个区域内集中资源密集开店，形成压倒性优势，以达到规模效应目的。采用这种网点布局有以下原因。

（1）可以降低零售商的广告费用。因为一家零售商在一个区域内开店越多，广告费用越低。

（2）有利于树立零售商的形象。因为在同一个地区开设多家店铺，会很容易树立该零售商的形象，提高知名度。

（3）可以提高自身的管理效率。因为该零售商总部管理人员可以在各个店铺之间合理分配时间，不必担心由此所带来的不便和往来费用，在同样的时间内增加巡回次数，对每家店铺的指导时间就增加了，便于总部管理人员对各店铺的管理，节省人力、物力、财力。

（4）可以提高商品的配送效益。因为为了使各店铺的存货降至最低，通常要求配送中心采取多种类、小数量、多批次的配送方式，所以在同一地区店铺越多，分摊到各店铺的运输费用也越低，配送效益也就提高了。

2. 物流配送辐射范围内的推进战略

零售商在考虑网点布局时，首先要确定物流配送中心的地址，然后以配送中心的辐射范围为半径向外扩张。这种战略与区域性集中布局战略有些类似。但这一推进战略更注重配送中心的服务能力，充分发挥配送中心的作用。配送中心的辐射范围一般以配送车辆60～80千米/小时的速度，在一个工作日（12～24小时）内可以往返配送中心的距离来测算。零售商在配送中心的辐射范围内，合理规划运输路线，不断开设新店，统一采购，集中配送，在削减车辆台数的情况下，也能集中资源按时配送，提高了配送中心的送货效率。店铺可以缩短从订货到送货的时间，可防止缺货，提高商品的新鲜度。物流配送辐射范围内的推进战略对要求商品配送快捷、高效的零售业态最为适用。

3. 弱竞争市场优先布局战略

弱竞争市场优先布局战略是指零售商优先将店铺开设在商业网点相对不足，或竞争程度较低的地区，以避开强大的竞争对手，站稳脚跟。较偏远的地区或城郊接合部往往被大型零售商所忽略，这些地区商业网点相对不足，不能满足当地居民的需要，加上开店租金低廉、成本低，零售商在该地区容易形成优势，取得规模效益，以便后来居上。沃尔玛创业初期就是采取这种布局战略，从而有效地避开了与竞争对手的正面冲突。采取这种战略的零售商要充分考虑自己物流配送的能力，如果店铺之间距离较远，零售商物流配送跟不上，就难以满足各店铺的配送需求，还因不同地区的市场存在差异，零售商难以根据市场差异选择适销对路的商品，满足消费者的需要。

4. 跳跃式布局战略

跳跃式布局战略是指零售商在主要的大城市或值得进入的地区，分别开设店铺。这种战略往往是零售商希望占领某个大区域市场，先不计成本，不考虑一城一池的得失，而是考虑网络的建设，对有较大发展前途的地区和位置先入为主，抑制竞争对手的进入。对于这些地区，由于各种竞争关系，未来的进入成本必然高于目前。跳跃式布局的好处有两点：一是可以分散地理上的风险，当一个地区经济出现衰落时，不至于全盘失败；二是尽早在主要市场锁定理想地点，签订租赁合同，将使零售商的扩张活动变得更为主动。

二、扩张路径

（一）资产与资本扩张路径

零售商扩张的路径主要有两种选择：一种是滚动发展路径；另一种是收购兼并路径。两种战略各有利弊，需要根据企业自身的实际情况灵活运用。

1. 滚动发展路径

滚动发展路径是指采用资产运营的方式，通过自己的投资，建立新的零售门店，通过自身力量逐步发展壮大。这种扩张路径可以使新门店一开始便按企业统一标准运行，有利于零售商的一体化管理，母店的经营理念和模式能得到充分的检验和修正。但这种扩张路径前期需要投入较多资金，且零售商对新区域的市场要有一个了解、认识和把握的过程，当地消费者需要时间了解、认识和接受新的进入者。

2. 收购兼并路径

收购兼并路径是指采用资本运营的方式，将现有的零售商进行收购、兼并，再进行整合，使兼并的零售商能与母体企业融为一体。通过收购、兼并，零售商可以共享资源，扩大顾客量，提高生产率和讨价还价的实力。这种战略比较容易进入一个新市场，因为兼并过来的企业本是当地已经存在的企业，熟悉当地情况，了解本地市场。这种战略能迅速扩大企业规模，占领新市场。然而，兼并过来的零售商本身的组织结构和管理制度，以及企业文化与母体企业有较大差异，需要按母体企业的标准进行改造，这需要成本，且有一个磨合期，甚至这种改造的代价相当大。

（二）多元化扩张路径

多元化扩张是指零售商进入一个全新的领域，试图在这一领域再次演绎成功。零售商多元化扩张可以选择向商品供应链前一环节扩张，从而进入零售商的供货领域。例如，麦当劳和肯德基快餐店建立自己的原料生产基地，就是向商品供应链前一环节扩张。这种选择往往出于以下情况考虑：一是零售商的供货方不可靠，货源成为制约零售商快速发展的瓶颈，零售商涉足供货领域可以获得稳定可靠的货源；二是供货成本太高，零售商涉足供货领域可以有效地降低供货成本，从而稳定其商品价格；三是现在的供货商利润丰厚，这意味着供货领域十分值得进入。目前，许多国外大型零售商纷纷投资建立自己的加工厂，生产自有品牌商品，这种商业资本向工业资本的渗透正成为一种流行趋势。

（三）国际化扩张路径

零售商的国际化扩张可以分为三种路径：以本国为中心的扩张、以多国为中心的扩张和以全球为中心的扩张。

1. 以本国为中心的扩张

以本国为中心的扩张在母公司的利益和价值判断下做出的经营战略，其目的在于以高度一体化的形象和实力在国际竞争中占据主动，获得竞争优势。这一战略的特点是母公司集中进行产品的设计、开发、生产和销售协调，管理模式高度集中，经营决策权由母公司控制。这种以本国为中心进行扩张战略的优点是集中管理，可以节约大量的成本支出；其缺点是产品对东道国的市场需求适应性差。

2. 以多国为中心的扩张

以多国为中心的扩张是在统一的经营原则和目标的指导下，按照各东道国当地的实际情况，在东道国组织生产和经营。母公司主要承担总体战略的制定和经营目标分解，对海外子公司实施目标控制和财务监督；海外的子公司拥有较大的经营决策权，可以根据当地的市场变化做出迅速的反应。这种战略的优点是对东道国当地市场的需求适应能力好，对市场的变化反应速度快；其缺点是增加了子公司和子公司之间的协调难度。

3. 以全球为中心的扩张

全球中心战略是将全球视为一个统一的大市场，从全球获取最佳的资源组织生产，并在全世界销售产品。采用全球中心战略的企业通过全球决策系统，把各个子公司连接起来，通过全球商务网络实现资源获取和产品销售。这种战略既考虑到东道国的具体需求差异，又可以顾及跨国公司的整体利益，已经成为企业国际化战略的主要发展趋势。但是这种战略对企业管理水平的要求高，管理资金投入大。

三、扩张速度

零售业是一个进入和退出门槛相对较低的行业，由于零售商之间相互容易模仿经营模式，如果等到经营模式完全成熟才考虑扩张，等待得太久，有可能被他人抢得先机，从而失去竞争优势。而且，零售业也是一个规模出效益的行业，这些都决定了零售商会加快开店步伐。然而，没有基础的盲目扩张有时会适得其反，欲速则不达，甚至会造成不堪设想的后果，日本八佰伴的失败就印证了这一点，类似的例子还有很多。所以，以何种速度进行扩张，需要零售商在扩张行动之前认真讨论，列入发展战略规划。

扩张速度取决于以下三方面。

（1）零售商的管理基础。一个零售商的管理层在管理 10 家连锁分店时，可以应付自如，管理十分到位。当管理 100 家，甚至更多的商店时，就可能束手无策，漏洞百出。因为当企业发展壮大时，对管理的要求不一样了，组织机构需要重新设计，信息管理系统需要进行修正和扩容，仓储和配送能力也要跟进。当这一切尚未准备好时，盲目的扩张会带来不良的后果。

（2）零售商需要的各种资源状况。这包括零售商的资金实力是否雄厚，人力资源是否足够，信息资源是否充足等方面。这些主要因素都会制约零售商的扩张步伐，乃至影响零售商以后的经营业绩。

（3）市场机会。如果市场机会转瞬即逝，最重要的是时间，或是错过了一个店址机会导致潜在损失巨大，零售商为了抓住千载难逢的机会，即使是牺牲眼前的利益或是股权被稀释也是值得的。当然，盲目冒进和谨小慎微的做法都是不足取的，零售商唯一可行的是在步步为营以降低风险与孤注一掷以获取跳跃式增长之间权衡利弊，从中找到一个最佳的扩张速度。

第二节 商圈分析

一、商圈的概念

商圈是指零售店吸引顾客的地理范围。不同领域的零售店会有不同的商圈。例如，大型百货商场的商圈一般是本市范围，而大型制造业的零售商圈可能是全国范围，甚至辐射国外。日本商圈研究专家井铁卫指出："所谓商圈，就是现代市场中零售市场活动的空间范围，并且是一种直接或间接地与消费者空间范围相重叠的空间范围。"

零售商圈，是指以零售店坐落地点为中心，沿着一定的方向和距离向外扩展，吸引顾客的空间范围。简单地说，就是零售店吸引顾客的地理范围。商圈与零售商圈的关系如图 3-1 所示。

图 3-1　商圈与零售商圈

在实际情况中，商圈一般都是一个不规则的多边形或不规则的圆形，为便于分析和研究，人们通常把商圈视为以商店坐落地点为中心，以一定距离为半径所划定的圆形。

零售店商圈的大小是由零售经营者的经营能力、消费习性和消费能力决定的。不同的零售店由于地理位置、交通因素、经营规模、经营业态、市场定位、管理能力的不同，其商圈的大小、形态也不相同；同一零售店在不同的经营时期由于受到不同因素的影响，其商圈也会有所变化。例如，商圈内有竞争对手开了一家零售店，抢去了一部分顾客，商圈就会受到影响而变小；而当零售经营者采取措施，大幅度地提高了自己的经营管理能力，有效打击竞争对手，重新赢来更多的顾客，这时商圈又会变大。

二、商圈的类型

（一）按层次划分

零售商圈按层次的不同，一般由三个部分构成：核心商圈、次级商圈和边缘商圈。这三个部分由里到外依次扩展，具有明显的层次性，如图 3-2 所示。

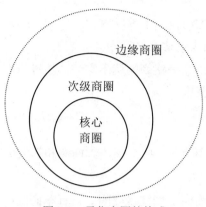

图 3-2 零售商圈的构成

1. 核心商圈

核心商圈也称主要商圈，是指最接近零售店并且拥有高密度顾客群体的区域，一般情况下，零售店有 50%～70%的顾客来自核心商圈。

2. 次级商圈

次级商圈也称次要商圈，是指位于零售店核心商圈以外，顾客光顾率较低，但尚有一定顾客群体的区域，一般情况下，零售店有 15%～30%的顾客来自次级商圈。

3. 边缘商圈

边缘商圈也称辐射商圈，是指位于次级商圈以外，顾客光顾率极低的区域，一般情况下，零售店有 10%～30%的顾客来自边缘商圈。

需要指出的是，零售店由于经营规模、经营业态、经营能力、市场定位的不同，其商圈的构成及顾客来源情况也会有所不同。例如，便利店几乎没有边缘商圈的顾客，其边缘商圈的具体分析和研究可以忽略；而大型百货和购物中心，如北京王府井百货大楼、深圳中信城市广场等，其辐射范围为全市的消费者；有的大型百货商场，其边缘商圈可以辐射到全省，甚至是全国。

（二）按顾客购物的交通方式划分

按照顾客购物所选择的交通方式的不同，零售的商圈由四部分构成：徒步商圈、自行车商圈、机动车商圈和地铁商圈、铁路商圈、高速公路商圈。

1. 徒步商圈

徒步商圈也称为第一商圈，是指顾客可以接受的以步行方式前来购物的地理范围，一般以单程 10 分钟为限度，商圈半径距离大约在 0.5 千米以内。

2. 自行车商圈

自行车商圈也称第二商圈，是指方便骑自行车前来购物的地理范围，一般以骑自行车单程 10 分钟为限度，商圈半径距离大约在 1.5 千米以内。

3. 机动车商圈

机动车商圈也称第三商圈，是指方便开车或乘车前来购物的地理范围，一般以单程 10

分钟为限度，商圈半径距离大约在 5 千米以内。

4. 地铁商圈、铁路商圈、高速公路商圈

地铁商圈、铁路商圈、高速公路商圈属于零售的边缘商圈，是指顾客通过地铁、铁路或高速公路前来购物的地理范围。

（三）按大小划分

零售商圈按大小划分为小商圈、中商圈、大商圈和超大商圈。

1. 小商圈

小商圈是指范围最小的商圈，如徒步商圈、自行车商圈。小商圈的消费习惯主要以生活必需品的高频率购买为主，一般分布在城市的住宅区或郊外的住宅区。

2. 中商圈

中商圈是指范围一般不超过 5 千米，以自行车商圈、机动车商圈为主的中型商圈。中商圈的消费习惯是顾客主要以购买选购品为主，供周末、假日全家一次性消费。

3. 大商圈

大商圈是指范围在 10 千米左右，以机动车商圈为主的大型商圈。大商圈属于零售的边缘商圈。

4. 超大商圈

超大商圈是指以铁路商圈、高速公路商圈为主的超大型的商圈。只有大型百货商场、大型购物中心才可以形成这种超大型的商圈。

以上四种商圈和徒步商圈、自行车商圈、机动车商圈、铁路/高速公路商圈的关系，如表 3-1 所示。

表 3-1   商圈范围关系表

按大小划分	按交通方式划分			
	徒步商圈	自行车商圈	机动车商圈	铁路/高速公路商圈
小商圈	√	√		
中商圈		√	√	
大商圈			√	√
超大商圈				√

（四）按所在地区地域性质的不同划分

按照所在地区地域性质的不同，将商圈划分为三种类型：社区商圈、区域商圈和市级商圈。

1. 社区商圈

社区商圈是指位于城市三、四级行政区（如社区、工业区、城市中的村）内的商圈，辐射范围主要为本社区的消费者。这类商圈的购买力一般不强，不适合开设大型零售店。

2. 区域商圈

区域商圈是指位于城市二级行政区（如区、街道、镇）中心区或繁华商业区内的商圈，这类商圈的辐射范围一般不超出本行政区范围，是本行政区消费者消费的地方，一般适合开设各类大、中、小型零售店。

3. 市级商圈

市级商圈也称城市中心商圈，是指位于城市市中心繁华区域或城市主要商业区的商圈，如北京的王府井、深圳的华强北等。这类商圈辐射范围可达全市，是全市购买力最强、消费水平较高的地方，适合开设各类特大、大、中、小型的卖场，以及本市最高档的大型百货商店。

划分商圈类型的方法有很多标准。对于零售商来说，根据研究需要，除了以上的分类外，也可以将商圈按照消费档次的不同划分为高档商圈、中档商圈和低档商圈。

三、商圈形态的类型

商圈的形态是指商圈内地域的居住性质或消费使用性质。一般来说，零售商圈的形态可以划分为五种类型：商业区、住宅区、文教区、办公区和混合区。

1. 商业区

商业区是指商业集中的区域，有银行、超市、商场等商业企业聚集。该区域与住宅区联系紧密，通常毗邻而建。其特点为商圈大，商圈内流动人口多，各种店铺林立。由于商业区的这些特点，商业区具备集体性的优势，其消费习性具有快速、流行、娱乐、冲动购买，以及消费金额不一的特点。

2. 住宅区

住宅区是指住宅楼房集中、住户多的区域。其特点为常住人口和本地人口多，流动人口较少，消费习性为消费群体稳定，日常用品和家庭用品的购买频率高，购买金额大，等等。

3. 文教区

文教区是指学校多、教育机构集中、文化气氛浓的区域。文教区内有各类大、中、小学学校及其他各种职业学校，人口以学生和教师为主，其消费习性为消费金额不高，文化教育用品、体育用品、休闲用品、食品购买率高，平时购物者少、周末购物者多，等等。

4. 办公区

办公区指办公大楼林立、各组织云集、上班人员多的区域。办公区的消费习性为外地人口多、上下班购物者多、时尚、消费水平高等。

5. 混合区

混合区是指商业区和住宅区混合在一起，或者有两种以上区域混合在一起的区域。混合区功能趋于多元化，具备单一商圈形态的消费特色，又具备多元化的消费习性。

四、商圈的顾客来源

在零售的商圈中，顾客的来源主要有以下三个部分。

1. 居住人口

居住人口是指居住在零售商附近的常住人口。居住人口具有一定的地域性，是零售核心商圈，也是零售商的主要顾客来源。

2. 工作人口

工作人口是指那些不居住在零售商附近，而工作地点在零售商附近的人口。在工作人口中，有不少人利用上、下班时间段，就近购买商品，这些人是零售次级商圈的基本顾客，也是零售商的顾客来源。

3. 流动人口

流动人口是指在零售商附近经过的人。这部分人是零售边缘商圈，也是零售商的顾客来源。

五、影响商圈形成的因素

影响商圈形成的因素可归纳为外部环境因素和内部因素。

（一）影响商圈形成的外部环境因素

1. 家庭与人口

影响商圈形成的外部环境因素之一是家庭与人口，包括家庭数量及其构成、人口数量及其密度、收入水平、职业构成、性别、年龄结构、生活习惯、文化水平、消费水平，以及流动人口的数量与构成等方面的因素，这些因素对于零售商圈的形成具有决定性的意义。

2. 地理状况

零售商所处是市区，还是郊区，是工业区，还是商业区，是人口密集区，还是人口稀少区，对商圈的形成都有着重要的影响；另外，零售商所处的地理状况是否有大沟、河流、铁路、高速公路、高架桥、山梁阻隔等方面的因素，也会影响商圈的形成。

3. 交通状况

零售商周边交通状况，如道路状况、公交状况、电车或地铁状况等方面的便利性，对零售商圈的形成有着重要的影响。例如，规模相同的百货店 A 和 B 相距 100 米，A 的交通便利，B 的交通非常不便利，那么 A 的商圈就大，B 的商圈就小。

4. 城市规划

城市规划对零售商圈的形成有很大的影响。如果零售商选址于市级商业中心规划区，其商圈就可能辐射全市；如果选址于区域商业中心规划区，其商圈一般只辐射该区域范围。另外，城市交通、住宅、产业等方面的规划对零售商圈的形成也会有很大的影响，如某大型百货商店位于老城区商业中心，人流大、店铺多、商业旺盛，但道路狭窄、交通不方便。如果在城市规划中其道路状况得到改善，那么该百货商店的商圈将会变大；如果政府规划了新的商业中心，那么该百货商店未来的商圈将会变小。

5. 商业聚集

商业聚集是指在零售的周边各种商业机构的聚集情况，一般有三种情况的商业聚集会对零售商圈产生聚集效应。

（1）不同业态零售的聚集效应。例如百货店、超市、家电专卖店、家居店等聚集在一起，这时零售一般不产生直接竞争，而是形成扎堆效应，能使卖场产生更大的吸引力，吸引更多、更远的消费者，使零售商圈辐射范围变大。

（2）相同业态零售的聚集效应。例如同一商圈内有多家规模、内容相近的大型超市，零售商圈内会产生直接竞争，考验零售商的经营能力；同时，由于竞争而给消费者提供了更多的选择机会，从而会产生扎堆效应，吸引更多、更远的消费者。但是，同业态的零售如果在同一商圈内过度聚集，就会引发过度竞争、恶意竞争，其后果是"数败俱伤"。

（3）不同行业的商业零售的聚集效应。例如餐饮零售、娱乐零售、电信零售、金融零售等聚集在一起，形成多功能型的聚集情况，将会产生极大的扎堆效应，这样会有效扩大零售的商圈辐射范围。

（二）影响商圈形成的内部因素

1. 零售商的规模

一般来说，零售商的规模越大，经营的商品越多，其商圈就越大；反之，其商圈就越小。当然，零售商的规模并非越大越好，应根据所在地区的具体情况而定。

2. 零售的业态

零售的业态对零售商圈也会产生很大的影响。例如在同一地点，便利店的商圈就很小，超市的商圈就会大很多，而大型百货店、家电专业店的商圈又会更大。

3. 零售商的市场定位

同一零售商，如果市场定位不同，其目标顾客也会有所不同，其商圈范围就会有差异。例如同一百货店，如果定位于中低档的流行百货，其商圈不会很大，如果定位于中高档的时尚百货，其商圈就可能辐射全市范围。

4. 零售商的经营管理水平

零售商的经营管理水平高，信誉好，知名度和美誉度高，吸引顾客的范围就会变大，零售商圈就会变大；如果其经营管理水平低，服务不好，口碑很差，吸引顾客的范围就会变小，零售商圈也就会变小。

六、商圈划定方法

1. 雷利法则

在两个城镇之间设立一个中介点，顾客在此中介点可能前往任何一个城镇购买，即在这一中介点上，两城镇商店对此地居民的吸引力完全相同，这一地点到两商店的距离即是两商店吸引顾客的地理区域。有如下计算公式：

$$D_{ab} = \frac{d}{1 + \sqrt{\dfrac{P_b}{P_a}}}$$

式中：D_{ab} 表示 A 城镇商圈的限度；

P_a 表示 A 城镇人口；

P_b 表示 B 城镇人口；

d 表示城镇 A 和 B 的里程距离。

假设：A 城镇人口为 9 万人，B 城镇人口为 1 万人，A 与 B 相距 20 千米。

$$D_{ab} = \frac{20}{1 + \sqrt{\dfrac{1}{9}}} = 15（千米）$$

$$D_{ba} = \frac{20}{1 + \sqrt{\dfrac{9}{1}}} = 5（千米）$$

| 15（千米） | 5（千米） |

A　　　　　　　　　　　　　　　中界点　　　B

2. 赫夫法则

赫夫法则是从不同商业区的商店经营面积、顾客从住所到该商业区或商店所花的时间及不同类型顾客对路途时间不同的重视程度这三个方面出发，对一个商业区或商店的商圈进行分析。

数学模型是：

$$P_{ij} = \frac{\dfrac{S_j}{T_{ij}^{\lambda}}}{\displaystyle\sum_{j=1}^{n} \dfrac{S_j}{T_{ij}^{\lambda}}}$$

式中：P_{ij} 表示 i 地区的消费者在 j 商业区或商店购物的概率；

S_j 表示 j 商店的规模（营业面积）或 j 商业区内某类商品总营业面积；

T_{ij} 表示 i 地区的消费者到 j 商店的时间距离或空间距离；

λ 表示通过实际调研或运用计算机程序计算的消费者对时间距离或空间距离敏感性的参数；

$\dfrac{S_j}{T_{ij}^{\lambda}}$ 表示 j 商店或 j 商业区对 i 地区消费者的吸引力；

$\displaystyle\sum_{j=1}^{n}$ 表示同一区域内所有商业区或商店的吸引力。

第三节 商店位置选择

一、选址调查项目

商店位置选择需调查以下项目。

1. 家庭人口及收入水平

家庭状况是影响消费需求的基本因素。家庭特点包括人口、家庭成员年龄、收入状况等。每户家庭的平均收入和家庭收入的分配情况等会明显地影响未来商店的销售,如开设卖场所在地区家庭平均收入提高,则家庭对选购商品数量、质量和档次的要求会随之提高。家庭人口数和组成也会对未来的商店销售产生较大影响,如一个年轻的两口之家,购物追求时尚化、个性化和少量化;一个有子女的三口之家,其消费需求几乎以孩子为核心来进行,家庭重点购买儿童食品、玩具等。家庭成员年龄不同,也会对商品有不同需求,如老龄化的家庭,倾向购买保健品、健身用品和营养食品等商品。

有关人口数和家庭人口的组成,可参考选址地域街道办事处和派出所存档的户籍人口数和人口普查资料。

2. 人口密度

一个地区的人口密度可用每平方千米的人数或户数来确定。一个地区人口密度大,则选址商店的规模可相应扩大。

人口密度要计算一个地区的白天人口,即户籍中人口数加上该地区上班、上学的人口数,减去幼儿和到外地上班、上学的人口数。部分随机流入的客流人数不在考察范围之内。

白天人口密度大的地区多为办公区、学校文化区等。对白天人口多的地区,应根据其消费需求的特性进行经营。例如,采取延长下班时间、增加便民项目等以适应需要。

人口密度大的地区,消费者到商业设施之间的距离近,可增加购物频率。而人口密度小的地区吸引力小,且顾客光临的次数少,尽可能不考虑选址。

3. 客流量

一般在评估选址的地理条件时,应认真测定经过该地点行人的流量。这也就是未来商店的客流量。人流量的大小同该地上下车人数有较大关系。上下车客人数的调查重点为:

(1)各站上下车乘客人数历年来的变化。

(2)上下车乘客人数越多的地方越有利。

(3)若上下车乘客人数减少,又无新的交通工具替代,商圈人口也会减少。

(4)根据车站出入顾客的年龄结构,了解不同年龄顾客的需求。

一般而言,调查人口集聚区域是企业选择立地的重点。例如,人口集聚区包括新建小区、居民居住集中区等区域;白天人口集聚区包括日常上班的场所、学校、医院等区域;火车站、汽车站、地铁站等是人们利用交通工具的集结点,也是人口聚集之处;体育场、旅游观光地及沿途路线也是人们集聚活动的场所。

4. 购买力

商圈内家庭和人口的消费水平是由其收入水平决定的，因此，商圈人口收入水平对商店选址有决定性的影响。家庭人均收入可通过入户抽样调查获取。比如某市西郊某商厦在立地之初，对周围商圈1～2 000米半径的居民，按照分群随机抽样的方法，抽取出家庭样本2 000户。经过汇总分析，这2000户居民中，人均月收入8 000元以上的约占10%，人均月收入在5 000～8 000元的约占20%，3 000～5 000元的占50%，2 500～3 000元的占20%。由此说明，该地区居民大都为工薪族，属于中等收入水平。

零售商在选择地址时，应以青年和中年层顾客、社会经济地位较高及可支配收入较多者的居住区域作为优先选择。

二、影响商场选址的因素

商场设置地点的选择是极其重要的。同时选择适宜的商场设置地点也受众多因素的影响，应综合考虑各方面的因素。商场选址主要从以下几个方面进行分析。

1. 顾客的数量和质量

通过商圈调查，对商圈内顾客的消费能力进行分析，主要包括以下内容。

（1）有关该地区消费者的生活特性和消费习惯的资料。

（2）人口结构，包括现有人口的年龄、性别、职业、文化程度及人口密度和增长速度等基本情况。

（3）家庭户数及构成，包括家庭户数总数的变动情况和家庭人口的增减状况。

（4）消费者的收入水平，包括个人及家庭的收入情况。

（5）消费者的消费状况，包括消费者的消费水平、消费购买力情况及消费意识。

2. 商场所在地区客流情况

主要调查分析商场所在地的客流量，客流的状态、方向、速度、目的，以及本店的吸收量。

3. 交通状况

商场选址必须调查交通情况，要考虑距离车站的远近、道路状况、车站的性质、交通状况、搬运状况及流动人员的数量和质量等。

4. 竞争状况

主要了解市场竞争对手的情况，包括竞争对手的商场类型、位置、数量、规模、营业额、营业方针、经营商品及服务对象的阶层等。

5. 商场周边状况

着重调查商场周围有无市场、娱乐街，是不是商业集中区或居民区，这些因素影响着商场店址的选择。

6. 商场所处地区的基础设施情况

商场所处地区的基础设施情况包括道路设施状况，水、电、煤气等的供给状况。

商场在设立之前，必须对以上因素进行详尽的调查研究，掌握所有可能对商场产生的有利或不利影响因素，并以发展的观点分析商场布局的选择，以正确预见未来。

三、商场选址的原则

1. 方便顾客购物

满足顾客需求是商场经营的宗旨，因此商场位置的确定必须首先考虑方便顾客购物。为此，商场要符合以下条件。

（1）靠近交通便利的地段。车站附近是过往乘客的集中地段，人群流动性强，流动量大。如果是几个车站的交汇点，则该地段的商业价值更高。商场开业之地如果选择在这类地区，就能给顾客提供便利的购物条件。

（2）靠近人群聚集的场所。可方便顾客随机购物，如影剧院、商业街、公园、名胜、旅游地区等，这些地方可以使顾客享受到购物、休闲、娱乐、旅游等多种服务的便利，是商场开业的最佳地点选择。但此种地段属经商的黄金之地，寸土寸金，地价高、费用大，竞争性也强。因而虽然商业效益好，但并非适合所有商场经营，一般只适合大型综合商场或有鲜明个性的专业商店的发展。

（3）靠近人口密度大的地区。人口居住稠密区或机关单位集中的地区人口密度大，商店地址如选在这类地段，因购物省时，省力，比较方便，会对顾客有较大吸引力，很容易培养忠实消费者群。

（4）靠近客流流向的集散地段。这类地段适应顾客的生活习惯，自然形成"市场"，所以能够进入商场购物的顾客人数多，客流量大。

2. 有利于商场发展

商场选址的最终目的是要取得经营的成功，因此，要着重从以下几方面来考虑如何便利经营。

（1）以提高市场占有率和覆盖率求发展。商场选址时不仅要分析当前的市场形势，还要从长远的角度去考虑是否有利于扩充规模，有利于提高市场占有率和覆盖率，并在不断增强自身实力的基础上开拓市场。

（2）以创立特色求发展。不同行业的商业网点设置，对地域的要求也有所不同。商场在选址时，必须综合考虑行业特点、消费心理及消费者行为等因素，谨慎地确定网点所在地点。尤其是大型百货类综合商场，更应全面地考虑该区域和各种商业服务的功能，以求得多功能综合配套，从而创立本企业的特色和优势，树立本企业的形象。

（3）以合理组织商品运送求发展。商场选址不仅要注意规模，而且要追求规模效益。发展现代商业，要求集中进货、集中供货、统一运送。这有利于降低采购成本和运输成本，合理规划运输路线。因此，在商场位置的选择上应尽可能地靠近运输线，这样既能节约成本，又能及时组织货物的采购与供应，确保经营活动的正常进行。

3. 有利于获取最大的经济效益

衡量商场位置选择优劣的最重要的标准是企业经营能否取得好的经济效益。因此，网点地理位置的选择一定要有利于经营，才能保证取得最大的经济效益。

四、商场选址的程序

选择商场位置，一般可按以下步骤依次进行。

1. 选择区域与方位

选择商场店址，一方面，先要找出目标市场，找准服务对象，然后根据目标市场和服务对象选择店址设置的区域，另一方面，要根据企业的经营规模和档次，测算企业投资回收率，在此基础上认真加以选择，确定方位。

2. 制图找出最佳位置

在确定店址后，应绘制出该区域的简图，并标出该地区现有的商业网点，包括竞争对手和互补商场，还应标出现有商业结构、客流集中地段、客流量和客流走向、交通路线等，以保证店址决策的正确性。

3. 市场调查

在商场店址基本区域方位确定后，必须进行周密的市场调查，论证选址决策的正确性。在市场调查过程中，应注意将调查对象分类统计，并对调查时间和内容进行必要的抽样调查，以保证调查资料的可靠性。

五、店址评估

1. 新店营业潜力

新店营业潜力可通过预测商店销售额来确定。这种预测可以根据过去在类似环境中的经验，同行业的一般水平，或者经过调查后采用统计分析方法计算出来。有一种测算方式比较简单易行，即根据已知的商店商圈内消费者的户数、离店的远近、月商品购买支出比重及新商店在该区域内市场占有率四个因素来估算。

例如，假设新开超级市场的商圈有三个层次：第一层次，即主要商圈内的居民户数为2 000户；第二层次，即次要商圈内的居民户数为4 000户；第三层次，即边际商圈内的居民户数为6 000户。若平均每户居民每月去商店购买食品和日用品消费500元，则：

主要商圈居民支出总额：500×2 000=100（万元）

次要商圈居民支出总额：500×4 000=200（万元）

边际商圈居民支出总额：500×6 000=300（万元）

据调查分析，新开超级市场的市场占有率在主要商圈为30%，在次要商圈为10%，在边际商圈为5%，则：

主要商圈购买力为：100×30%=30（万元）

次要商圈购买力为：200×10%=20（万元）

边际商圈购买力为：300×5%=15（万元）

所以，该新店营业潜力可估计为：30+20+15=65（万元）。

2. 开店投资与经营费用测算

通过商圈调查可以估算新店的营业额，但该新店是否值得经营，还必须把营业额与投资额相比较，评估出损益状况。例如，投资餐饮店的预算主要分为以下六部分。

（1）对初期费用进行估算。包括用于会计核算、法律事务以及前期市场开发的费用，还有电话费、交通费等管理费用。贷款利息，可根据银行的贷款利率进行估算。如果经营者是用自己的资金投资，也可按贷款计算其利息，凭此反映筹建费用的全貌。

（2）对租赁场地费用进行预算。包括聘请专业咨询师对房屋进行租赁估算；租赁场地费用，如公共设施、车位、垃圾台等都要预算清楚。

（3）对装修费用、设备设施费用进行估算。餐饮店的装饰包括门面、厅面和厨房三大方面，若是中小型餐饮店，门面和厅面装饰应以简洁、明亮、卫生、雅致为主，厨房装修应以卫生为主，结合方便厨师、工作人员操作，便于油烟、污水排放功能考虑。应尽量节省，避免豪华装饰，以减少营业前期投入的费用。在估算设备、设施费用时，还应包括运输费和安装调试费。设施和设备包括厨房中的烹饪设备、存储设备、冷藏设备、运输设备、加工设备、洗涤设备、空调通风设备、安全和防火设备等。

（4）对家具和器皿费用进行估算。家具费用主要指办公家具、员工区域家具、客人区域家具等，器皿主要指厨房、餐厅经营用的瓷器、玻璃器皿、银器等物料用品，应先根据确定的餐饮店的服务方式和桌位数，计算出各种家具和器皿需要的数量，再根据市场价格进行估算。

（5）对劳动力成本进行估算。餐饮店劳动力成本由管理人员、服务人员及厨师的工资组成。可按不同人员的工资标准乘以人数来估算。各类人员的工资水平，可参考各劳动力市场的平均工资标准。

（6）对运营费用进行预算。运营费用包括营销费用、广告费用、培训费用等。还应该考虑不可预见的准备金，一般为前几项总和的 5%～30%。

3. 选址分析报告

商店选址分析报告包括以下内容。

（1）新店周围地理位置特征表述（附图说明）。

（2）新店周围商业环境和竞争店情况。

（3）新店周围居民及流动人口消费结构、消费层次。

（4）新店开业后预计能辐射的范围。

（5）新店的营业面积和商品结构。

（6）新店的市场定位和经营特色。

（7）新店经营效益预估。

（8）新店未来前景分析。

第四节 零售的选址方法

零售位置选择的建立与选择过程就是一个重大决策过程。零售位置选择的建立一般包括以下过程：提出零售商的目标；确立零售商位置选择方案评价标准；建立、比较和选择备选方案；进行风险评估。

一、提出零售商的目标

在这一阶段决策者应该明确回答以下三个问题。

（1）打算做出什么样的选择？

（2）为什么这个方案是必要的？

（3）最后采用的应是什么样的方案？

二、确定方案评价标准

方案评价标准是指判断方案可能产生的效果的标准，事前确定这些标准有助于在决策时理智地进行分析和选择。方案评价标准的确定可以从影响方案可能产生的效果的各种因素出发，通过一一列举影响方案可能产生的效果的各种因素，包括政府的政策、资源、商业、交通、投资风险等各个方面，制定出方案标准。

1. 方案标准的分类

方案标准可以分为限定性标准和合格标准。

（1）限定性标准。限定性标准是指一个方案能够成为可行方案的最低标准。可使用限定性标准来确定可行方案。例如，要投资建立一个大型超市，限定性标准就是需要一个良好的商业氛围。一个其他条件再好的地址，如果不具备良好的商业氛围，那么该方案就不能成为可行方案。

（2）合格标准。合格标准是指判定一个方案最后是否能够作为最终方案的合格判定标准，使用合格标准来确定满意方案。例如，针对一个方案列出了几项限定性标准，则把都达到限定性标准的一组标准称为这一决策的合格标准。

2. 选择标准时应该回答的问题

在这一阶段，决策者应该明确回答以下问题。

（1）什么样的方案可以达到这些标准，什么样的方案可以达到预期目标？

（2）发生什么样的情况这个方案就会失败？

（3）发生什么样的情况会使这个方案产生负效应？对企业会产生什么负效应？对社会会产生什么负效应？

方案标准不仅是判断方案可能产生的效果的标准，而且是判断一个方案是否可行或令人满意的标准，假如一个方案不能够对上述问题做出明确的回答，那么这一重要性评价方案就不能列为可行方案。

3. 标准的重要性排序

在方案的限定性标准和合格标准确定之后，还需要按其重要性对这些标准进行取舍。因为在进行管理决策时，往往会碰到这个方案的这个指标好一些而那个方案的另一个指标好一些的情况，决策者不得不在这些方案之间进行选择，而方案标准的重要性排序可以给决策者提供帮助，避免决策失误。

三、建立、比较和选择备选方案

确定备选方案的限定性标准之后，就可以根据限定性标准的规定建立备选方案。这一阶段决策者需要详细地调查了解各种可以选择的战略方案，并且将它们一一列举出来，然后通过与限定性标准的比较，从中找出可行性方案，再通过对多个可行性方案的比较，对每一个方案的各项限定性标准给出评分，以供决策之用。

四、零售位置选择简单案例

某企业决定投资建设一个超级市场，提出了五项标准：基本投资、交通条件、商业氛围、经营面积以及经营成本。根据企业自身的各种资源条件以及外部环境的基本要求，进一步确定出限定性标准为：

（1）基本投资超过 50 万元。
（2）位于繁华街道或居民稠密区。
（3）旁边应有交通主干道和停车场。
（4）改建后营业面积不少于 500 平方米。
（5）年经营成本不超过 100 万元。

进一步通过评分得出五项指标的重要性排序，如表 3-2 所示。

表 3-2　重要性排序表

指　标	评 价 分 数	重要性排序
商业氛围	10	1
交通条件	9	2
营业面积	8	3
经营成本	7	4
基本投资	6	5

通过调查得出了两个方案：方案 A 和方案 B，评价结果如表 3-3 和表 3-4 所示。

表 3-3　方案 A 评价表

指　标	限定性标准	评 价 分 数	合 格 判 定
商业氛围	位于主要商业区，附近有若干商店和大型金融单位	10	合格
交通条件	十分便利，有数条公交线路通过；附近还有出租车停车站；门前可停车	9	合格
营业面积	预计建成后营业面积可达 600 平方米	10	合格
经营成本	由于位于繁华街道一侧，房租较高，年经营成本预计达 100 万元	6	合格
基本投资	主要用于装修和改造，预计可达 50 万元	6	合格
方案得分	339		

表3-4 方案B评价表

指 标	限定性标准	评价分数	合格判定
商业氛围	位于主要居民区，附近有若干个工厂和大学	10	合格
交通条件	十分便利，有数条公交线路通过；附近还有出租车停车站	9	合格
营业面积	预计建成后营业面积可达500平方米	10	合格
经营成本	由于位于繁华街道一侧，房租较高，年经营成本预计达90万元	9	合格
基本投资	主要用于装修和改造，预计可达50万元	9	合格
方案得分	378		

方案得分的计算公式为

$$F_j = \sum W_i \times X_{ij}$$

式中：F_j 表示 j 方案的得分，$j=1, 2, 3, \cdots, m$，表示方案数；

W_i 表示 i 指标的重要性得分，$i=1, 2, 3, \cdots, n$，表示指标数；

X_{ij} 表示 j 方案 i 项指标的评分。

方案A得分=10×10+9×9+8×10+7×6+6×6=339

方案B得分=10×10+9×9+8×10+7×9+6×9=378

综合以上分析可知：方案B得分高于方案A，故应该选择方案B。

当然，这仅仅是一个简要的说明，实际的决策过程要复杂得多。一般而言，当所有方案都达到规定的合格标准时，应选得分较高的方案。当一个方案虽然得分较高却有某项指标达不到规定的要求时，不应做出简单的放弃决定，而应当对方案这一不符合规定的指标再进行一次分析，确定是否能够通过努力使这一指标得到改善，或者重新分析限定性标准，看规定是否合理，然后再做出决定。

五、零售位置选择的风险评估

1. 评估风险时应该考虑的问题

评估风险的主要目的是要在决策的时候将方案可能产生的副作用都考虑到，在这一阶段决策者要回答以下问题。

（1）如果我选择了该方案会产生什么情况？

（2）如果工期不能按时完成会产生什么结果？

（3）方案实施以后，如果原材料涨价或地产涨价会产生什么结果？

（4）方案实施以后，如果政府的相关政策发生变化会产生什么结果？

（5）方案实施以后，如果银行汇率或利率变动，则基本投资和经营成本要增减多少？

（6）方案实施以后，什么情况发生对方案的影响最大？一旦发生这一情况有什么补救办法？是否已准备好补救方案？

（7）方案实施以后，对社会会产生什么影响？

（8）如果方案失败，对社会会产生什么影响？

（9）如果方案失败，对企业形象会产生什么影响？

（10）方案实施以后，除了上述因素外，还有哪些因素会导致方案失败？

如在前述案例中，B方案在大学放假时，可能产生营业额下降的情况。针对这一情况，决策者就必须要评估放假时顾客量减少的幅度，以判定这一情况是否会影响方案的最终效益。而方案A的最大威胁则来自所选择方案的地产价格是否上涨以及上涨的幅度有多大。

2. 评估风险时建议采用的方法

评估风险可以采用各种方法，但是无论采用什么方法，关键问题都是评估各种风险发生的可能性和严重性。

首先，要根据可能性因素判定哪些因素可能会发生，然后根据这些因素发生后所产生后果的严重性，判定各种情况对方案实施结果的影响程度。

假设用1～10表示风险发生的可能性和严重性的程度，则有表3-5的结果。

表3-5 风险发生的可能性与严重性程度表示

可 能 性	严 重 性
10——事件肯定发生	10——决策失败
1——事件发生的可能性很小	1——事件几乎不会产生任何影响

运用上述方法可以评估方案B的风险，如表3-6所示。

表3-6 方案B的风险评估表

方案B	可 能 性	严 重 性
如果假期销售量下降（可能性） 那么收入就会相应减少（严重性）	8	9
如果不能按时完工（可能性） 那么超市就不得不延期开张（严重性）	6	9
如果短期内有另一家超市开张（可能性） 那么超市就有可能减少收入（严重性）	4	8
可能性与严重性得分合计	18	26
风险得分合计	44	

同样，也可以对方案A的风险进行评估，结果如表3-7所示。

表3-7 方案A的风险评估表

方案A	可 能 性	严 重 性
如果地产价格上涨（可能性） 那么基本投资就会相应增加（严重性）	9	9
如果不能按时完工（可能性） 那么超市就不得不延期开张（严重性）	7	7
如果短期内有另一家超市开张（可能性） 那么超市就有可能减少收入（严重性）	9	8
可能性与严重性得分合计	25	24
风险得分合计	49	

综合评价结果显示，方案 B 较方案 A 风险要小，故仍选择方案 B。

以上仅仅是一个简单的例子，用以说明零售位置选择的建立、评价和选择的过程。实际运作过程中，无论是零售商目标的建立，评价标准的确立，备选方案的建立、评价和选择，还是风险评估都要复杂得多，零售商决策者绝不能掉以轻心。战略决策的关键正在于此。

本章小结

1．零售商扩张战略包括区域性集中布局战略、物流配送辐射范围内的推进战略、弱竞争市场优先布局战略和跳跃式布局战略。

2．零售商扩张路径包括资产与资本扩张、多元化扩张和国际化扩张。

3．零售商扩张速度取决于三方面：零售商的管理基础、零售商需要的各种资源状况和市场机会。

4．商圈，是指零售店吸引顾客的地理范围。零售商圈，是指以零售店坐落地点为中心，沿着一定的方向和距离向外扩展，吸引顾客的空间范围。

5．商圈的类型：

（1）按层次性划分为核心商圈、次级商圈和边缘商圈。

（2）按顾客购物的交通方式划分为徒步商圈、自行车商圈、机动车商圈和地铁商圈、铁路商圈、高速公路商圈。

（3）按大小划分为小商圈、中商圈、大商圈和超大商圈。

（4）按所在地区地域性质的不同划分为社区商圈、区域商圈和市级商圈。

6．商圈形态，是指商圈内地域的居住性质或消费使用性质。零售商圈的形态可划分为五种类型：商业区、住宅区、文教区、办公区和混合区。

7．商圈的顾客来源：居住人口、工作人口和流动人口。

8．影响商圈形成的因素可归纳为外部环境因素和内部因素。影响商圈形成的外部环境因素包括家庭与人口、地理状况、交通状况、城市规划和商业聚集；影响商圈形成的内部因素包括零售商的规模、零售的业态、零售商的市场定位和零售商的经营管理水平。

9．商圈划定方法：雷利法则和赫夫法则。

10．选址调查项目包括家庭人口及收入水平、人口密度、客流量和购买力。

11．影响商场选址的因素：顾客的数量和质量、商场所在地区客流情况、交通状况、竞争状况、商场周边状况和商场所处地区的基础设施情况。

12．商场选址的原则：方便顾客购物、有利于商场发展和有利于获取最大的经济效益。

13．商场选址的程序：选择区域与方位、制图找出最佳位置、市场调查。店址评估包括新店营业潜力、开店投资与经营费用测算和选址分析报告。

14．零售位置选择的建立一般包括以下过程：提出零售商的目标；确立零售商位置选择方案评价标准；建立、比较和选择备选方案；进行风险评估。

思考题

1. 结合有关理论分析当前外资零售商在我国的扩张战略。

2. 分析百货商店、大型综合超市、普通超市、专业店和专卖店、便利店、仓储式商店一般选择在哪些位置。

3. 在学校附近开设一家商店，为其撰写一份内容完整的选址分析报告。

案例分析

肯德基选址的借鉴意义

地点是餐饮连锁经营的首要因素。连锁店的正确选址，不仅是其成功的先决条件，也是实现连锁经营标准化、简单化、专业化的前提条件和基础。因此，肯德基对快餐店选址是非常重视的，选址决策一般是两级审批制，要通过两个委员会的同意，一个是地方公司，另一个是总部。其选址成功率几乎是百分之百，是肯德基的核心竞争力之一。肯德基选址按以下步骤进行。

一、商圈的划分与选择

1. 划分商圈

肯德基计划进入某城市，先通过有关部门或专业调查公司收集这个地区的资料。有些资料是免费的，有些资料需要花钱购买。把资料收集齐了，就开始规划商圈。

商圈规划采取的是计分的方法。例如，这个地区有一个大型商场，商场营业额 1 000 万元算 1 分，5 000 万元算 5 分，有一条公交线路加多少分，有一条地铁线路加多少分。这些分值标准是多年平均下来的一个较准确经验值。通过打分把商圈分成好几大类，以北京为例，有市级商业型（西单、王府井等）、区级商业型、定点（目标）消费型、社区型、旅游型等。

2. 选择商圈

确定目前重点在哪个商圈开店，主要目标是哪些。在商圈选择的标准上，一方面要考虑餐馆自身的市场定位，另一方面要考虑商圈的稳定度和成熟度。餐馆的市场定位不同，吸引的顾客群不一样，商圈的选择也就不同。商圈的成熟度和稳定度也非常重要。例如，规划局说某条路要开通，3 年后这里有可能成为成熟商圈，肯德基则一定要等到商圈成熟稳定后才会进入，这家店 3 年以后效益会多好对现今没有帮助，这 3 年难道要亏损？肯德基投入一家店要花费好几百万元，当然不冒这种险，一定是比较稳健的原则，保证开一家成功一家。

二、聚客点的测算与选择

1. 要确定这个商圈内最主要的聚客点在哪

例如，上海的淮海路是很成熟的商圈，但不可能淮海路上任何位置都是聚客点，肯定有最主要的聚集客人的位置。肯德基开店的原则是：努力争取在最聚客的地方或其附近开店。古语说"一步差三市"，开店地址差一步就有可能差三成的买卖，这跟人流动线（人流活动的线路）有关，可能有人走到这儿该拐弯，则这个地方就是客人到不了的地方，差不了几步路，但生意差很多。这些在选址时都要考虑进去。人流动线是怎么样的，在这个区域里，人从地铁出来后是往哪个方向走，等等，这些都要实地考察清楚，有一套完整的数据之后才能确定地址。

2. 选址时一定要考虑人流的主要流动线会不会被竞争对手截住

例如，某个社区的马路边有一家肯德基店，客流主要自东向西走。如果往西一百米，竞争者再开一家西式快餐店就不妥当了，因为主要客流是从东边过来的，大量客流会被肯德基截住，效益就不会好。

（案例来源：肯德基的选址秘籍[EB/OL].（2018-08-09）. https://card.weibo.com/article/m/show/id/2309614299327240558703.）

问题：

肯德基选址有何借鉴意义？

分析：

肯德基在中国，其实对个人投资者来说也有不少的借鉴意义。虽然个人投资者不可能像他们一样做那么多繁杂的测算，但其许多有益的思路还是值得个人投资者学习的，能够让个人投资者在商铺选址时把握得更加准确。

第四章　零售商竞争战略

 学习目标

1. 能够应用 SWOT 模型分析零售商所面临的竞争环境。
2. 了解零售商竞争优势的来源。
3. 了解成本领先战略、差异化战略、目标集聚战略在零售业中的应用。

 导读

沃尔玛的竞争战略是什么

在每一家沃尔玛商店的外面都用大字母传递着这样的信息："永远的低价，永远!"那它的竞争战略除了低价还有什么?

每个零售商的竞争行为都受到环境的制约和自身内部因素的影响，如何选择自己企业的竞争战略，是本章要阐述的问题。本章首先对零售商竞争环境进行分析；再介绍三种基本竞争战略，即成本领先战略、差异化战略、目标集聚战略；最后分析零售商竞争战略选择。

第一节　零售商竞争环境分析

环境是制约零售商竞争行为的主要因素。每个零售商都需要分析其所处的环境，了解市场竞争的焦点是什么，准确把握环境的变化和发展趋势，以及这种变化和发展趋势对零售商产生什么样的重要影响。一个零售商所处的环境制约其竞争战略选择。零售商对环境的分析通常采用 SWOT 分析，通过对零售商的外部环境关键因素和内部资源条件进行深入分析，找出零售商内部的优势与劣势、发现机会和威胁，以便发掘细分市场，确立自己的竞争战略。

一、零售商的外部环境关键因素

（一）零售商的一般外部环境

1. 社会、文化与人口因素

社会、文化与人口环境的变化，对所有的产品、服务、市场和消费者都会产生重大的影响。所有零售行业中大的与小的、营利的与非营利的零售商都将受到由这些因素变化所带来的机会与挑战。社会、文化与人口关键因素，如人口总量、年龄结构、地理分布、家庭组成、性别结构、教育水平、宗教信仰、价值观念、消费习俗、消费潮流、购买习惯等方面的变化趋势正重塑当代人的生活、工作、生产和消费方式，新趋势正产生着新一类的消费者，进而要求零售商有新产品、新服务和新的经营战略与之相适应。

2. 经济因素

经济因素可直接影响零售商的经营战略。例如，如果利率上升，资本扩张所需要的资金就更加昂贵或更不容易得到，利率上升还会使可支配收入和对非必需品的需求下降。股价上升时，企业以发行股票作为开发市场的融资渠道的愿望就会更为强烈，市场的高涨也会使消费者和企业的财富增加。众多复杂的经济因素，如利率、消费者收入水平和支出结构、通货膨胀率、税率、财政政策、货币政策、国民生产总值、汇率、进出口总量、关税等方面的变化，会影响零售商战略的选择。

3. 技术因素

信息技术的应用成为零售商竞争优势的来源之一，跟踪了解技术的发展并利用其不断改进管理方式就显得十分必要。技术进步使得零售商和供应商，以及零售商和顾客之间的信息交流更加流畅，交易便利，运营效率更高，决策更快速而有洞察力，存货管理更好，以及员工生产率更高。零售商已经不断尝试将新技术引入运营管理和决策中，如运用 POS 系统可以使顾客更快地进行交易结算，出错率比起手工结算要低得多；电视会议已被沃尔玛、彭尼等大型零售商所运用，将零售店员工与公司总部联结起来，可以更好地用于培训员工、播发信息、鼓舞员工士气；还可以制定员工工作时间表，保持财务记录，确定打折时间，提高工作效率；网络购物已成为零售商发展的一个重要空间。

4. 政策法规因素

政策法规也是影响零售商竞争与发展的一个重要因素。它们缩小了管理者可斟酌决定的范围，限制了可供选择的可行方案。例如，零售商如果对商店行窃者进行搜身、体罚或经济罚款，尽管理由正当，但这些行为触犯了法律，可能在法庭上败诉；又如，消费者保护法的实施使零售商不得不采取各种保护消费者的措施：设置明确的程序，处理消费者的抱怨，审查广告信息的清晰度，发起消费者教育计划及培训员工，学习正确地与消费者打交道。这些工作的开展，增加了成本，影响零售商竞争与发展。

（二）零售商的零售竞争因素

收集和评价有关竞争者的信息，对于成功地进行竞争战略制定十分重要。识别主要竞争对手往往是困难的，因为有众多公司的分部在不同区域与零售商进行竞争，而出于竞争的原因，绝大多数竞争对手公司均不提供各地区的销售及盈利信息，但通过市场调查和借助专业公司，零售商可以对竞争者的情况有一个较为详细的了解。

在掌握主要竞争者的信息之后，零售商需要对以下内容进行分析。

（1）主要竞争者的优势是什么？

（2）主要竞争者的弱点是什么？

（3）主要竞争者的目标和战略是什么？

（4）主要竞争者对本企业各种战略的承受能力如何？

（5）相对于主要竞争者，自己的产品或服务的市场应如何定位？

（6）导致公司在本行业中目前竞争地位的主要因素是什么？

（7）近些年，主要竞争者在本行业销售额和盈利排序中的位置发生了何种变化？为什么会发生这样的变化？

（8）主要竞争者与供应商及其他机构的关系如何？

二、零售商的内部因素

分析了外部环境之后，零售商管理者可以判断有哪些机会可以发掘，以及可能面临哪些威胁。需要注意的是，即使处于同样的环境中，由于零售商控制的资源不同，可能对某一个零售商来说是机会，而对于另一些零售商来说却是威胁。接下来，我们的视角从零售商的外部环境转向其内部：

（1）一个零售商拥有什么样的技能和资源？

（2）它的资金状况怎样？

（3）与供应商能保持良好的关系吗？

（4）公众对该零售商及其产品和服务的质量怎么看？

通过对自身情况的分析，零售商管理层能清楚地认识到，无论是多么强大的零售商，都会在资源和技能方面受到某些限制。这些限制包括资金、人才、管理基础、声誉、与供应商的关系等。

通过对零售商内部资源的分析，管理层基本上可以对零售商的优势和劣势做出明确的评价，从而能够识别什么是与众不同的能力，即决定作为零售商的竞争武器的独特技能和资源。再结合上面对外部环境分析的结果，管理层便可以识别机会，挖掘具有潜力的细分市场，并确立目标市场，确定自己的竞争地位和竞争战略。

第二节　零售商成本领先战略

一、竞争战略的理论基础

20 世纪 80 年代初，美国著名的管理学家迈克尔·波特提出了企业发展的竞争战略理论，以及获得竞争优势的方法。波特的竞争战略理论为指导企业竞争行为提供了努力方向，使企业更主动地培养竞争力，掌握自己的命运。

波特认为，企业长时间维持优于平均水平的经营业绩，其根本基础是持久性竞争优势。尽管企业相对竞争对手有很多优势和劣势，企业仍然可以拥有两种基本的竞争优势：低成本或差异性。一个企业是否具有优势的显著性，最终取决于企业在相对成本和差异性方面持久性的作为。成本优势和差异性又由行业结构所左右，这些优势源于企业具有比其他竞争对手更有效地处理五种作用力的能力。企业面临的五种作用力如下。

1. 潜在的进入者威胁

潜在的进入者威胁有两种形式：行业中增加新的企业和行业中已有企业扩大生产规模，

新增加生产能力。新的入侵者会带来新的生产能力，进而促使想获得相应的市场占有率的愿望者可能降价销售。这样可能造成价格暴跌，由此减少了获利，更严重的可能会危及企业的生存。新进入者威胁的严重程度取决于进入者的市场反应情况、采取报复性行动的可能性大小、行业中厂商的财力情况、报复记录、固定资产规模以及行业增长速度等方面。

2. 现有企业之间的竞争

现有企业之间的竞争之所以会发生，是因为一个或更多的竞争者感到压力或看到有发展其市场地位的机会。在大多数的行业内，某家厂商所采取的竞争性行动会对其竞争对手产生消极的影响，从而触发对手报复或抵制该项行动。如果报复、抵制逐步升级，那么行业内所有的企业都会蒙受损失，各竞争厂家将"重新洗牌"。

一般来说，出现下述情况意味着行业中所有企业之间的竞争加剧。

（1）行业进入门槛低。行业进入壁垒较少，势均力敌的竞争者较多，竞争参与者广泛。

（2）市场趋于饱和。市场趋于成熟，产品需求增长缓慢。

（3）产品差异性小。竞争者产品的差异性很小，用户的转换成本很低，而且竞争者采取的主要营销策略是价格促销策略。

（4）企业退出成本高。行业的退出障碍较高，如机器设备专用性强、退出的固定费用高、政府的产业政策限制等。

3. 替代品生产的威胁

从广义上来说，某个行业内的所有企业都在与生产替代产品的其他行业的企业进行竞争。替代产品规定某个行业内的企业可能获利的最高限价，以此限制该行业的潜在收益，具体包括以下三点。

（1）替代品售价。现有企业产品售价以及获利潜力的提高，将由于可能存在着消费者方便接受的替代品而受到限制。

（2）替代品进入。由于替代品生产者的进入，使得现有企业必须提高产品质量，通过降低成本来降低产品的售价，使其产品更具有特色，否则其销售量与利润增长的目标就有可能受挫。

（3）替代品竞争强度。源自替代品生产者的竞争强度，受生产者转换成本高低的影响。

4. 供应商的讨价还价能力

供应商是指向特定企业及其竞争对手提供产品或者服务的企业。供应商的讨价还价能力是指供应商通过提高价格或者降低所售产品或服务的质量等手段对行业内的企业所产生的威胁的大小。供应商对企业的经营具有很大的影响力，特别是在企业所需的资源供应来源十分稀缺时。供应商可以通过提价、限制供应、降低供货质量等来向采购企业施加压力，所以企业既要保证与一些主要的供应商建立长期稳定的供货关系，以获得稳定的供应渠道及某些优惠条件，同时又要避免单边垄断。

5. 买方的讨价还价能力

买方主要通过压低价格及提高对产品质量和服务质量的要求来影响行业中现有企业的盈利。一般来说，在下列情况下购买者的讨价还价能力将会得到强化。

（1）买方进货量。相对于卖方的销售量来说，如果买方的市场集中度更大或者进货批量较大，那么买方的讨价还价能力越强。

（2）买方进货选择。卖方行业是分散性行业，买方进货的选择性越强，则讨价还价能力就越强。

（3）差异性产品。买方从行业中购买的产品是标准化的或差异性小的，买方进货的选择性越强，则讨价还价能力越强。

（4）后向一体化。后向一体化即从此以后不出现特殊情况，买方相对固定地从卖方进货，买方形成了可信的后向一体化威胁，则买方的讨价还价能力越强。

（5）市场信息不对称。买方拥有更多、更全面的信息，可以货比多家，选择价廉物美的产品。

二、零售商成本领先战略的含义

零售商成本领先战略是指零售商的经营目标是成为其整个行业中的低成本厂商。如果零售商能够创造和维持全面的成本领先地位，那它只要将价格控制在行业平均或接近平均的水平，就能获取优于平均水平的经营业绩。在与对手相比相当或相对较低的价位上，成本领先者的低成本地位将转化为高收益。前提是成本领先者必须在相对竞争对手创造价值相等或价值近似的地位，以领先于行业平均收益水平。

根据波特的竞争战略理论，零售成本领先战略就是指通过采用一系列针对战略环节的具体措施，在本行业中赢得总成本领先。与采取其他战略的企业相比，尽管在质量、服务以及其他方面也不容忽视，但贯穿于整个战略中的主题是使成本低于竞争对手。为了达到这些目标，零售商必须在经营管理方面进行严格控制，发现和开发所有成本优势的资源。而零售商一旦获得成本优势，则该零售商就可以获得高于行业平均水平的收益，其成本优势可以使零售商在与竞争对手的争斗中受到保护，因为它的低成本意味着当别的零售商在竞争过程中已失去利润时，这个零售商仍然可以获利。

从价值链观点看来，零售商选择成本领先战略以获取成本优势，其视角并不在于创造出高于行业平均水平的收益，而在于满足顾客的需要，为顾客创造更多价值，他们会把这种成本优势转化为价格优势，让顾客感到更加物有所值，从而吸引和留住顾客，并最终为企业赢得竞争优势。

三、零售商成本领先战略组合

美国学者 Barry Berman 和 Joel R. Evans 认为，要获得成本领先优势，零售商可以采取以下战略组合决策中的一种或几种。

（1）运营程序标准化。

（2）商店布置、规模和经营产品的标准化。

（3）利用次等位置、独立式建筑以及在较老的狭窄商业中心区选址，或利用其他零售商废弃的店址（二手店址）。

（4）将商店置于建筑法规宽松、劳动力成本低廉、建筑和运营成本低的小社区。

（5）使用廉价的建筑材料，如裸露的矿渣砖块墙和混凝土地板。

（6）利用简易的设施和低成本的展台。

（7）购买重新修整的设备。

（8）加入合作采购和合作广告团体。

（9）鼓励制造商为存货提供融资。

四、零售商成本领先战略的盲区

成本领先战略有两个盲区：第一个盲区是过分强调成本优势，而忽视了其他战略。第二个盲区是人们极易将成本领先看成简单的价格竞争，从而步入低价竞争的风险之中。

第三节　零售商差异化战略

一、差异化战略的理论基础

差异化战略又称为产品差异化战略、别具一格战略等，与低成本战略形成鲜明对比。差异化战略更直接地强调企业与客户的关系，即通过向客户提供与众不同的产品或服务，为客户创造价值。在差异化战略的指导下，企业力求得到客户的广泛重视，甚至某些方面在行业内独树一帜。它选择被行业内许多客户视为重要的一种或多种特质，并为其选择一种独特的地位，以满足客户的要求，并因其独特的地位而获得超额利润。

差异化战略赖以建立的基础是产品本身、销售交货体系、营销渠道以及一系列其他因素，因行业不同，着重点也会随之不同。例如，在化妆品行业，差异化战略更多地依赖于产品形象和在商场内柜台的定位。

实施差异化战略的企业为创造并维持与众不同的差异化优势，通常要承担比低成本战略高得多的成本负担。

差异化战略通常要考虑差异化形成要素、差异化成本和客户需要，去影响企业价值链中的差异化价值活动，并为客户创造可接受的价值。这种价值最终表现为降低客户的成本，或者提高客户的绩效，或者兼而有之。因此，了解和确定什么是客户的价值是建立差异化战略的出发点。客户的价值体现在其价值链中，企业通过自己的价值链与客户的价值链的联系，去识别和确定需要实现的差异化价值。

差异化战略的逻辑要求企业选择那些不利于竞争对手的、能使自己的经营独具特色的特质。企业如果期望得到价格溢价，就必须在某些方面真正差异化或被视为具有差异性。然而，与成本领先战略相反的是，如果存在多种为客户广泛重视的特质，行业中将可能有不止一种成功的差异化战略。

二、零售商差异化战略的含义

差异化战略是零售商可以选择的第二种基本战略。根据波特的竞争战略理论，在差异化战略指导下，零售商力求就顾客广泛重视的一些方面在行业内独树一帜，选择在本行业内许多顾客视为重要的一种或多种特质，并为其选择一种独特的地位以满足顾客的需要，零售商将因其独特的地位而获得溢价的报酬。

一个能创造和保持差异化的零售商，如果其产品价格溢价超过了它为产品的独特性而附加的额外成本，它就成为其行业中盈利高于平均水平的佼佼者。因此，一个差异化的零售商必须一直探索能导致价格溢价大于为差异化而追加的成本的经营形式。由于差异化的溢价将会被其显著不利的成本位置所抵消，所以零售商绝不能忽视对成本地位的追求。这样，维持差异化战略的零售商必须通过削减所有不至于影响差异化的各方面成本，来实现与竞争对手低成本相比能创造价值相似或较高价值的地位。

在零售业，一个零售商要形成自己的差异化优势，可以从不同方面塑造自己的差异化形象，如具有与众不同的商品组合、别具一格的购物体验、胜人一筹的服务方式等方面的特色，可见差异化战略便是差异化服务战略。

三、零售商差异化服务战略的误区

服务内容不是任何情况下都整齐划一的，服务不存在一个标准的模式。不同的顾客、不同的消费目的、不同的消费时间与不同的消费地点，顾客对服务的要求是不同的。

不同的企业经营方式对所提供的服务内容也不相同，这些服务有主次之分。有些服务必不可少，为主要服务，目的在于满足顾客的基本期望；有些服务根据需要灵活设置，为辅助服务，目的在于形成特色。例如，快餐店的服务人员没有必要替客人端茶倒水、上餐前小点。对消费者而言，大型百货商店提供的导购、送货上门、退换、售后保修等多项服务是期望之中的，对于超级市场和平价商店，人们期望更多的是购物便利与价格合算。

在零售业中，由于企业提供的服务内容不一样，于是便诞生了百货商店、超级市场、专卖店、购物中心、货仓式商店、24小时便利店等多种零售形式，它们以各自的服务特色满足着不同消费者的不同期望。

任何企业都应该了解服务的主次之分和层次之分，如果忽略了这一点，服务就可能从经营优势转变为经营劣势。另外，服务项目的增加往往与经营费用的提高成正比。一个商场可以拥有较周全的服务，但需以较高的费用为代价；一个商场也可以拥有较少的服务项目，追求较低的费用价格。所以，任何企业都应该平衡服务内容与服务成本之间的关系，明确什么可为，什么不可为，既要满足消费者的服务期望，也要满足消费者的价格期望。

第四节　零售商目标集聚战略

一、目标集聚战略的理论基础

目标集聚战略因为着眼于在行业内一个狭小空间做出选择，所以与其他战略相比迥然不同。采取目标集聚战略的企业选择行业内一个或一组细分市场，量体裁衣，使其战略为选定的市场服务，而不是为其他细分市场服务。通过为其目标市场进行战略优化，选择目标集聚战略的企业，致力于寻求其目标市场上的竞争优势，尽管它并不拥有在全面市场上的竞争优势。

目标集聚战略有两种形式：特定目标市场上的低成本战略和特定目标市场上的差异化战略。在特定目标市场上选择低成本战略的企业寻求其目标市场上的成本优势，而在特定目标市场上选择差异化战略的企业则追求其目标市场上的差异优势。

目标集聚战略的这两种形式都以采取目标集聚战略企业的目标市场与目标市场内其他细分市场的差异为基础。目标市场必须满足客户的特殊需要，或者为了适合目标市场的生产和交换体系而必须与其他细分市场有所不同。特定目标市场上的低成本战略是在一些细分市场的成本行为中挖掘低成本，而特定目标市场上的差异化战略则是开发特定细分市场客户的特殊需要。这些差异意味着多目标竞争者不能很好地服务于这些细分市场，它们在服务于部分市场的同时，也服务于其他市场。因此，采取目标集聚战略的企业可以通过专门服务于这些细分市场而获取竞争优势。

采取目标集聚战略的企业较之以全行业为战略目标的竞争对手而言，从竞争优势和战略目标两个方面中的任何一个都可以取得次优的优势。竞争对手也许会在满足特殊市场需求方面表现欠佳，这就有可能实施特定目标市场上的差异化战略。多目标的竞争对手可能又会在满足某一市场需要时表现过头，这意味着它们将承受服务于该细分市场时，高于所必需的成本的压力，从而仅仅满足于一个而不是更多的细分市场的需要，为特定目标市场上的差异化战略提供了机会。

如果实施目标集聚战略的企业的目标市场与其他细分市场并无差异，那么目标集聚战略就不会成功。例如，在软饮料行业，皇冠企业专门致力于可乐饮料，可口可乐企业和百事可乐企业则生产种类繁多、味道多样的饮料。然而，可口可乐和百事可乐在服务于其他细分市场的同时，也很好地服务于皇冠企业的细分市场。因此，可口可乐和百事可乐因有更多种类的产品，而在可乐市场上享有高于皇冠企业的竞争优势。

如果一个企业能够在其细分市场上获得持久的成本领先或差异化地位，并且这一细分市场的行业结构很有吸引力，那么实施重点战略的企业将会成为其行业中获取高于平均收益水平的佼佼者。只要实施重点战略的企业选择不同的目标市场，行业中通常总有容纳几种持久的重点战略的市场空间。大多数行业所包含的大量的细分市场，即每一个包含着不同的客户需求或不同的最优化生产或交货体系的细分市场，都是重点战略的候选市场。

二、零售商的目标集聚战略的含义

目标集聚战略是企业可选择的第三种基本战略，它要求零售商着眼于本行业的一个狭小空间，并做出选择。这一战略与其他战略不同，零售商选择行业内一种或一组细分市场，并量体裁衣，使其战略为这一细分市场顾客服务，通过为其目标市场进行战略优化，采用集聚战略的零售商致力于寻求其目标市场上的竞争优势，尽管它并不拥有在全面市场上的竞争优势。

目标集聚战略有两种形式。在成本集聚战略指导下零售商寻求其目标市场上的成本优势，而差异化集聚战略中零售商则追求其目标市场上的差异化优势。集聚战略的这两种形式都是以目标集聚零售企业的目标市场与行业内其他细分市场的差异为基础，这些差异意味着全面市场上的竞争者不能很好地服务于这些细分市场，它们在服务于部分市场的同时也服务于其他市场。因此，目标集聚战略的零售企业可以通过专门致力于这些细分市场而获取竞争优势。

如果实施集聚战略的企业的目标市场与其他细分市场并无差异，那么集聚战略就不会成功。如果一个企业能够在其细分市场上获得持久的成本领先（成本集聚）或差异化（差异集聚）地位，并且这一细分市场的行业结构很有吸引力，那么实施目标集聚战略的零售企业将会成为其行业中获取高于平均收益水平的佼佼者。由于大部分行业包含大量的细分市场，因此，一个行业中总能容纳多种持久的目标集聚战略的市场空间，这样，就为那些没有实力实施成本领先和差异化战略的中小零售企业创造了生存和发展的空间。

第五节　零售商竞争战略的比较与选择

一、零售商可选择的竞争战略比较

零售商可选择的三类基本竞争战略的竞争优势、特点和表现形式如表 4-1 所示。

表 4-1　零售商可选择的竞争战略比较

基本战略	竞争优势	特点	表现形式
成本领先战略	使成本低于竞争对手，以有竞争力的成本提供供应品	要求具备较高的相对市场份额或其他优势，如采购	产品的设计便于生产；保持较宽的产品系列以便于分散成本；服务于所有主要客户群
差异化战略	将公司提供的产品或服务标新立异，形成一些在全行业范围中具有独特性的东西，以更多的选择满足客户多样化需求	标新立异战略具有排他性，这一战略与提高市场份额不可兼顾，实现产品新异将意味着以成本地位为代价	在设计或品牌形象、技术特点、外观特点、客户服务、经销网络及其他方面具有特色。最理想的状况是在几个方面都标新立异
目标集聚战略	主攻某个特定的顾客群、某产品系列的一个细分区段或某一个地区市场，在特定的狭窄领域能更好地满足客户需要	局限性：目标集聚战略常常意味着对获取整体市场份额的限制，其必然包含着利润率与销售量之间互为代价的关系	前提：公司能够以更高的效率、更好的效果为某一狭窄的战略对象服务，从而超过在更广阔范围内的竞争对手。 结果：通过较好地满足特定对象的需要实现了标新立异，或者在为这一对象服务时实现了低成本，或二者兼得

如果一个企业未能沿三个策略方向中的一个方向制定自己的竞争战略，那么它就成了夹在中间者，注定是低利润的。当然，每一种战略都有各自的风险，如何避开风险？基本

战略的不同也就意味着在组织安排、程序控制和创新体制上有所差异。

二、零售商竞争战略的选择应具备的条件

零售商竞争战略的选择应具备的组织能力、技能和资源能力条件如表4-2所示。

表4-2 零售商竞争战略的选择应具备的条件

基 本 战 略	组 织 能 力	技能和资源能力
成本领先战略	组织结构及职能分工明确； 有严格的成本控制体系； 有经常的、详细的过程控制报告； 有以建立严格定量目标为基础的考核激励机制	有持续投资能力及良好融资能力； 所设计的产品易于制造； 有卓越的工艺加工技能； 严格监督工人； 拥有低成本的分销系统
差异化战略	研发部门与市场营销部门之间要密切协作； 重视主观评价与激励，而不是定量指标； 有轻松愉快的气氛以吸引创造性人才	有很强的基础研究能力； 有对创造性的鉴别能力； 拥有质量或技术上领先的声誉； 拥有强大的生产营销能力； 行业有悠久的传统
目标集聚战略	由上述组合而成	由上述组合而成

企业在选取竞争战略的同时，也需评估自身品牌的市场规模与空间。

三、零售商应走合作竞争型经营道路

现代零售商应突破传统竞争观念，走合作竞争型经营道路。若不依靠合作方式，很难实现其连锁经营、开发特色商品、创立自有品牌和商品结构合理化等策略。因为21世纪的市场竞争已不是企业与企业之间的竞争，而是供应链与供应链之间的竞争。商品供应链实际是一条利润链，它以利益机制将合作各方紧密相连，使它们不分主次，形成一荣俱荣的双赢效应。这就要求百货企业必须抛弃以自我为中心的狭隘观念，用合作取代竞争，通过提高自己在供应链环节的效率来带动整个供应链效率的提高，从而增加顾客的利益，提升商品的竞争力。

📝 本章小结

1. 外部环境一般包括社会、文化与人口因素，经济因素，技术因素，政策法规因素等。

2. 零售商对环境的分析通常采用 SWOT 分析，通过对零售商的外部环境关键因素和内部资源条件进行深入分析，从而找出零售商内部的优势与劣势、发现机会和威胁，以便发掘细分市场，确立自己零售商的竞争战略。

3. 三种基本竞争战略，即成本领先战略、差异化战略、目标集聚战略。

（1）成本领先战略与零售轮转理论的关系。零售轮转理论是讲最初零售企业低成本、

低毛利、低价格的经营政策。当它取得成功时，必然会引起他人效仿，结果激烈的竞争促使其不得不采取价格以外的竞争策略，诸如增加服务、改善店内环境，这势必增加费用支出，使之转化为高费用、高价格、高毛利的零售组织。所以领先战略应用中存在误区。

（2）差异化战略与服务优势之间的关系。零售企业管理者必须清楚地知道，为顾客提供的每一项服务都会增加成本，这些服务成本需要产生多少额外的销售额才能得到补偿，关键的判断标准是增加或取消服务项目的经济效果。当零售商发现有些服务是无价值的服务，或零售企业无力承担该项服务的高成本时，这项无效益的服务或高成本的服务可能不得不终止。所以战略应用中存在误区。

（3）目标集聚战略主要是个特定的顾客群、某产品系列的一个细分区段或某一个地区市场，在特定的狭窄领域能更好地满足客户需要。

思考题

1. 零售商获取竞争优势的途径有哪些？对于国外一些主要的零售商来说，其竞争优势是什么？

2. 应用 SWOT 模型分析目前国内市场上主要零售商的竞争优势所在，以及它们所采取的竞争战略类型。

3. 国内一些零售商在选择其竞争战略中存在哪些误区？

案例分析

麦德龙在中国的竞争战略

德国麦德龙集团在世界零售商中仅次于美国的沃尔玛排位第二，是世界综合实力百强企业之一。目前在 19 个国家和地区建立了 3 607 家分店，年销售额 800 多亿马克（约 500 亿美元）。

1971 年，麦德龙集团在瑞士成立了麦德龙国际管理总部，专门负责全球的业务。1995 年，它同上海锦江公司、上海长征实业总公司合作建立了上海锦江麦德龙购物中心有限公司，以大型仓储式、会员制、连锁经营的百货销售中心为主挺进中国市场。麦德龙在国内外若干知名大型超市的激烈竞争中保持了良好的销售业绩，显示出强大的竞争力。

麦德龙在中国的良好销售业绩主要来源于它采取的正确的竞争战略，也就是低成本集聚战略，主要反映在目标市场的选择和低成本的运作方法上。

一、"有限顾客论"的目标市场选择

麦德龙集团有多种经营模式，如百货商场、大型超市、小型连锁店、仓储式会员制超市等。经过对中国市场长达 6 年的市场调研，决定率先引入仓储式会员制超市。这种超市的主要顾客是小型零售商，他们对采购的要求是数量少、品种多，以有限的资金形成较丰富的商品结构，在中国目前还较缺乏能满足这样要求的批发机构。据统计，仅上海地区商业系统中从业人员在 100 人以下的企业占 97%，资金在 100 万元以下的企业占 92.5%，市

场潜力很大，具备实行低成本集聚战略的市场条件。麦德龙为"有限顾客"提供高品质服务的主要做法有以下几个方面。

（1）直接为企事业单位、中小零售商、宾馆等法人团体服务，顾客一律凭"会员证"入场购物，并可携带一名助手入内。

（2）商场的设计、商品的包装和经营管理都服从于为法人团体服务，并在商品信息和经营咨询上无偿为会员单位服务。

（3）公司和各商场均设立客户咨询服务部门，通过对收集信息的分析，针对各客户的经营情况进行业务咨询，提供有效的方案，帮助客户提高业绩。

（4）在周边竞争对手增加的情况下，麦德龙又推出了重点顾客服务制度，对采购量大的顾客进行特别的跟踪服务，始终保持密切联系。

（5）公司严格执行会员制，不允许社会个人入会，也不允许非会员进商场购物，以维护会员利益，维持正常的经营秩序。

实践证明，目标集中的理念可以使企业以更多的精力来为目标顾客量体裁衣地服务，提高了效率。相反，那些贪大求多的企业只顾一时的热闹，忽视建立自己的目标领域，最终很快走向衰败。而麦德龙这一"有限顾客论"虽然开始时难以为广大消费者所理解和接受，但被国内需要和商业的发展趋势所肯定。

二、以"有限利润论"实施低成本战略

公司以"低成本、低售价、低毛利、高销售、高标准"为指导思想，争取以市场最低价格销售商品，同时确保产品质量，从而充分照顾客户的利益。商场拟订一个合理的、较低的利润指标，这个利润指标相对稳定，不轻易加价减价，也不会随市场的动荡大起大落，在保证自己的较低利润的同时确保顾客、企业的利润，这种"有钱大家赚"的双赢理念赢得了合作与信任，获得了一大批稳定、忠诚的顾客群。公司能长期保持低成本、低售价的原因则来自以下几个方面。

1. 实行C&C制以降低成本

C&C（cash&carry）中的cash即现金结算。顾客用现金购物，工厂用现金供货。公司与工厂结算时间在1周至30天，守信誉，不拖欠，保证资金回笼，与供货方保持良好的关系；carry即自运自送，商品由工厂送货上门，客户自己来车购货，超市免费提供600个车位。麦德龙是国际上最成功的和最大的"C&C"制企业，积累了30年的专有技术。

这种方式在降低成本方面的作用体现在以下几个方面。

（1）降低资金占用。商品在供应商、麦德龙、买方之间能以最低的成本和最少的资金占用时间完成流通（10～12天的周转时间大大低于一般的标准），减少风险。

（2）降低采购价格。现金支付和借助麦德龙巨大的销售网络出售商品对于供应商是一种极大的便利，一则货出款到，利于厂家回笼资金投入再生产；二则可依托麦德龙通向广阔的市场，有利于均衡生产；三则可节约本单位拓展市场的人力、物力成本。因此，供应商愿以较低的出厂价提供商品。

（3）降低商场的运输成本。公司不设配送中心，厂家直接送货到商场，商场不需要到厂家提货和向买方送货，减少了运输支出和服务成本。同时，沿高速公路开设商场，利用便利的交通条件减少厂家的运输成本和买方的采购成本，体现良好的合作理念。

2．全球化带来了三大优势

（1）强大的议价能力。集团强大的国际背景为其提供了世界范围内的议价能力，由于采取大批量的销售方式，导致商品周转迅速，使得供应商愿意以较低价格提供商品，实现了一般企业难以实现的低成本采购。

（2）学习曲线效应。麦德龙总部以其长期积累的经验，把整个企业范围内的管理、技术、营销技能结合起来，通过各种形式，为分部培养了大批人才，使一个新的事业单位快速形成竞争力，能力体系不断扩大。随着规模的不断扩大，学习曲线不断下降，培训成本不断减少。

（3）经营连锁化。公司实施统一采购、统一销售、统一核算、统一开发，各个商场分散经营，严格实行各级、各岗位的目标责任制和专业化分工，最大限度地运用资金、场地、时间、人员等各种资源，降低了整体运作成本。

3．用先进技术推动管理进步

现代零售业涉及诸多科技含量很高的技术，包含战略管理技术、市场营销技术、信息技术、物流技术、布局艺术等多项内容。麦德龙在全球首创的以前台收银系统和后台订货系统为主干的管理信息系统，包括了商品进销存的全过程，实现了商流、物流、信息流的高度统一。

这套管理信息系统是连锁经营的核心技术，是实现低成本优势的一个重要来源。其关键作用体现在以下两方面。

（1）控制存货。当商品数量低于安全存量时，EOS订货系统会自动产生订单，向供货单位发出订货通知，将存货控制在最合理的范围，保持了商品的持续供应，最大限度地降低了流通成本。

（2）提供需求信息。超市的产品就是"服务"，这种产品是知识密集型的复杂产品，必须要与顾客密切沟通，才可能预知顾客需求的特殊规格。POS系统能够通过会员卡在终端结账时的信息及时、详尽地反映各门店各类客户的采购频率和购物结构，从而准确地反映客户的需求动态和发展趋势，使麦德龙能及时地调整商品结构和经营策略，做出快速反应，降低了风险，提高了效率。信息技术的发展和运用使得单品管理和单人管理成为可能。设在德国和瑞士的总部在10分钟以内就可以获得全球各商场的最新情况。

先进的技术还包括完善的硬件设施。麦德龙在硬件设施上投以巨资，如租用通信卫星在全球建立信息网络，配备计算机在区域范围内建立企业内部管理信息系统，采用先进的条形码机、冷藏设备、运输设施、包装器械等实现作业自动化，为实施先进的管理提供了硬件基础。

4．企业价值链的每一个环节都要求低成本

公司在各个环节都进行严格的成本管理和控制，如选址城郊接合部，降低土地使用成本；采用简洁实用的建筑外观设计和内部装潢，降低投资成本；严格控制采购活动，杜绝场外交易，使进价控制在最低程度；简洁的组织机构、减少管理人员（一个商场只设1名经理，不设副经理）；自助式的购物方式，减少销售员工数量和人力成本；根据不同的营业时间段，采取灵活的用工制度；严格控制损耗率，锡山店0.08%的损耗率为麦德龙全球之最；不做广告发邮报，控制广告费用以降低商品价格，让利给顾客；等等。正是基础活动和辅助性活动中的各个环节，构成了麦德龙的低成本优势的来源，其平均价格比一般零售商低 15%～30%，形成了令对手难以逾越的竞争优势。

（案例来源：辜校旭．麦德龙在中国的竞争战略[J]．中外管理，1999（11）：47-49）

问题：

试分析麦德龙实行"有限顾客论"和"有限利润论"是如何谋求竞争优势的？

分析：

麦德龙集团有多种经营模式，如百货商场、大型超市、小型连锁店、仓储式会员制超市等。实行"有限顾客论"，即目标集中的理念，麦德龙以更多的精力来为目标顾客量体裁衣地服务，提高了效率。

实行"有限利润论"，即成本领先的理念，麦德龙以"低成本、低售价、低毛利、高销售、高标准"为指导思想，争取以市场最低价格销售商品，同时确保产品质量，从而充分照顾客户的利益。

总之，麦德龙以低成本目标集中谋求竞争优势，取得了很好的经营业绩。

第五章 零售商目标市场战略

 学习目标

1. 了解零售市场细分的概念与作用。
2. 了解零售市场细分的原则与标准。
3. 熟知零售市场细分的步骤。
4. 熟知零售目标市场选择。

 导读

经过多年的激烈竞争,位于上海徐家汇广场的三家大商场管理人员运用目标市场理论,各自寻找到了自己的目标市场:东方商厦以注重名牌的高收入顾客为目标市场,以精品店面貌出现;太平洋百货以追求时尚的青少年为目标市场;第六百货坚持薄利多销、便民利民,以大众为目标市场。三家大商场错位经营,形成共同发展的良好局面。

许多零售商将整个市场视作一个整体,不考虑消费者对某种产品需求的差别,靠大规模的广告宣传,施行一种营销组合计划来迎合大多数的购买者。然而在竞争日益激烈的当今的零售市场,零售商要想取得竞争优势,领先于竞争对手,必须有一套科学的市场营销策略。为提高零售商营销效果,必须先从市场细分入手,合理地选择企业目标市场和正确地进行市场定位,深入了解和掌握目标市场的消费群体的需求和习性,了解消费者对不同营销措施的反应情况,有针对性地采取最佳的营销方案,满足消费者的需求,取得好的营销效果。本章首先对零售市场细分的概念与作用进行介绍;再叙述零售市场细分的原则、标准和步骤;最后分析零售目标市场选择。

第一节 零售市场细分的概念与作用

一、市场细分的概念

市场细分是指零售商根据消费者的不同特征和影响消费者购买行为的各种因素,按照一定的标准,将具有差异性的消费者进行分类,把整个零售市场划分为若干个不同的子市场,然后选择合适的子市场作为目标市场的过程。经过市场细分的各个子市场,其消费者具有较为明显的差异性,而同一子市场内的消费者则具有相对的类似性。市场细分实际上是一个同中求异、异中求同的过程。

二、市场细分的作用

1．市场细分是零售商选择目标市场的基础

零售商要选择到最理想的目标市场，就必须进行市场细分。零售商通过市场细分，才可以深入了解各子市场的特征、需求、差异，从而选择最适合自身特色的目标市场。如果没有进行市场细分，零售商就无法深入了解各子市场的差异，目标市场就不会明确，在零售业竞争激烈的今天，零售商没有明确的目标市场，营销活动是很难取得效果的。

2．市场细分是零售商进行市场定位的前提

市场定位简单地说就是确定市场位置。任何一家零售商以什么样的消费群体为目标顾客，提供哪些商品和服务，树立什么样的零售商形象，这就是市场定位。零售商在进行市场定位之前，必须进行市场细分，选择合适的目标市场。只有目标市场清晰、合理，零售商的市场定位才会清晰、合理，零售商的经营活动才能取得成功。

3．市场细分有利于零售商发现市场机会

零售商通过市场细分，可以深入了解各子市场消费者的不同需求和满足程度，发现哪些子市场的需求还没有得到满足，从而对该子市场进行研究，以便发现市场机会，同时也有利于零售商开拓市场空间。

4．市场细分有利于零售商有针对性地开展营销活动

在竞争日益激烈的当今的零售市场，零售商要想取得竞争优势，领先于竞争对手，必须有一套科学的市场营销策略，包括产品策略、渠道策略、价格策略、促销策略以及组合策略等。零售商通过市场细分，可以选择到合适的目标市场，明确自身的经营方向，然后集中人力、物力、财力，有针对性地采取营销策略，取得良好的经济效益。

5．市场细分有利于零售商优化营销方案

零售商通过市场细分，能够深入了解和掌握目标市场的消费群体的需求和习性，了解消费者对不同营销措施的反应情况，从而有利于零售商制订最佳的营销方案，满足消费者的需求，取得好的营销效果。

第二节   零售市场细分的原则与标准

一、市场细分的原则

零售商在进行市场细分时，必须遵守可以区分、可以衡量、可以进入和可以盈利的原则。

1．可以区分

可以区分是指以某种标准进行细分后的各个子市场范围清晰，其需求程度和购买力水平是可以被度量的，并同其他子市场有明显差异。这里特别要强调的是，细分市场中的特定需求确实存在，且不可替代，所选择的标准必须使细分后的市场是有意义的，这样才可能使企业通过对特定需求的满足来达到对该细分市场的控制。经过细分后的各子市场中的消费者对不同的营销组合方案会有差异性反应，如果营销组合方案变动，不同的子市场要有不同的反应。如果所有细分后的子市场对于不同的营销组合反应一样，零售商就没有必要费时费力对市场进行细分了。例如，有些顾客对价格敏感，但是对商品品牌则无所谓；有些顾客对品牌要求很高，但对价格则无所谓。这时就应该根据价格需求和品牌需求两个因素对消费群体进行细分。如果市场上所有的顾客都注重品牌而不注重价格，那么零售商就没必要从价格的因素上对市场进行细分。

2. 可以衡量

可以衡量是指经过细分后的子市场必须是可以衡量的，也就是零售商应首先掌握能明显表现消费者不同特征的资料，使得细分后的同一个子市场的消费者具有类似的行为特征，而各个不同的子市场之间又有明显的区别。对于零售商来说，子市场应该有足够的消费者数量，且有消费能力和消费偏好。如果子市场的规模过小、范围过窄、没有足够需求量，进行营销活动必然导致成本和费用增加，零售商的收益不足以补偿所增加的成本和费用，就难以取得理想的经济效益。那么这种子市场对零售商也就没有实用价值。

3. 可以进入

可以进入是指以某种标准进行细分后的各个子市场是企业的营销辐射能力能够到达的，消费者能接触到企业的产品，感受到营销的努力。可进入性的另一含义就是该市场不存在实力很强的竞争对手，从而使企业进入这一市场相对比较容易。零售商的销售和服务要受到自身经营能力、经营条件和外部环境的制约。细分后的子市场，零售商可以顺利进入，这样细分工作对零售商才会有意义。如果零售商无法进入细分后的子市场，就算该子市场吸引力再大，对该零售商来说，也没有实际意义，只能放弃。

4. 可以盈利

可以盈利是指以某种标准进行细分后的各个子市场拥有足够的潜在需求，值得开发，零售商可以实行一整套营销方案，且有拓展的可能，企业有利可图，能实现其利润目标，能够获得理想的经济与社会效益。

以上四点是零售市场细分的基本原则，必须具备以上条件，才有可能得到成功而有效的子市场。

二、市场细分的标准

零售商在对某一市场进行细分时，需要以一定的参考变量为划分标准。这些参考变量就是市场细分的标准。市场细分的作用能否得到充分的发挥，关键看零售商确定的划分标准是否合理有效。不同的零售商处在不同的营销环境中，市场细分标准可能是不同的。零售商进行市场细分的参考变量有很多，具有代表性的细分标准主要有地理细分标准、人口细分标准、心理因素细分标准和行为细分标准四大类。

1. 地理细分标准

按照消费者所处的地理位置和环境的标准进行市场细分是一种传统的市场细分方式，

也是市场细分的主要标准之一。由于受到环境、气候、交通、文化、风俗、经济、传统、生活方式的影响，同一区域内的消费者，其消费需求和消费习性会有一定的相似性，但因市区和城郊的消费者的经济收入、价值观念、生活习惯不同，消费需求、消费能力和消费习性也会有所不同。而不同区域内的消费者，其消费需求和消费习性则往往会存在很大的差异。例如，我国南方和北方，由于气候条件、生活方式明显不同，消费者的消费需求、消费能力和消费习性有明显的差异。所以地理标准通常成为零售商进行市场细分的重要标准之一。

2. 人口细分标准

人口标准是区分消费者群体最常用的细分标准之一。人口的性别、年龄、收入、职业、文化、家庭规模是最常用的市场细分因素。

（1）性别。男性消费者和女性消费者在商品需求、服务需求、购买行为等方面都会有较明显的差异，如在服饰、化妆品、生活必需品等方面，男女的需求有很大的不同。性别是零售市场细分最常用、最重要的标准之一。

（2）年龄。不同年龄层次的消费者在商品需求、服务需求、消费能力、购买行为上会有很大的不同。按年龄标准进行市场细分，一般将整个市场细分为儿童市场、青少年市场、成人市场和老年市场四种类型的子市场，每个子市场的需求和习性都会有很大的差异。年龄也是零售市场人口标准细分最常用、最重要的标准之一。

（3）收入。消费者的收入情况直接影响消费者的消费能力和消费观念，进而决定市场的消费能力、消费档次。高收入消费者往往更注重商品的质量、款式、品牌、服务；低收入消费者往往更注重商品的价格、实用性。收入是零售市场细分最常用、最重要的标准之一。

（4）职业和文化。消费者由于职业、文化的不同，其消费能力、消费需求、消费观念、消费品位也会有所不同，从而影响整个市场的消费情况。职业和文化是零售市场细分常用的标准之一。

（5）家庭规模。家庭是社会的细胞，是商品购买的基本单位。一个地区家庭户数的多少，以及家庭平均人口的多少，对零售市场的影响很大，对于家庭用品的消费产生直接影响。家庭规模是零售市场常用的市场细分标准之一。

3. 心理因素细分标准

消费者的心理直接影响消费者的购买行为，当今消费者购买商品已不仅满足基本生活需要，更为突出的是受心理因素左右。生活在不同城市的居民，会呈现不同的消费心理。许多产品和服务市场通过心理标准进行市场细分。

心理因素比较抽象，不容易把握，具体包括消费者的生活方式、人格特征和社会阶层等方面。由于心理因素是复杂的动态因素，零售商根据消费者的心理标准细分市场时，必须要考虑消费者在不同时期的心理特征，通过深入调查，把握消费者的心理变化趋势，获得可靠的衡量数据，确定真实的目标市场。零售商常用的消费者心理因素细分标准如表5-1所示。

表 5-1　消费者心理因素细分标准

心 理 因 素	细分市场类型
生活方式	平淡型、时髦型、知识型、名人型
人格特征	外向型或内向型、理智型或冲动型、积极性或保守型、独立型或依赖型
社会阶层	上上层、上中层、上下层；中上层、中层、中下层；上下层、下层、下下层；等等

4. 行为细分标准

行为细分标准是指零售商根据购买者对商品的购买时机与频率、追求的利益、使用者情况、使用率、忠诚程度和态度等行为，将市场细分为不同的消费群体，如表 5-2 所示。在消费者的收入水平和消费要求不断提高，新商品层出不穷的市场，行为细分标准越来越重要。

表 5-2　消费者行为细分标准

行 为 因 素	细分市场类型
购买时机与频率	日常购买、特别购买、节日购买、季节性购买、规则购买、不规则购买
追求的利益	廉价、时髦、安全、刺激、新奇、豪华、健康
使用者情况	从未使用者、曾经使用者、潜在使用者、初次使用者、经常使用者
使用率	很少使用者、中度使用者、大量使用者
忠诚程度	完全忠诚者、适度忠诚者、无品牌忠诚者
态度	狂热、喜欢、无所谓、不喜欢、敌视等

五、零售商使用细分标准的注意事项

1. 市场细分标准是动态的

市场细分的各项标准并不是一成不变的，而是随着市场状况的变化而不断变化的，如交通情况、年龄、收入、购买动机等都是不断变化的。

2. 采用细分标准应适合自己

不同的零售商，由于投资能力、经营能力、经营条件、经营方向、经营目标等方面都会有所不同，所以在进行市场细分时，采用的市场细分标准也应该根据实际情况有所不同。例如，一家经营大众服装、鞋帽的商场，性别、年龄是最重要的细分标准；而一家经营家电的专业店，收入、家庭才是最重要的细分标准。

3. 采用细分标准可以一项或多项组合

在市场细分过程中，零售商可以根据实际情况使用单一标准，也可以使用多个标准。如果采用某一个变量，不能有效、准确地细分市场，就可以采用几个变量，组合使用，使市场细分进行得更有效、更准确，收到更好的效果。

第三节　零售市场细分的步骤

一、充分进行市场调查，了解市场情况

零售市场细分的前提条件是要有充分的市场调查。没有进行深入的市场调查，就无法深入了解市场，无法确定商圈范围，也就无法进行市场细分。零售商通过深入的市场调查，如果发现某一市场已不适合发展或根本没有生存空间，那么，也就无须进行市场细分了；如果能够发现市场空间和市场机会，则应该进一步深入调查市场，选择细分标准，进行市场细分。

二、进行商圈分析，确定目标市场

零售商的顾客的地理范围很少超出全市范围，具有很强的区域性。进行商圈分析，确定出核心商圈、次级商圈、辐射商圈的具体范围，清晰地勾画出零售商将面对的全部消费者，然后通过市场细分，就可以清晰地找到目标市场。

三、分析参考变量，确定细分标准

零售市场细分要采用一系列的细分标准，而影响市场细分标准的参考变量是很多的，使用什么样的参考变量才能使市场细分更加清晰有效，就必须对所有的参考变量进行分析和研究，从而选出适合零售商自身情况的市场细分标准。

四、根据确定的细分标准，列出消费者群体的需求情况

零售商要根据确定的细分标准，详细列出不同消费者群体的不同需求情况。例如，在某一商圈内的所有消费者中，有的注重质量、有的注重品牌、有的注重价格、有的注重服务。详细列出不同消费者群体的不同需求情况是为市场有效细分打下基础。

五、初步细分子市场并命名

零售商根据不同消费者群体的不同需求情况，使用具体的细分标准，将消费者细分为具有明显差异性的各个子市场，并为各子市场命名，从而为进一步分析子市场的可衡量性、有足够需求量、可进入性和有差异性反应的具体情况，以及最终选择子市场打下基础。

六、分析和评估各子市场

零售商通过以上初步细分，可以得出各个待选的子市场的具体情况。零售商还必须对这些子市场进行深入分析，审查其市场的规模、竞争状态、发展潜力、购买能力等详细情况，并与零售商的实际情况进行对比，特别是要进行风险评估，再进行综合评估，提出可

靠性结论，从而为目标市场的选择打下基础。

七、选择目标市场

通过以上六个步骤，各子市场的规模、竞争状态、发展潜力、购买能力、风险等详细情况，以及综合结论已经基本明确。零售商可根据综合评估结论，选择出适合自己的目标市场。

第四节　零售目标市场选择

一、目标市场的概念

目标市场是指零售商在市场细分的基础上，根据市场潜力、竞争情况和自身特点所选择和要进入的子市场，即零售商选择的销售、服务对象和潜在销售。通过市场细分，零售商可以获得多个可供选择的子市场，零售商可以选择其中一个或多个作为目标市场。

二、选择进入目标市场的策略

零售目标市场的选择有多种策略，常用的有五种，如图 5-1 所示。

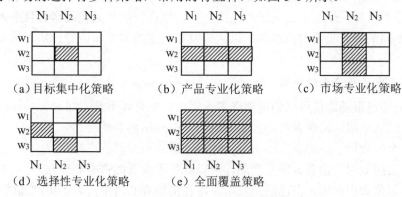

图 5-1　选择零售目标市场的五种策略

注：N1、N2、N3 为三个细分市场；W1、W2、W3 为三类产品。

1. 目标集中化策略

目标集中化策略是指零售商选择一个细分市场作为目标市场，以便集中精力全力为一个细分市场服务。该策略有利于零售商始终专注于某个细分市场，并可以在市场营销中取得成功后向更大的市场范围扩展。

2. 产品专业化策略

产品专业化策略是指零售商销售适合各类用户的同一类产品，以满足不同细分市场的同种需求。

3. 市场专业化策略

市场专业化策略是指零售商销售不同种类产品，以满足同一细分市场的不同需要。

4. 选择性专业化策略

选择性专业化策略是指零售商有选择地同时进入几个细分市场，为几类不同的顾客服务，这些细分市场之间没有明显的联系，但是每一个细分市场都存在一个良好的市场营销机会。

5. 全面覆盖策略

全面覆盖策略是指零售商销售各类产品，进入所有的细分市场，为各类顾客群服务，这是大型零售为取得市场领导地位而采用的策略，但就一般而论，零售很难一步做到，而常常是先选定一个或几个细分市场，取得成功后再逐步扩大，最后达到全面覆盖。

三、零售目标市场的定位

1. 零售目标市场定位的概念

零售目标市场定位是指在零售商营销过程中，把自己的产品确定在目标市场中的一定位置上，即确定自己产品在目标市场上的竞争地位，也称为竞争性定位。零售商选定了自己的目标市场后，还需要进行市场定位，采取适当的定位策略。为此，必须先分析竞争者产品在市场上的地位和份额，充分了解目标市场上现有的产品和品牌在质量、能力以及商业广告形式、价格水平等方面有什么特点，了解现有品牌之间的竞争关系以及它们对顾客需要的满足程度等，然后确定自己产品的定位，使自己的产品在顾客心目中占领一个明确的、与众不同的和有吸引力的地位，以适应顾客一定的需要和偏好，从而树立自己的企业形象。

2. 市场定位所产生的效用

零售商通过市场定位可以创造出许多效用，主要有以下几方面。

（1）时间效用。消费者在所需要的时间，得到所需要的产品。

（2）空间效用。消费者在所需要的地点，得到所需要的产品。

（3）占用效用。消费者购买产品，可以满足消费者的占有心理。

（4）形象效用。确定自己的企业形象，在消费者心目中占领不可动摇的地位。

（5）形态效用。零售商销售各式各样的产品，以满足不同消费者对产品品质与美学等方面的追求。

四、零售商选择目标市场的注意事项

1. 所选择的子市场必须具有足够的需求量

市场细分的目的是使零售商选择到合适的目标市场。如果经过细分后的子市场没有足够的市场需求量，零售商就不能在这个子市场上获得利润，那么选择这样的子市场就没有任何意义。

2. 所选择的子市场必须具有一定的购买力

购买力也是决定零售商能否获得利润的关键因素之一。如果经过细分后的子市场不具有一定的购买力，那么零售商选择这样的市场也没有任何意义。

3. 零售商有能力满足目标市场的需求

对于所选择的一个或多个子市场，零售商必须有能力满足子市场的需求。对于某一子市场，就算其潜在需求量再大，如果零售商没有能力去满足它的需求，也不要选择它作为目标市场，否则，这样的选择就变得毫无意义，而且还会浪费零售商的人力、财力和物力。

4. 在被选择的目标市场上具有竞争优势

在市场经济中，竞争是一个无法避免的问题。有的子市场表面看没有竞争或竞争不激烈，但并不代表该市场将来也没有竞争或竞争不激烈。零售商在选择子市场时，必须认真分析其竞争和潜在竞争情况，所选择的子市场必须是自己有竞争优势的市场，否则，其经营结果往往只会浪费大量资源，不会取得效益。

本章小结

1. 市场细分是指零售商根据消费者的不同特征和影响消费者购买行为的各种因素，按照一定的标准，将具有差异性的消费者进行分类，把整个零售市场划分为若干个不同的子市场，然后选择合适的子市场作为目标市场的过程。

2. 市场细分的作用表现为：市场细分是零售商选择目标市场的基础；市场细分是零售商进行市场定位的前提；市场细分有利于零售商发现市场机会；市场细分有利于零售商有针对性地开展营销活动；市场细分有利于零售商优化营销方案。

3. 市场细分必须遵守可以区分、可以衡量、可以进入和可以盈利的原则。

4. 市场细分的标准有地理细分标准、人口细分标准、心理因素细分标准和行为细分标准四大类。

5. 零售商使用细分标准时应注意：市场细分标准是动态的；采用的细分标准应适合自己；采用细分标准可以一项或多项组合。

6. 零售商进行市场细分的步骤为：充分进行市场调查，了解市场情况；进行商圈分析，确定目标市场；分析参考变量，确定细分标准；根据确定的细分标准，列出消费者群体的需求情况；初步细分子市场并命名；分析和评估各子市场；选择目标市场。

7. 目标市场是指零售商在市场细分的基础上，根据市场潜力、竞争情况和自身特点所选择和要进入的子市场，即零售商选择的销售、服务对象和潜在销售、服务对象。

8. 选择进入目标市场的策略有目标集中化策略、产品专业化策略、市场专业化策略、选择性专业化策略和全面覆盖策略。

9. 零售目标市场定位是指在零售商营销过程中，把自己的产品确定在目标市场中的一定位置上，即确定自己产品在目标市场上的竞争地位，也称为竞争性定位。

10. 零售商通过市场定位可以创造出许多效用，主要有时间效用、空间效用、占用效用、形象效用和形态效用。

11. 零售商选择目标市场的注意事项：所选择的子市场必须具有足够的需求量；所选

择的子市场必须具有一定的购买力；零售商有能力满足目标市场的需求；在被选择的目标市场上具有竞争优势。

 思考题

1. 什么是市场细分，市场细分有什么作用？
2. 市场细分必须遵守哪些原则？
3. 市场细分的标准有哪些？使用细分标准时应注意哪些事项？
4. 简述零售商进行市场细分的步骤。
5. 什么是目标市场，选择进入目标市场有哪些策略？
6. 什么是零售目标市场定位，其效用如何？
7. 零售商选择目标市场时应注意哪些事项？

 **案例分析**

大型综合超市目标市场策略分析

一、市场细分

市场细分是企业根据消费者需求的不同，把整个市场划分成不同的消费者群的过程。其客观基础是消费者需求的异质性。进行市场细分的主要依据是异质市场中需求一致的顾客群，实质就是在异质市场中求同质。市场细分的目标是为了聚合，即在需求不同的市场中把需求相同的消费者聚合到一起。这一概念的提出，对于企业的发展具有重要的促进作用。

二、目标市场选择

企业在划分好细分市场之后，可以进入既定市场中的一个或多个细分市场。目标市场选择是指估计每个细分市场的吸引力程度，并选择进入一个或多个细分市场。

目标市场选择标准：

（1）有一定的规模和发展潜力。

（2）细分市场结构的吸引力。

（3）符合企业目标和能力。

三、市场定位

市场定位是确定企业及产品在目标市场上所处的位置。市场定位是在20世纪70年代由美国营销学家艾·里斯和杰克·特劳特提出的，其含义是指企业根据竞争者现有产品在市场上所处的位置，针对顾客对该类产品某些特征或属性的重视程度，为本企业产品塑造与众不同的、给人印象鲜明的形象，并将这种形象生动地传递给顾客，从而使该产品在市场上确定适当的位置。

企业针对潜在顾客的心理进行营销设计，创立产品、品牌或企业在目标客户心目中的某种形象或某种个性特征，保留深刻的印象和独特的位置，从而取得竞争优势。简而言之，市场定位就是在客户心目中树立独特的形象。

四、结合物美超市实例分析

物美超市是一家大中型的综合性超市，分店较多，我们将对北京地区的物美超市进行具体分析，了解它的市场定位、市场细分、消费者心理等并对这几个方面进行调查，做出分析。不同年龄、不同职业、不同收入水平的消费者有不同的购物习惯和消费需求，根据不同需求践行不同的经营理念，以此来满足各类消费者的消费心理。

1. 高收入消费群的消费行为及心理特征

高收入消费群品牌偏好明显，受文化诉求的影响大于价格上的诱惑。高收入群体多为高学历、高品位、高消费需求的"三高"消费群体，易于接受新事物和大品牌，并会由此产生相应的品牌偏好。他们往往会为了追求一个"男人的世界"，而不惜购买一条昂贵的"金利来"领带。

高收入消费群购买数量较大，购买频次较少。高收入群体忙于工作，而在生活上表现出极大的不规律性。除周末以外，逛街购物对他们来说只能是一种"奢侈"。所以，一次尽可能多地购买可能需要的商品以减少购买次数是大多数高收入消费人群的选择。

他们购物的期望值较高。由于高收入的人群是有一定社会地位及高品位的人，因此在购物时就期望商家能给予其特殊的关照，即希望得到满意的服务。所以超市有必要遵从下面的服务原则：舒适的购物环境、礼貌待客、商品解说、快速收银、包装、退换货、送货、安装及其他售后服务等。

2. 低收入消费群的消费行为及心理特征

低收入群体由于自身的现实状况，所以首先注重的是产品的价格。尤其是对于学生，还没有自己的收入，生活中总是在乎花钱多少，极力地节省开支。其次对下岗职工而言，在这方面表现得尤为突出。用最少的支出满足尽可能多的消费需求是他们最为"奢侈"的消费愿望。

在注重产品价格的同时，还不得不注重商品质量。在城市，低收入消费者的消费习惯及理念不同于农村消费者。他们也是都市里的工薪一族，也乐于购物、精于购物，他们已经具有了消费过程中的自我保养意识和对健康生活、营养饮食的追求。即使为了节俭而去购买菜市场的低价肉菜，但是仍然担忧肉菜的质量，因为这些都是关乎家人切身利益的商品。所以，他们也渴望购买信得过的产品。

另外，该类人群还有一个购物特点，即购物数量多、频次多。低收入人群尤其是家庭主妇生活很有规律，每天基本上是按时起、按时睡、按时买东西等。他们单次购物的数额很小，但是购物频次很多。

3. 市场定位

市场定位（功能）就是针对目标会员顾客以及普通消费群体，提供他们所需要的商品与服务。自选商场只能在最大限度内（80%）满足他们的需要。商品包括衣、食、住、行、育、乐等消费性产品。服务则包括舒适的购物环境、礼貌、商品解说、快速收银、包装、退换货、送货、安装及其他售后服务等。

超市综合定位——目标会员定位。

（1）专业客户。

·企事业单位领导、采购与总务人员。

· 二级批发商与小型非连锁的零售商。

· 餐饮业采购人员。

· 机关团体、公司等的采购人员。

· 军队、学校、医院等机构的领导、采购及总务人员。

（2）家庭或个人消费者。

· 较有消费能力的家庭（双职工家庭）。

· 收入较高的个人（单身贵族）。

4. 目标市场选择

企业进行市场细分，是为了从中选择适宜的目标市场。所谓目标市场，是企业为实现预期目标而要进入的细分市场，是企业预定要作为营销服务对象的那一部分顾客群体。由于超市消费群体不是单一的，而是各种消费群体，包括老人、中年人、年轻人和小孩，高消费群体及低消费群体。所以，针对这种情况，超市需要采取不同的营销策略，如划分商品特价区、高档消费区及中档消费区；采取无差异市场策略和差异性市场策略相结合的目标市场策略，如中档商品可以采取无差异市场策略，分为蔬菜水果区、熟食区等，高档商品及家电等采取差异性市场策略。

五、结论

物美超市及其他各种大型综合超市都采用了不同的目标市场策略，但大多数是无差异性的，因为超市如果差异性明显，会严重影响消费者的购物心理（尤其是低收入群体），降低超市在消费者心中的地位。为此，超市必须要考虑到各类消费者的心理，做全面的市场调查，根据消费者的需求调整营销策略。

（案例来源：https://wenku.baidu.com/view/698d84f0aef8941ea76e0591.html）

问题：

大型综合超市如何选择目标市场以及采用的营销策略？

分析：

大型综合超市会进行市场细分，包括老人、中年人、年轻人、小孩儿，高消费群体及低消费群体。采取不同的营销策略，如设置商品特价区、中档消费品区、高档消费品区；特价区、中档商品采取无差异市场策略；高档消费区采取差异性的市场策略。

第六章 零售顾客购买行为

 学习目标

1. 了解参与购买决策的角色。
2. 掌握顾客购买决策类型。
3. 掌握顾客购买决策过程。
4. 了解影响顾客行为的因素。

 导读

一场失败的"察言观色"

一天，店里来了一位顾客，穿着大拖鞋、旧裤子，小王感觉他就是来凑热闹的，没抱希望，也就没有主动招呼他。他在店里面转了一圈，开口问一款瓷片的价格，小王就和他随便讲了一下，看在他是顾客的份上，小王给他介绍了瓷片的产品特征、价格优势等，并拿了一款产品和其他产品通过试水实际操作来验证。此时他说了声"价格太高"就转身要走，说再到其他店面看看。小王敷衍地给了他一张名片，并微笑着向他要电话："公司有团购活动或其他活动时，我们就可以给您电话或短信了。"小王心想，说不准会发展成客户呢。他很配合，留下了电话。

过了几天，公司有个小区活动，小王不经意看到了那位顾客的电话，于是发了一条信息。没有想到的是，那位顾客还真的来了，还带着他的家人，他拿出来的房屋平面图让小王傻眼了：那是本市最好地段里的一个楼盘，面积近 400 平方米，小王有点儿受宠若惊，于是对空间搭配等方面细心解说，他的家人对产品和价位十分满意，最终定下了瓷片和地砖。要是小王当初的轻蔑和不屑真实地表现出来，这单恐怕就黄了。

（案例来源：一场失败的"察言观色"[EB/OL]. （2012-04-18）. https://www.chinachugui.com/news/chugui/news-36934.htm. ）

参与顾客购买商品决策的角色包括发起者、影响者、决策者、顾客和使用者。顾客购买商品的决策情况非常复杂，可根据顾客对购买目标的选定情况、顾客的购买态度、顾客在购买现场的情感反应、参与者介入程度和品牌间的差异程度进行划分。顾客购买商品的决策过程包括引起需要、收集信息、评价方案、决定购买和买后行为五个阶段。影响顾客购买决策的因素包括文化、社会、个性和心理等。本章首先介绍顾客购买商品的决策过程的参与者及顾客决策类型；其次分析顾客的购买决策过程；最后分析影响顾客购买决策的因素。

第一节　顾客购买决策概述

市场营销者在分析了影响顾客行为的主要因素之后，还需了解顾客如何真正做出购买决策，即了解谁做出购买决策、顾客购买决策的特点、购买决策的类型以及购买过程的具体步骤。

一、参与购买决策的角色

顾客在购买决策过程中可能扮演不同的角色，包括：发起者，即首先提出或有意想购买某一产品或服务的人；影响者，即其看法或建议对最终决策具有一定影响的人；决策者，即对是否买、为何买、如何买、何处买等方面的购买决策做出完全或部分最后决定的人；顾客，即实际采购人；使用者，即实际消费或使用产品或服务的人。

顾客个人购买时，五种角色可能由一个人担任，如女性自己购买自用的口红。以家庭为购买单位时，五种角色往往由家庭不同成员分别担任。例如，一个家庭要购买一台计算机，发起者可能是孩子，他认为计算机有助于查找信息资料，提高学习效率；影响者可能是爷爷，他表示赞成；决策者可能是母亲，她认为孩子确实需要，家庭有购买能力，在权衡利弊之后决定购买；顾客可能是父亲，他到商店选购付款；使用者主要是孩子。

二、顾客购买决策的特点

1. 顾客购买决策的目的性

顾客进行决策，是为了促进一个或若干个消费目标的实现，决策的本身就带有目的性。在顾客做出购买决策过程中，围绕目标进行筹划、选择、安排，以实现活动的目的性。

2. 顾客购买决策的过程性

顾客购买决策是指顾客在受到内、外部因素刺激后产生需求，形成购买动机，抉择和实施购买方案，购后经验又反馈回去，以影响下一次的顾客购买决策，从而形成一个完整的循环过程。

3. 顾客购买决策主体的独立性

购买商品行为是顾客主观需求、意愿的外在体现，受许多客观因素的影响。除集体消费之外，个体顾客的购买决策一般都是由顾客个人单独进行的。随着顾客支付水平的提高，顾客决策中的独立决策特点越来越明显。

4. 顾客购买决策的复杂性

顾客在做决策时不仅要展开感觉、知觉、注意、记忆等一系列心理活动，还必须进行分析、推理、判断等一系列思维活动，并且要计算费用支出与可能带来的各种利益。因此，顾客的购买决策过程一般是比较复杂的。顾客通过分析，确定在何时、何地，以何种方式、何种价格购买何种品牌商品等一系列复杂的购买决策内容。顾客的购买决策受到多方面因素的影响和制约，具体包括顾客个人的性格、气质、兴趣、生活习惯与收入水平等主体相关因素，顾客所处的空间环境、社会文化环境和经济环境等各种刺激因素，如产品本身的属性、价格、企业的信誉和服务水平，以及各种促销形式等，这些因素之间存在着复杂的交互作用，会对顾客的决策内容、方式及结果有不确定的影响。

5. 顾客购买决策的情景性

由于影响决策的各种因素不是一成不变的，而是随着时间、地点、环境的变化不断发生变化，因此同一个顾客的购买决策可能因所处情景不同而不同。由于不同顾客的收入水平、购买传统、消费心理、家庭环境等影响因素存在差异，因此不同的顾客对于同一种商品的购买决策可能存在差异。

三、顾客决策的类型

顾客由于收入、性格、素养及当时购物环境的不同而存在着购买心理的差异，选购商品时的表现也就各不相同。根据不同的划分标准，顾客决策可分成不同类型。

（一）按顾客对购买目标的选定情况分型

根据顾客对购买目标的选定情况，顾客决策可分为全确定型、半确定型和不确定型三种类型。

1. 全确定型顾客决策

全确定型顾客决策是指在购买商品前已有明确的购买目标，对商品名称、商标、型号、规格、样式、颜色以及价格幅度等都有明确的要求。采取这类决策的顾客进入商店后，一般都会有目的地进行选择，并主动提出需购商品，以及对商品的各项要求，然后毫不迟疑地买下商品，其购买目标在购买行动与语言表达等方面都能鲜明地反映出来。

2. 半确定型顾客决策

半确定型顾客决策是指顾客在购买商品前已有大致的购买目标，但其具体要求还不甚明确，购买决定是经过比较选择而完成的。例如，洗衣机是其计划购买的商品，但购买什么品牌、型号、规格、式样尚未做出决定。采取这类决策的顾客进入商店后，一般不能明确、清晰地提出所需商品的各项要求，需要经过较长的比较、评定才能完成购买。

3. 不确定型顾客决策

不确定型顾客决策在购买商品时没有明确的或坚定的购买目标，进入商店后，一般是漫无目标地浏览商品，或随便了解一些商品信息，碰到感兴趣与合适的商品会购买，否则不买商品就离去。

（二）按顾客的购买态度分型

根据顾客的购买态度，顾客决策可分为经验型、理智型、感情型、冲动型、经济型、疑虑型和不定型七种类型。

1. 经验型顾客决策

顾客对某种商品的态度，常取决于对商品的信念。信念可以建立在知识的基础上，也可以建立在信任的基础上。例如，保护身体安全的信念，满足情感需要的信念，值得信赖的信念，都能加深对某种商品的印象，形成一种经验，使之在需要时会不假思索地去购买。这就形成了顾客决策的经验。属于此类行为的购买主体，往往根据过去的经验和使用习惯进行购买活动，或长期光临某商店，或长期使用某个品牌的商品，而很少受时尚风气的影响。

2. 理智型顾客决策

理智型顾客决策以理智为主，感情色彩较少。采取这类决策的顾客往往根据自己的经验和对商品知识的了解，在采取购买行动前，注意收集商品的有关信息，了解市场行情，经过周密的分析和思考，做到对商品的特性心中有数。他们在购买商品时，主观性较强，不愿别人介入，受广告宣传以及售货员介绍的影响甚少，往往是顾客自己对商品做一番细致的检查、比较，反复地权衡各种利弊因素后，在不动声色中完成顾客决策。

3. 感情型顾客决策

感情型顾客决策兴奋性较强，情感体验深刻，想象力与联想力特别丰富，审美感比较灵敏，因此，购买主体在购买商品时容易受感情的影响，也容易受销售宣传的诱导，往往以商品品质是否符合其感情的需要来确定是否购买。

4. 冲动型顾客决策

采取冲动型决策的顾客，个性心理反应敏捷，客观刺激物容易引起其心理的指向性，其心理反应与心理过程的速度比较快。这类个性特征反映到购买的实施时便呈冲动型。此类顾客易受商品外观质量和广告宣传的影响，以直观感觉为主，新产品、时尚产品对其吸引力较大，一般想买下所接触到的第一件合适产品，而不愿做反复选择比较，因而能快捷地完成购买活动。

5. 经济型顾客决策

采用经济型决策的顾客，在选购商品时多从经济角度考虑，对商品的价格非常敏感。例如，有的从价格高来确定商品优，选购高档商品；有的从价格低来评定商品的实惠，选购廉价商品。当然，采用这类决策的顾客在很大程度上与其经济条件和心理需要有关。

6. 疑虑型顾客决策

采取疑虑型决策的顾客具有内倾性的心理特征，善于观察细小事物，行动谨慎、迟缓，体验深而疑心大；选购商品从不冒失仓促地做出决定，听取商品介绍和检查商品时，往往小心审慎和疑虑重重；挑选商品动作缓慢费时，还可能因犹豫不决而中断；购买时常常"三思而后行"，购买后还会疑心是否上当受骗。

7. 不定型顾客决策

不定型决策常发生于新顾客。他们缺乏购买经验，购买心理不稳定，往往是随意购买或奉命购买；在选购商品时大多没有自己的主见，表现出不知所措的言行。采用这类决策的顾客，一般都渴望得到商品介绍的帮助，且容易受外界的影响。

（三）按顾客在购买现场的情感反应分型

根据顾客在购买现场的情感反应，顾客决策可分为沉着型、温顺型、健谈型、反感型和激动型五种类型。

1. 沉着型顾客决策

沉着型顾客决策是指顾客神经反应过程平静而灵活性低，反应比较缓慢而沉着，因此环境变化刺激对他们影响不大。采用这类顾客决策的购买主体在购买活动中往往沉默寡言，情感不外露，举动不明显，购买态度持重，不愿谈与商品无关的话题，也不爱听幽默或玩笑式的语句。

2. 温顺型顾客决策

有些人由于神经反应过程比较脆弱，在生理上不能忍受或大或小的神经紧张，对外界的刺激很少在外表上表现出来，但内心体验较持久。这类心理特征表现在顾客决策上，一般称为温顺型。此类顾客在选购商品时往往遵从介绍做出购买决定，很少亲自重复检查商品的品质。这类顾客决策对商品本身并不过于考虑，而更注重服务态度与服务质量。

3. 健谈型顾客决策

有些人由于神经反应过程平静而灵活性高，能很快适应环境，但情感易变，兴趣广泛。这类心理特点表现在顾客决策上就是健谈型或活泼型。采用这类决策的顾客在购买商品时，能很快地与他人接近，愿意交换商品意见，并富有幽默感，爱开玩笑，有时甚至谈得忘乎所以，而忘记选购商品。

4. 反感型顾客决策

采用反感型决策的顾客在个性心理特征上具有高度的情绪易感性，对于外界环境的细小变化都有所警觉，显得性情怪僻，多愁善感；在购买过程中，往往不能忍受别人的多嘴多舌，对售货员的介绍异常警觉，持有不信任的态度，甚至露出讥讽的神态。

5. 激动型顾客决策

有些人由于具有强烈的兴奋过程和较弱的抑制过程，因而情绪易于激动，在言谈举止和表情神态上都有急躁的表现。这类心理特征表现在顾客决策上就是激动型或傲慢型。此类顾客选购商品时在言语表情上显得傲气十足，甚至会用命令的口气提出要求，对商品质量和服务要求极高，稍有不合意就会发生争吵。

（四）按参与者介入程度和品牌间的差异程度分型

根据参与者介入程度和品牌间的差异程度，顾客决策可分为习惯型、变换型、协调型和复杂型四种类型。

1. 习惯型顾客决策

习惯型顾客决策是指对于价格低廉、经常购买、品牌差异小的产品，顾客不需要花时间选择，也不需要经过收集相关产品信息、评价产品特点等复杂过程，是一种最简单的顾客决策类型。顾客只是被动地接收相关产品信息，出于熟悉而购买，也不一定进行购后评价。这类产品的市场营销可以用价格优惠、电视商业广告、独特包装、销售促进等方式鼓励顾客试用、购买。

2. 变换型顾客决策

变换型顾客决策是指对于品牌差异明显的产品，顾客不愿花时间来选择，而是不断变换所购产品的品牌的决策类型。顾客这样做并不是因为对产品不满意，而是为了寻求多样化。针对这类顾客决策类型，产品市场营销者可采用销售促进和占据有利货架位置等办法保障供应，方便顾客购买。

3. 协调型顾客决策

协调型顾客决策是指对于品牌差异不大的产品，顾客不经常购买，而购买时又有点儿担心，所以，顾客一般要比较、看货，只要价格公道、购买方便、机会合适，顾客就会决定购买；购买以后，顾客也许会感到有些不协调，在使用过程中，会了解产品的更多情况，并寻求种种理由来减轻、化解这类不协调，以证明自己的购买决定正确的决策类型。经过由不协调到协调的过程，顾客会有一系列的心理变化。针对这类顾客决策类型，市场营销人员应注意运用价格策略和推销策略，选择最佳销售地点，并向顾客提供有关产品使用的评价的信息，使这些顾客在购买后相信自己做了正确的决定。

4. 复杂型顾客决策

复杂型顾客决策是指顾客面对不常购买的贵重产品，由于产品的品牌差异大、购买风险大，顾客需要一个学习过程，广泛了解产品性能、特点，从面对产品，产生某种看法，最后决定购买的决策类型。对于这类复杂的购买行为，市场营销人员应采取有效措施帮助顾客了解产品的优越性能、能给顾客带来的利益，从而影响顾客的最终选择。

现实生活中顾客的决策复杂多样，上述顾客决策的划分只是其中的几种。即使在同类顾客决策里，由于顾客的性别、年龄、职业、经济条件和心理素质等方面不同，以及购买环境、购买方式、商品类别、供求状况、服务质量等方面的不同，都会出现顾客决策的差异。所以，营销人员只有结合现实的具体情况，尽可能把握顾客对商品的心理反应，晓之以理，动之以情，才能促成顾客决策的实现。

四、针对顾客购买决策类型的营销策略

不同顾客购买决策过程的复杂程度不同，究其原因，是受诸多因素影响的，其中最主要的是参与程度和品牌差异大小。同类产品不同品牌之间的差异越大，产品价格越高，顾客越是缺乏产品知识和购买经验，感受到的风险越大，购买过程就越复杂。下面根据顾客的参与程度和产品品牌差异程度区分出四种购买类型，阐述采取的不同营销策略。

1. 针对习惯型顾客决策的主要营销策略

对于价格低廉的、经常性购买的商品，顾客决策是最简单的。这类商品各品牌的差别极小，顾客对此也十分熟悉，不需要花时间进行选择，一般随买随取。例如，油、盐之类的商品就是这样。这类简单的顾客决策不经过搜集信息、评价产品特点、最后做出重大决定这类复杂的过程。

（1）利用合理价格与促销手段吸引顾客试用。由于产品本身与同类其他品牌产品相比难以找出独特优点以引起顾客的兴趣，就只能依靠合理价格与优惠、展销、示范、赠送、有奖销售等促销手段吸引顾客试用。一旦顾客了解和熟悉了某产品，就可能经常购买以至于形成购买习惯。

（2）开展大量重复性广告加深顾客印象。在低度参与和品牌差异小的情况下，顾客并

不主动收集品牌信息，也不评估品牌，只是被动地接受包括广告在内的各种途径传播的信息，根据这些信息所形成的对不同品牌的熟悉程度来选择，即顾客选购某种品牌产品不一定是被广告所打动或对该品牌有忠诚的态度，只是熟悉而已。购买之后甚至不去评估它，因为并不介意。购买过程是：由被动的学习形成品牌信念，然后是顾客决策，接着可能有也可能没有评估过程。因此，企业必须通过大量广告使顾客被动地接受广告信息而熟悉品牌。为了提高效果，广告信息应简短有力且不断重复，只强调少数几个重要论点，突出视觉符号与视觉形象。根据古典控制理论，不断重复代表某产品的符号，顾客就能从众多的同类产品中认出该产品。

（3）增加购买参与程度和品牌差异。在习惯型顾客决策中，顾客只购买自己熟悉的品牌而较少考虑品牌转换，如果竞争者通过技术进步和产品更新将低度参与的产品转换为高度参与的产品，并扩大与同类产品的差距，将促使顾客改变原先的习惯型顾客决策，寻求新的品牌。提高参与程度的主要途径是在不重要的产品中增加较为重要的功能和用途，并在价格和档次上与同类产品拉开差距。例如，洗发水若仅仅有去除头发污渍的作用，则属于低度参与产品，与同类产品差别不大，只能以低价展开竞争；若增加去除头皮屑的功能，则参与程度提高，提高价格也能吸引购买，扩大销售；若再增加营养头发的功能，则参与程度和品牌差异都能进一步提高。

2. 针对变换型顾客决策的主要营销策略

有些商品品牌之间有明显差别，但顾客并不愿在上面多花时间，而是不断变化他们所购商品的品牌。如在购买点心之类的商品时，顾客往往不花长时间来选择和估价，下次买时再换一种新花样。这样做往往不是因为对产品不满意，而是为了寻求多样化。比如购买饼干，他们上次购买的是巧克力夹心口味，而这次购买的是奶油夹心口味。这类品种的更换并非对上次购买的饼干不满意，而是想换换口味。

对于寻求多样化的顾客决策，市场领导者和挑战者的营销策略是不同的。市场领导者力图通过占有货架、避免脱销和提醒购买的广告来鼓励顾客形成习惯型顾客决策。而挑战者则以较低的价格、折扣、赠券、赠送样品和强调试用新品牌的广告来鼓励顾客改变原习惯型顾客决策。

3. 针对协调型顾客决策的主要营销策略

有些商品品牌之间区别不大，而顾客又不经常购买，购买时有一定的风险。对这类商品，顾客一般先选择几家商店看看有什么货，进行一番比较，而后，不花多长时间就买回来，这是因为各种品牌之间没有明显的差别。一般如果价格合理、购买方便、机会合适，顾客就会决定购买，如购买沙发，虽然也要看它的款式、颜色，但一般差别不太大，有合适的就会购买。购买以后，顾客也许会感到有些不协调或不够满意，也许商品的某个地方不够称心，或者听到别人称赞其他种类的商品。在使用期间，顾客会了解更多情况，并寻求种种理由来减轻、化解这类不协调，以证明自己的购买决策是正确的。

对于这类顾客决策，营销者要提供完善的售后服务，通过各种途径提供有利于本企业和产品的信息，使顾客相信自己的购买决定是正确的。

4. 针对复杂型顾客决策的主要营销策略

如果顾客属于高度参与，并且了解现有各品牌、品种和规格之间具有显著差异，则会产生复杂的顾客决策。复杂的顾客决策指顾客需要经历大量的信息收集、全面的产品评估、慎重的购买决策和认真的购后评价等各个阶段。例如，家用计算机价格昂贵，不同品牌之间差异大，某人想购买家用计算机，但又不知硬盘、内存、主板、中央处理器、分辨率、Windows 等为何物，对于不同品牌之间的性能、质量、价格等无法判断，贸然购买有极大的风险。因此，他要广泛收集资料，弄清很多问题，逐步建立对此产品的信任，然后转变成态度，最后才会做出谨慎的购买决定。

对于复杂型顾客决策，营销者应制定策略帮助顾客掌握产品知识，通过各种媒体和销售人员宣传本品牌的优点，发动商店营业员和顾客的亲友影响顾客的最终购买决定，简化购买过程。

第二节　购买决策过程

一般来说，顾客的购买决策过程由引起需要、收集信息、评价方案、决定购买和买后行为五个阶段构成。

一、引起需要

顾客的需要往往是由内部刺激和外部刺激引起的。市场营销人员应注意识别引起顾客某种需要和兴趣的环境，并充分注意两方面的问题：一是与本企业产品有关联的驱使力；二是顾客对本企业产品的需求程度。在此基础上，企业采取诱导激励手段，促使顾客对本企业产品产生强烈的需求，导致产生购买动机。

二、收集信息

一般来讲，引起需要并不意味着马上购买，顾客还需要寻找某些信息。顾客信息来源有个人来源（家庭、朋友、邻居、熟人）、商业来源（商业广告、推销、经销商、包装、展览）、公共来源（大众传播媒体、顾客评审组织等）、经验来源（处理、检查和使用产品）等。市场营销人员应对顾客使用的信息来源认真加以识别，并评价其各自的重要程度，以及询问顾客最初接到品牌信息时有何感觉，等等。

三、评价方案

顾客对产品的判断大都是建立在自觉和理性基础之上的。顾客的评价行为一般要涉及产品属性（即产品能够满足顾客需要的特性）、属性权重（即顾客对产品有关属性所赋予的不同的重要性权数）、品牌信念（即顾客对品牌优劣程度的总的看法）、效用函数（即描述顾客所期望的产品满足感随产品属性的不同而有所变化的函数关系）和评价模型（即顾客对不同品牌进行评价和选择的程序和方法）等问题。例如，我国顾客在选购日用品、家用电器、办公用品、自行车、家用小汽车、保健品时，最看重的是厂家的品牌；而在购买食品、饮料、个人服饰和化妆品时，往往看是否符合自己的喜好和品位。

四、决定购买

评价行为会使顾客对可供选择的品牌形成某种偏好，从而形成购买意图，进而购买偏好的品牌。但是，在购买意图和决定购买之间，有两种因素会起作用，一是别人的态度，二是意外情况。也就是说，偏好和购买意图并不总是导致实际购买，尽管二者对顾客决策有直接影响。顾客修正、推迟购买决定，往往会受到可觉察风险的影响。可觉察风险的大小随着冒这一风险所支付的货币数量、不确定属性的比例以及顾客的自信程度而变化。市场营销人员必须了解引起顾客风险感的因素，进而采取措施来减少顾客的可觉察风险。

五、买后行为

顾客在购买产品后会产生某种程度的满意感，产品在被购买之后，就进入购后评价阶段，此时，市场营销人员的工作并没有结束。顾客对其购买活动的满意感（S）是其产品期望（E）和该产品可觉察性（P）的函数，即 $S=f(E,P)$。若 $E=P$，则顾客满意；若 $E>P$，则顾客不满意；若 $E<P$，则顾客会非常满意。顾客根据自己从卖主、朋友以及其他来源所获得的信息来形成产品期望。这类不能证实的期望会导致顾客的不满意感。E 与 P 之间的差距越大，顾客的不满意感也就越强烈。所以，市场营销者应使其产品真正体现出可觉察性，以使顾客感到满意。事实上，那些有保留地宣传其产品优点的市场营销者，反倒使顾客产生了高于期望的满意感，并树立起良好的产品形象。

顾客对其购买的产品是否满意，将影响其以后的顾客决策。如果对产品满意，则在下一次购买中可能继续采购该产品，并向其他人宣传该产品的优点。如果对产品不满意，可能通过退货来减少不和谐感，也可能在使用产品过程中通过寻求证实产品价值比其价格高的有关信息来减少不和谐感。市场营销者应采取有效措施尽量减少顾客买后不满意的程度。

第三节　影响顾客购买决策的因素

顾客在购买产品时很大程度上会受文化、社会、个性和心理等因素的影响。

一、文化因素

文化、亚文化因素对顾客的决策具有最广泛和最深远的影响。文化是人类欲望和行为最基本的决定因素，低级动物的行为主要受其本能的控制，而人类行为大部分是学习而来的，通过家庭和其他机构的社会化过程学习，形成一系列基本的价值、知觉、偏好和行为的整体观念。每一种文化都包含着能为其成员提供更为具体的认同感和社会化的较小的亚文化群体，如民族群体、宗教群体、种族群体、区域群体等。在人类社会中，还存在着社会层次，而社会层次以社会阶层形式出现。所谓社会阶层，是指一个社会中具有相对的同质性和持久性的群体，它们是按等级排列的，每一阶层的成员具有类似的价值观、兴趣爱好和行为方式。

二、社会因素

顾客决策也受到诸如参照群体、家庭、社会角色与地位等一系列社会因素的影响。参照群体是指直接或间接影响人的看法和行为的群体。直接参照群体是指某人所属的群体或与其有直接关系的群体。直接参照群体又分为首要群体和次要群体两种。首要群体是指与某人直接、经常接触的一群人，一般都是非正式群体，如家庭成员、亲戚朋友、同事、邻居等。次要群体是对其成员影响并不大的一群人。在参照群体因素中，家庭是关键因素，因为家庭是社会组织的一个基本单位，也是消费的首要参照群体之一，对顾客决策有重要影响。一个人在他的一生中一般要经历两个家庭：父母的家庭和自己建立的家庭。当顾客做出购买决策时，必然要受到这两个家庭的影响。其中，受原有家庭的影响比较间接，受现有家庭的影响比较直接。一个人在其一生中会参加许多群体，如单位、各种组织、社团、协会及其他各种组织，每个人在各个群体中的位置可用角色和地位来确定。每一个角色会在某种程度上影响其顾客决策。每一角色都伴随着一种地位，这一地位反映了社会对每个人的总评价，顾客的地位与角色对顾客决策产生影响。

三、个性因素

顾客购买决策还受其个人特性的影响，特别会受其年龄、职业、经济状况、生活方式、个性以及自我观念的影响。生活方式是一个人在世界上所表现的有关活动、兴趣和看法的生活模式。个性是一个人具有一定倾向性的心理特征的总和，它导致一个人对周围环境产生相对一致和持续不断的反应。

四、心理因素

顾客决策要受动机、知觉、学习以及信念和态度等主要心理因素的影响。动机是一种升华到足够强度的需要，它能够及时引导人们去探求满足需要的目标。马斯洛认为，人是有欲望的动物，需要什么取决于已经有了什么，只有尚未被满足的需要才影响人的行为，已满足的需要不再是一种动因，人的需要是以层次的形式出现的，按其重要程度的大小，由低层次需要逐级向上发展到高层次需要，依次为生理需要、安全需要、社会需要、尊重需要和自我实现需要；只有低层次需要被满足后，较高层次的需要才会出现并要求得到满足。

一个被激励的人随时准备行动。然而，他如何行动则受其对情况的知觉程度的影响。两个人在处于相同的激励状态和目标情况下，其行为却可能不一样。这是由于他们对情况的知觉各异。所谓知觉，是指个人选择、组织并解释信息投入，以便创造一个有意义的过程，不仅取决于刺激物的特征，而且还依赖于刺激物周围环境的关系以及个人所处的状况，人们之所以对同一刺激物产生不同的知觉，是因为人们要经历三种知觉过程，即选择性注意、选择性曲解和选择性记忆。人们对于刺激物的理解是通过感觉进行的。所谓感觉，是指通过视、听、嗅、味、触五种感官对刺激物做出反应。随着感觉的深入，将感觉到的信息通过大脑进行分析综合，从而得到知觉。

人们要行动就得学习。学习是指由于经验而引起的个人行为的改变。人类行为大都来源于学习。一个人的学习是通过驱使力、刺激物、诱因、反应和强化的相互影响而产生的。由于企业市场营销环境不断变化，新产品、新品牌不断涌现，顾客必须经过多方搜集有关信息之后，才能做出购买决策，这本身就是一个学习过程。通过行为和学习，人们获得了自己的信念和态度，而信念和态度又反过来影响人们的决策。所谓信念，是指一个人对某些事物所持有的描述性思想。生产者应关注人们头脑中对其产品持有的信念，即本企业品牌的形象。人们根据自己的信念采取行动。如果一些信念是错误的并妨碍了顾客决策，生产者就要运用促销活动去纠正这些错误信念。所谓态度，是指一个人对某些事物或观念长期持有的好与坏等认识上的评价、情感上的感受和行动倾向。态度能使人们对相似的事物产生相当一致的行为。一个人的态度呈现为稳定一致的模式，改变一种态度就需要在其他态度方面做重大调整。

本章小结

1. 参与购买决策的角色包括发起者、影响者、决策者、顾客和使用者。

2. 根据不同的划分标准，顾客决策可分成不同类型。

（1）根据顾客对购买目标的选定情况，顾客决策可分为全确定型、半确定型和不确定型三种类型。

（2）根据顾客的购买态度，顾客决策可分为经验型、理智型、感情型、冲动型、经济型、疑虑型和不定型七种类型。

（3）根据顾客在购买现场的情感反应，顾客决策可分为沉着型、温顺型、健谈型、反感型和激动型五种类型。

（4）根据参与者介入程度和品牌间的差异程度，顾客决策可分为习惯型、变换型、协调型和复杂型四种类型。

3. 顾客的购买决策过程包括引起需要、收集信息、评价方案、决定购买和买后行为五个阶段。

4. 影响顾客购买决策的因素包括文化、社会、个性和心理等。

思考题

1. 参与购买决策的角色有哪些？

2. 顾客决策类型是如何划分的？

3. 顾客的购买决策过程有哪几个阶段？

4. 影响顾客行为的因素有哪些？

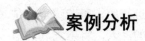

案例分析

北辰购物中心如何围绕顾客想和做

在零售业面临日趋激烈的国内外竞争环境下，北辰购物中心能够一枝独秀，经营业绩连年大幅度增长，创下每平方米销售连续两年在全国大型百货商店中排名第一的佳绩。为此我们对北辰购物中心进行了深入的调查和分析。

一、最好的营销战略：围绕顾客想

1. 顾客是谁，他们需要什么：细致的顾客研究

要满足顾客的需要，就要了解顾客是谁，他们需要什么，要做到这一点，首先要做的是对顾客的调查。北辰购物中心每年都要请专业的调查公司或自行组织进行一次大规模的顾客调查，再辅以不定期的小型专项调查。调查的目的是掌握商圈内消费者的基本特点及主体消费人群的消费水平、结构、倾向和购买行为特点，在商品档次、价格、品牌选择倾向性以及对购物中心在经营范围、商品档次、价格层次、布局及服务上的期望。

北辰购物中心的顾客研究包括专题研究、分段研究和分类研究，而所有这些研究都围绕着一个共同的中心：顾客。这些研究使决策人员时时掌握周边地区的消费群结构和消费行为趋向。此外，北辰购物中心还不断进行业态与市场定位的研究，以便形成稳定的顾客群体，保证销售的旺盛势头。

2. 超市＋百货商场：新的业态组合

关于亚运村及其周边地区消费者的收入水平，过去曾经有一个误区，认为这里是所谓"富豪"区，是高收入群体聚集区。而北辰购物中心的调查显示，事实并非如此。由于亚运村附近的居民有相当大一部分是国有大中型企业职工和国家机关、科研院所干部，所以消费者群体的平均货币收入只属中等偏上水平。根据这种调查结论，北辰购物中心明确了"以中档为主，兼顾两头"的经营思路，即采取2：7：1的高、中、低档商品结构比例。

根据市场研究的结果，北辰购物中心创造性地将超市与百货商场两种业态进行了有机组合。这种业态的组合定位起到了互相促进、连带消费的互补作用。超市的销售额占到全店销售收入的30%以上，并且为购物中心其他部门吸引了大量客流（据有关资料，比北辰购物中心略晚，日本也出现了这种业态）。

3. 南客北调：全新的商圈概念

在传统零售理论中，几乎都依据距离把商圈定义为一个个同心圆，包括核心商圈、二级商圈、三级商圈，并且简单地以距离和人口来计算两家商店或两个购物区域对顾客的吸引力。北辰购物中心创造性地把顾客到北辰购物中心的交通方便与否作为商圈划分的依据。调查发现，顾客到一家便利店所能忍受的最长时间是5分钟，到一家超级市场所能忍受的时间是20分钟，而到一家大型百货商店所能忍受的时间是30分钟到40分钟。于是，他们根据交通状况，确立了东至小营，西至学院路，北至立水桥，南至北三环的区域作为自己的核心商圈。

此外，调查还发现，北京市的商业区域正在出现变化。除了继续吸引大量客流的、位于市中心的王府井商业区和西单商业区外，还有近年来对消费者形成"东拉西扯"格局的其他几个区域。所谓"东拉"，是指赛特、燕莎、贵友等大型百货商场集聚了北京东边地区

的大批消费者;"西扯"是指以城西翠微商场、城乡购物中心为代表的一批大型商厦对西部地区消费者的吸引。针对这种现象,北辰购物中心确立了"南客北调"的基本思路,即以中轴线和 108 路电车沿线区域以及三桥(安定门桥、安贞桥、安慧桥)以北的消费群体作为其主要争取的顾客。

二、最好的营销策略:围绕顾客做

1. 商品的分类与组合是一门艺术

对顾客的研究表明,"一次购齐,一次观赏齐"是大多数消费者所需要的。为了有效地满足这种需要,北辰购物中心确定了很有特色的商品组合。他们把商品分为两个大类,即生活必需品和差异品。生活必需品主要包括超市中的食品、日用百货、部分文化用品、家用小电器等;差异品主要包括服装、工艺品、家居用品等。

为满足消费者对必需品一次购齐的要求,有关商品部就得在有限的面积内,既要尽可能地摆足旺销的品种,又要照顾到需求量不大但总有人需要的连带品种。因为没有连带品种就会影响顾客对商店的印象和客流量,从而影响旺销品种的销售。

为了满足消费者对差异品一次观赏齐的要求,购物中心对消费者看重的品牌商品,在类别、品种、品牌和价位的组合上采取措施,给消费者以充分比较和选择的余地;对于以流行时尚为主要特征的差异品,组货时则以面料、时尚、质量为选择标准。

更为重要的是,各商品部有权随时根据顾客需求调整品种组合。例如,食品部了解到北京人爱吃炸酱面,但北京本地产的酱太咸,就选择购进天津产的口味比较淡的酱和甜面酱销售;医药部从记录顾客需要而本部未能提供的药品入手,发现顾客对保健品的需求与媒体广告同步,就及时调整保健品品种以满足顾客的需求;文化部在经营手机时,把顾客需要较多的品牌进行比较,在一家经销商的基础上,又引进了一家经销商,增加了更多的品牌,从而使销售额增长了数倍。

2. 没有永远的质量保证,就没有永远的北辰声誉

为了让顾客购物放心,北辰购物中心有自己严格的质量保证体系。各部都有明确、详细的质量保证程序和标准,设有专职的质检员,受过良好培训的导购员也承担质检员的职责。此外,他们还邀请技术监督局每周定期上门抽查各种商品的质量。例如,食品部严格规定,当天卖不完的熟食当天必须撤架,并通过在打烊前半小时空架的形式把信息传达给顾客;服装鞋帽类商品部虽然主要是联营,但对联营商品具有严格的质量控制措施,从而确保商品的货真价实。

3. 舞好价格这把双刃剑

北辰购物中心认为,有了顾客真正需要的商品,要吸引他们购买,关键还是要有实惠的价格。调查显示,在所有影响顾客购买决策的因素中,在同质的情况下,价格排在第一位。因此,他们对顾客需求量大且对日常生活影响大的品种采用低价策略。为了控制成本,各商品部在组货时总是千方百计地采购质优价低的商品。

由于必需品的进价主要取决于进货批量的大小,进货批量越大,价格越低,因此,购物中心一方面依靠自己雄厚的资金实力大批量进货,另一方面也努力与供应商建立良好关系,争取获得商品的最低批发价格。对差异品来说,由于大多由厂家在各大商场布点销售,零售价相对统一,所以,主要采取向厂家争取优惠的方式来保证给消费者提供满意的价格。

例如，食品部的战略任务是吸引客流。吸引客流的主要手法是定价。所以，食品部把老百姓最关心、最需要的食品确定为市场领先最低价格，它们约占食品品种的 20%，还有 40% 的品种采用市场跟随价格。为此，食品部联合其他大批发商、一级进口代理商一起采购，从而增加了一次性采购数量，共同享受更多的折扣。同时，主动向一些商品的供应商要求经销，而不是代销，从而降低结算价格。经销比代销需要对商品有更充分的了解和更严格的监控，虽然经销会占用一定资金，但这种做法为顾客提供了更低的价格，也得到了顾客持续购买的回报。

除了平时的低价策略之外，在节假日，北辰购物中心还通过让利打折等方式开展大规模让利促销活动。此外，为了给老顾客以更多的实惠，北辰也推出了购物积分卡制度，即顾客在本店消费累计满一定额度时可以获得更多的优惠，从而长期留住了这些顾客。

4. 优质的服务不仅仅是一张张笑脸

在服务方面，北辰购物中心希望做到人有我有，并且在服务设计上总是能够做到比竞争对手先行半步。例如，北京市大商场普遍在压缩营利性较差的文化用品部，北辰购物中心则认为，周边居民文化层次较高，并且附近有许多商住楼，存在着现实的需求，因此没有压缩文化用品部，而是通过更好的服务来增加文化用品部的销售和盈利。文化用品部的许多商品技术含量较高，如计算机、照相机、电话机和手机等。因此，文化用品部专门租赁了小面包车为顾客提供及时的送货服务，并且针对一些顾客对计算机或其他商品不熟悉的情况，努力为顾客解决技术难题。在这方面，他们重视对员工技术技能的培训，并在分配机制上进行激励，以便员工能够为顾客提供更优质的服务。

北辰购物中心通过对顾客的研究还发现，顾客购物不仅会产生一次性疲劳，还会产生周期性疲劳。一次性疲劳是指顾客在一次购物过程中，超过两小时就有疲劳感，购物欲望也迅速降低。周期性疲劳是指顾客来商店多次后会逐渐失去新鲜感。为解决顾客一次性疲劳问题，他们在五层设立了美食中心，为顾客提供一个休息和餐饮的场所；为了解决顾客周期性疲劳问题，他们定期对各商品部轮换装修，周密考虑楼层布局并科学地进行商品摆放，尽量做到让顾客持续保持对北辰购物中心的新鲜感觉，同时使顾客能够方便地找到所需商品。

（案例来源：郭立，吴文彬. 跟着顾客需要走：北辰购物中心经营案例及分析[J]. 企业管理，2002（5）：59-61. ）

问题：

分析北辰购物中心取得佳绩的重要原因。

分析：

通过对北辰购物中心案例的分析，我们感到，北辰购物中心之所以能在内需不足且竞争格外激烈的商业环境中取得骄人业绩，绝非偶然。归纳起来主要有如下几点。

第一，具有强烈的满足顾客需求的意识。顾客导向是现代企业成功的第一要素。在现代市场经济环境下，除个别情况外，大多数商品的生产能力都已大大超过需求。因此，在商品交换的过程中，顾客掌握着绝对的控制权；生产商或销售商只有在获得顾客偏好的情况下，才能真正地完成交换。北辰购物中心将这种观念变成了全体员工的行动。

第二，特别注重对顾客需求的研究。满足顾客需求的起始点是了解顾客的需求，然后根据顾客需求来提供商品和服务，由此才能做到想顾客之所想，供顾客之所需。同时，还要深入研究顾客需求的变化趋势，掌握市场发展动态，据此，制定公司的市场导向战略和策略计划。在这方面，北辰购物中心每年常规进行顾客行为研究项目，并根据特殊工作情况，进行许多专项市场研究项目。这些是北辰购物中心能够持续吸引顾客的基础。

第三，具有有效满足顾客需求的战略与策略。北辰购物中心将了解到的顾客需求信息迅速转化成员工的行动。公司的一系列战略与策略都围绕着如何比竞争者更好地满足顾客需求来制定和落实。正因为如此，他们在竞争中一直保持着领先地位。

第四，把顾客价值链和顾客价值网的建设作为主要的竞争优势。目前，市场竞争已经不再是单个企业之间的竞争，而是顾客价值链，甚至是顾客价值网之间的竞争。这里的顾客价值链是指与顾客价值有关的企业整体运作系统，包括进货、保管、销售、送货、担保与服务等；这里的顾客价值网是指所有与顾客购买和使用商品有关的价值网络，包括生产商的价值提供、供应商的价值提供、银行的价值提供、本企业的价值提供、顾客的价值感受等。很明显，顾客能否获得物有所值的商品不仅取决于企业的销售环节，同时还取决于企业的其他运作环节；不仅取决于零售商自身，同时还取决于生产商能否生产出适应顾客需求的产品，供应商能否以适当的价格、在适当的时间向零售商提供商品，银行能否对顾客和企业提供信用担保和使用，以及顾客最终价值感受及信息反馈。在这方面，北辰购物中心已经走在了其他许多竞争者之前。

第五，能够持续创新来更好地满足顾客需求。不断创新可以避免竞争者模仿，可以造就独到的竞争优势，可以开发顾客尚未满足的新的价值领域。北辰购物中心在经营业态方面的创新、在商圈方面的创新、在商品组合方面的创新、在服务方面的创新等，确实为顾客提供了新的价值，也获得了顾客丰厚的回报。可以说，这些创新构成了北辰购物中心的经营特色。

第七章　商场设计与商品陈列

 学习目标

1. 了解商场外部形象设计要求与设计内容。
2. 掌握商场内部布局类型。
3. 了解商场内部布局设计要求与具体内容。
4. 掌握货位布局的空间分配方法及其影响因素。
5. 熟悉商品陈列原则和商品陈列过程。
6. 掌握商品群陈列类型。
7. 掌握商品陈列艺术。
8. 熟悉橱窗展示的效应及其构思和要求。

 导读

到超市购物的消费者最关心什么

日本超市的经营者曾就消费者对卖场最关心什么这一问题，在一个 2.5 万人的商圈发放了 2 000 张调查问卷，回收了 1 600 张，具有很强的代表性。调查之前，超市经营者都以为商品价格可能占极高的比率，但事实并非如此。调查结果："开放式，容易进入"占 25%，"清洁明亮"占 14%，"商品陈列，易看易选"占 15%，价格占 5%。可见，消费者最关心的是卖场的布局。卖场布局和商品陈列是诱发顾客购买的原因之一。

（案例来源：https://doc.mbalib.com/view/0484b63cff5bfe9eb01a3e5d9a051431.html）

商场外部形象和内部布局对零售企业的日常经营活动都非常重要。本章系统地介绍商场外部形象设计和内部布局相关理论。商场外部形象设计包括设计要求与设计内容；内部布局包括商场内部布局类型、商场内部布局设计要求与具体内容、货位布局的空间分配方法及其影响因素、商品陈列原则和商品陈列过程、商品群陈列类型、商品陈列艺术、橱窗展示的效应及其构思和要求等内容。

第一节　商　场　设　计

一、商场外部形象设计

商场形象能向顾客传达自己独特的经营理念、经营方式，同时也体现了该商场的基本精神及独特个性。因此，商场要树立自己的良好形象，必须注重商场形象的设计。商场经营者应通过系统化的形象设计，使顾客一目了然地了解商场所传播的信息，从而达到识别商场经营内容的目的。

（一）商场形象设计要求

商场形象设计是一项具体而细致的工作，设计时应该遵循以下几项基本要求。

1. 市场调查是商场形象设计的基础

在进行商场形象设计的过程中，商场经营者只有通过对市场因素和顾客需求进行调查，充分了解顾客的消费习惯之后，才能明确商场的市场定位，才能搞清楚应该设计一个什么样的商场形象来吸引更多的消费者，才能知道如何长期维护商场形象。

2. 融合潮流是商场形象设计的前提

对市场流行趋势的理解与判断能力是决定商场形象设计的重要前提，这是因为商场形象必须与时尚潮流相融合，商场经营者应努力求新求变，并且使其成为日常行为，引导时尚、创造时尚，激发顾客的购买欲，永远是维持商场可持续发展的动力。

3. 主题统一是商场形象设计的主线

商场形象设计的主题统一要求商场的理念、行为、视觉等方面一旦确立，在商场的内外与上下都必须一致，不能随便更改。否则，很容易给顾客造成困惑，从而使其产生不信任感。

4. 突出个性是商场形象设计的关键

商场形象设计的个性化是指商场在进行形象设计时，要与其他商场有所差异，突出自己的个性特点。商场可以在经营内容上与其他商场相似，但在商场形象的表现形式上应力求与众不同。树立起个性化的商场形象，是吸引顾客到自己的商场中来的关键。

5. 宣传是商场形象传播的主要方式

商场进行形象设计的主要目的是让商场形象被顾客记住。商场经营者要想达到这一目的，必须要有好的宣传方式相配合。可以利用室外广告、媒体宣传、老顾客赞誉等各种宣传方式，来吸引顾客的目光，光顾商场。

（二）商场外部形象的设计内容

1. 商场标志设计

商场标志设计包括商场的名称、标准字、标准色、商标等项目的设计。可通过 VI（Visual Identity System，视觉识别系统）的设计，使企业品牌形象外化，使企业品牌形象深入人心。

2. 商场橱窗和门面设计

商场橱窗和门面的设计是为了进行时尚展示、突出主题、营造气氛、吸引顾客关注的重要方式。商场橱窗和门面设计包括以下内容。

（1）设计准备。设计师应当了解同类商店门面设计的流行趋势，商店建筑结构和门面空间尺寸，商店的一般客流量及最大客流量，商店的主要和重点推销商品，商店坐落环境，市民和店员对门面期望和设计要求，商店用于门面设计的费用以及资金，等等。

（2）构思。设计师要与经营者确定设计的主题，进行形象表现形式的构思，选用材料和工艺灯，考虑入门和走道、招牌式样、店徽位置、霓虹灯广告图案和文字、灯箱广告等方面的内容，并考虑橱窗和柜台的设计以及标牌广告。

（3）设计。在上述构思基础上，设计师还要进一步具体化，形成几种方案，初步勾画出门面设计各种方案的草图，检查其合理性，并根据草图体现出设计效果和概算各种方案的成本费用，交有关方面讨论，对比各方案的优劣，并进一步修改和完善，直到满意为止。

二、商场内部布局类型

商场内部布局主要有三种类型：格子式布局、岛屿式布局和自由流动式布局。

（一）格子式布局

1. 格子式布局的内涵

格子式布局是传统的卖场内部布局形式，即卖场内部的商品陈列货架与购物通道都呈长方形进行分段安排，所有货架并行排列，而且主通道与副通道宽度分别保持一致，如图7-1所示。这种布局在国内外的卖场内部最常见，购物者一边推着购物车，一边行进在购物通道上，到头转个弯，进入另一条平行的通道。这些直道和90°的转弯的设置，可以使购物者依同一方向和一系列通道有秩序地移动下去。

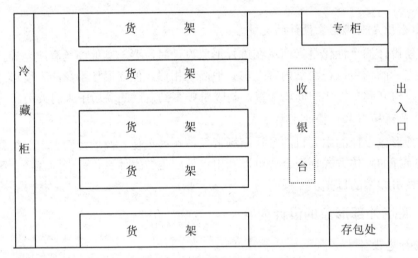

图 7-1　格子式布局的基本形式

2. 格子式布局的优点

（1）柜台设备相互成直角，创造一个严肃而有效率的气氛。

（2）通道依据客流量的情况进行设计，充分地利用了卖场空间。

（3）商品货架规范化安置，商品敞开陈列，顾客可轻易识别商品类别及分布特点，便于自行选购。

（4）采用标准化货架，节省成本。

（5）有利于营业员与顾客之间的愉快合作，简化商品管理及安全保卫工作。

3．格子式布局的缺点

（1）商场气氛比较冷淡、单调。

（2）当较拥挤时，易使顾客产生被催促的不良感觉。

（3）室内装饰方面创造能力的发挥空间有限。

（二）岛屿式布局

1．岛屿式布局的内涵

岛屿式布局是指在营业场所中间布置成各不相连的岛屿形式，在岛屿中间设置货架陈列商品，如图 7-2 所示。这种形式的布局一般用于百货商店或专卖店，主要陈列体积较小的商品，有时也作为格子式布局的补充。

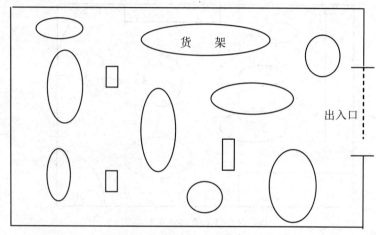

图 7-2　岛屿式布局的基本形式

目前，国内的百货商店正在不断改变经营手法，许多商场引入各种品牌的专卖店，形成"店中店"形式，岛屿式布局被改造成专业店布局形式被广泛应用，按顾客"一次性购买钟爱的品牌商品"的心理设置。例如，在顾客需要购买某一品牌的西装、领带和皮革时，以前需要逛几个柜台，采用专业店式布局，在一个地方就可以买齐。这种布局符合岛屿式布局的特征和顾客购物的要求。

2．岛屿式布局的优点

（1）这种布局富有创意，采取不同形状的岛屿设计，可以起到装饰和美化营业场所的作用。

（2）购物环境富于变化，商场气氛活跃，使消费者增加购物的兴趣，并延长逗留商场的时间。

（3）容易引起顾客的冲动性购买。

（4）满足消费者对某一品牌商品的全方位需求，对品牌供应商也具有较强的吸引力。

3．岛屿式布局的缺点

（1）这种布局过于富于变化，会导致顾客迷失方向，有些顾客会因无耐心寻找所需商品而放弃一些购物计划。

（2）不利于最大限度地利用商场营业面积。

（3）现场员工较多，不利于柜组营业员的互相协作。

（4）货架不规范，导致成本较高。

（三）自由流动式布局

1．自由流动式布局的内涵

自由流动式布局是以方便顾客为出发点，把商品既有变化，又较有秩序地展示在顾客面前，如图 7-3 所示。这种布局综合了上面两种布局的优点，根据商场具体地形和商品特点，有时采用格子形式，有时采用岛屿形式。自由流动式布局是一种顾客通道呈不规则路线分布的布局形式。

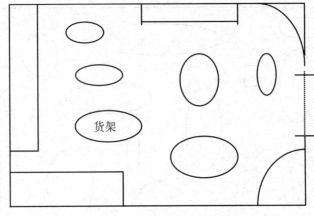

图 7-3　自由流动式布局形式

2．自由流动式布局的优点

（1）货位布局灵活多变，顾客可以随意穿行于各个货架或柜台间。

（2）卖场气氛较为融洽，可促使顾客产生冲动性购买。

（3）便于顾客自由浏览，不会产生急切感，从而增加顾客的逗留时间和购物机会。

3．自由流动式布局的缺点

（1）顾客拥挤在某一柜台，不利于分散客流。

（2）不能充分利用卖场，浪费场地面积。

（3）这种布局方便了顾客，但对商场的管理要求提高，尤其要注意商品安全的问题。

三、商场内部布局设计的总体要求

商场内部布局设计总体要求如下。

（1）易进入。商场的经营理念非常好，商品很丰富，价格也很便宜，如果消费者不愿意进入或不知道怎样进入，一切努力都将是白费。只有让客户进来，才是生意的开始，才能创造营业的客观条件，所以商场设计的首要考虑因素是让顾客容易进入商场。

（2）易购买。根据有关的市场调查，到商场、超市购物预先确定商品的顾客只占总顾客的 25%，而 75%的消费者都属于随机购买和冲动购买。因此，应做到商品丰富，展示新颖、方便、快捷，产品优质，绿色环保，中档平价，一站购齐，使顾客进商场看得见，买得放心，用得省心。为此，可在商场中设计促销区、休闲区、展示区、导购样板间等区域，创造性地发挥自己的商品展示特色，排除顾客在商场中购物时所遇到的障碍，考虑如何放置更多的商品，但又要让顾客不感觉拥挤，在商场停留得更久，便于购买。

（3）环境好。为顾客创造良好的购物环境尤为重要，顾客通常把明亮、清洁、舒适的购物环境与新颖优质的商品联系在一起，大型商场必须注意对商场内有效空间的利用，灯、光、色、音响效果等的配合，为顾客创造良好的购物环境。

四、商场内部布局设计的具体内容

（一）商场出入口设计

在商场内部布局设计中，首先要对出入口进行设计。入口的设计关键是能否把消费者引入商场。入口设计的好坏是决定商场客流量的关键。商场的出入口设计还要综合考虑商场规模、客流量大小、经营商品的特点、商场位置以及安全五个因素。一般情况下大型商场出入口可以安置在中央，小型门市的出入口不宜设置在中央，一般设置在左侧或右侧。商场出入口设计总体要求是：易于出入，便于管理。

1. 出入口设计

出入口的数量可以是一个或多个，一般来说小店只设一个出入口，大型商场可以设置四个以上出入口。有停车场等配套设施的商场应设计至少两个出入口，其中一个与停车场相连，方便顾客停车和进店。

2. 出入口的类型

出入口的类型分为封闭型、半开型、全开型和出入分开型，应根据商场的具体情况选择不同类型的出入口设计。

（二）商场收银台设计

商场收银台的数量应以满足顾客在购物高峰时能够迅速付款结算为基准。实践表明，顾客等待结款时间超过8分钟会产生烦躁的情绪，一般收银台的设计应保证顾客8分钟内结款完毕。收银台处要配备电子扫描设备，最大限度地提高顾客结款的速度，避免顾客因等待结款时间较长而产生烦躁情绪。

（三）商场通道设计

商场通道的类型一般分为直线式通道和回型通道。直线式通道也称为单向式通道，这种通道一般起点是商场入口，终点是收银台，顾客根据货架排列的方向单向购物，设计时以商品陈列不重复、顾客不回头为准则，让顾客在最短的线路内完成购物。回型通道又称环型通道，是按圆形或者椭圆形从右到左的方向环绕整个卖场。回型通道一般分为大回型通道和小回型通道。大回型通道一般适合用在1 600平方米以上的商场，顾客从一边沿着四周回型通道浏览再进入中间的货架，要求卖场内部一侧的货位一通到底，中间没有穿行的路口。小回型通道适用于1 600平方米以下的商场，顾客进入商场不必走到头就可以进入中间货位。

商场通道还可以分为主通道和副通道。主通道是引导顾客行动的主线，副通道是顾客在店内移动的支流。超市内主副通道的设置不是根据顾客的随意走动来设计的，而是根据超市内商品的配置位置与陈列来设计的。良好的通道设置能引导顾客按设计的路线自然行走，走向卖场的每一个角落，能接触到所有商品，这样能最有效地利用卖场的空间。

一般通道设计要遵循以下几个原则。

（1）足够的宽度。通道足够的宽度，是指要保证顾客提着购物筐或推着购物车，能与同样的顾客并肩而行或顺利地擦肩而过。不同规模超市通道宽度设定的基本经验值如表 7-1 所示。

表 7-1　超市通道宽度设定的基本经验表

单层商场面积/平方米	主通道宽度/米	副通道宽度/米
≤300	1.8	1.3
300～1 000	2.1	1.4
1 000～1 500	2.7	1.5
1 500～2 500	3.0	1.6
2 500～6 000	4.0	3.0

对大型综合超市和仓储式商场来说，为了方便更大顾客容量的流动，其主通道和副通道的宽度可以基本保持一致。同时，也应适当放宽收银台周围通道的宽度，以保证最易形成顾客排队的收银处的通畅。

（2）笔直。通道要尽可能设计成笔直的单向通道，避免设计成迷宫式。要以商品不重复、顾客不回头走的原则进行设计与布局。

（3）平坦。通道地面应保持平坦。有些门店由两个建筑物改造连接起来，通道途中要上或下几层楼梯，有"中二层""加三层"之类的情况，会令顾客不知何去何从，显然不利于门店的商品销售。

（4）少拐角。事实上一侧直线进入，沿同一直线从另一侧出来的商场并不多见。少拐角是指拐角尽可能少，即通道途中可拐弯的地方和拐的方向要少。有时需要借助于连续展开、不间断的商品陈列线来调节。例如，美国连锁超市经营中 20 世纪 80 年代形成了标准长度为 18～24 米的商品陈列线，日本超市的商品陈列线相对较短，一般为 12～13 米。这种陈列线长短的差异，反映了不同规模面积的超市在布局上的要求。

（5）明亮。通常通道上的照度至少 1000 勒克斯；尤其是主通道，相对空间比较大，是客流量最大、利用率最高的地方。要充分考虑到通道上的照度和顾客走动的舒适性。

（6）没有障碍物。通道是用来诱导顾客多走、多看、多买商品的。在通道内不能陈设、摆放一些与陈列商品或特别促销无关的器具或设备，以免阻断商场的通道，损害购物环境的形象。

（四）商场墙壁、地面及天花板设计

1．墙壁设计

商场墙壁的设计总体要求坚固和干净。一方面是对墙面装饰材料和颜色的选择，店铺的墙壁设计应与所陈列商品的色彩内容相协调，与店铺的环境、形象相适应；另一方面是壁面的利用，一般可以在壁面上架设陈列柜，安置陈列台，安装一些简单设备，摆放一部分服装，也可以用作商品的展示台或装饰物。

2. 地面设计

地面设计在风格上有刚与柔两种选择，方形、菱形、多角形、矩形等组成的图案带有阳刚之气；圆形、椭圆形、扇形等组成的图案带有阴柔之美。由于卖场客流比较大，因此总体要求地面要经久耐用、耐磨和耐脏。

3. 天花板设计

天花板设计不仅仅是把商场的梁、管道和电线等遮蔽起来，更重要的是创造美感，营造良好的购物气氛。天花板的设计根据不同的业态要求有所不同，超市的天花板要求简单大方。天花板的设计要将高度、形式以及与此相关的其他的设施综合考虑在内，让人感到和谐自然。

（五）商场照明设计

灯光照明是对商场的"软包装"，体现着商场在一定时期内的经营思想，也可以向顾客传递信息。商场内明亮柔和的照明，可以准确地传达商品信息，消除陈列商品的阴影，展现商品魅力，美化环境，同时还可引导顾客入店，便于顾客选购商品，缩短选购时间，提高效率，加速周转。所以，照明是营造商场气氛的一种经济有效的装饰手段。

商场的照明分为基本照明、商品照明和装饰照明。基本照明营造一个整洁、宁静、光线适宜的购物环境；商品照明主要在于吸引顾客的注意力，如珠宝柜台常采用定向集束灯光照射，以显示商品的晶莹剔透；装饰照明一般用霓虹灯、电子显示屏或旋转灯吸引顾客的注意力。照明设计要综合考虑这三方面的情况，如图7-4所示。

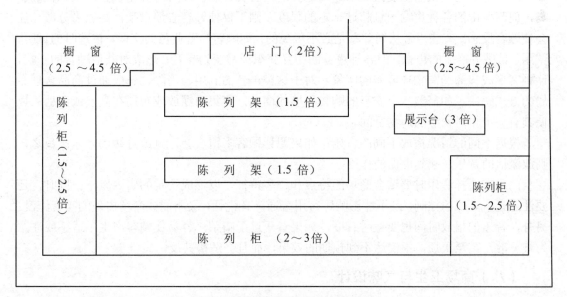

图 7-4 商场照明设备规划与效果图

注：假设店内平均照明度为1，超过1表示应特别加强照明。

商场的照明效果一定要好，要保证让顾客看清楚商品和店内的通道。现在有一些比较前卫的商店一味追求个性，光线和色彩都很暗，以为这样可以与众不同。其实不然，顾客真正感兴趣的是商品，商店的形象只是为销售商品而服务，通过照明加深顾客的印象，吸引他们进入商店，但最终决定顾客购买的还是商品。所以，切莫本末倒置，否则适得其反。

（六）商场色彩设计

色彩在现代商业中起着传达信息、烘托气氛的作用。通过色彩设计可以创造一个亲切、和谐、鲜明、舒适的购物环境。在商店内部环境设计中，色彩可以用于创造特定的气氛，既可以帮助顾客认识商店形象，也能使顾客产生良好的记忆和深刻的心理感觉。不同的环境色彩能引起顾客产生不同的联想和心理感受，激发人们潜在的消费欲望，同时还可以使顾客产生即时的视觉震撼。

商场在色彩的运用中，要考虑以下四个原则。

（1）适时：指颜色要适合商品销售的季节。

（2）适品：指商场的装饰色应该与商品相协调，不应造成不和谐之感。

（3）适所：指商场内色调应与商场风格相一致，否则影响商场的形象。

（4）适人：充分考虑目标顾客对色彩的偏好和敏感程度。

不同的色彩会给人带来不同的心情，商场的色彩可根据不同的季节和人群选择不同的设计，如夏季多选择蓝、棕、紫等冷色调；用流行色布置女士用品区，可以刺激购买欲望；红、橙、粉色对儿童的视觉刺激比较敏感。色彩设计要把地面、天花板、墙壁、柱面、货架、柜台、楼梯、门窗等各种因素综合考虑在内，才能达到完美的设计效果。

（七）商场音响设计

声音是商场气氛的重要组成部分，适宜的声音种类和密度可对商场气氛产生积极的影响，但商场内的各种声响一旦超过一定的限度，则不仅使顾客心烦意乱，注意力分散，还会使顾客反感。有些声音从局部看是必不可免的，如顾客与营业员的交谈，挑选时的试听、试用、试戴等产生的声音。但各种声音的相互交织极易变为噪音，形成对其他顾客的干扰，让顾客形成该商场购物环境差的印象。对于这类声音的利用与消除，一般通过商品合理布局的方式解决，如需要一个安静的购物环境的商品，应集中摆放或布局在高层或深处，以使其有一个相对安静的购物空间。

根据不同的情况播放不同的音乐，如果想让顾客多留一会，就放舒缓的音乐；反之，则放激情的音乐，起到催促的作用。

商场在选择音乐时要结合商场的特点和顾客特征，以形成一定的店内风格；同时，还要注意音量高低的控制，既不能影响顾客用普通声音说话，又不能被商场内外的噪音淹没；另外，音乐的播放时间也要适时有度，如果音乐过于嘈杂，容易使顾客产生不适感或注意力被分散，甚至厌烦，不仅达不到预期的效果，而且会适得其反。

（八）商场卫生与气味设计

商场内要注意保洁和通风，保持空气清新。适当的时候可以在商场内喷洒空气清新剂。商场中的气味大多与商品相关，特别是在专业店中更为突出。气味正常，往往会使顾客购买这些商品。人们的嗅觉会对某些气味做出反应，凭嗅觉就能闻出某些商品的"滋味"。例如，新鲜面包、巧克力、橘子、玉米花和咖啡等；再如，花店中的花香气味，茶叶店中的清香气味等，这些气味会令人心情愉快，有助于激发顾客的购买欲。

气味有正面影响也有负面影响。店中的化妆品的香味，蛋糕食品的香味，糖果、巧克力的诱人味道都能对顾客产生积极的影响，对刺激顾客购买有积极的促进作用。相反，不良气味会使人反感，有副作用。例如，有霉味的地毯，吸纸烟的烟味，强烈的染料味，残留的尚未完全熄灭的燃烧物的气味，汽油、油漆和保管不善的清洁用品的气味，洗手间的气味；等等，这些气味刺鼻、刺眼，会让顾客感到极不舒服。

第二节　货位布局

一、空间分配方法

1. 销售生产率法

销售生产率法（Sale-productivity Ratio）是指零售商根据每单位商品的销售额或盈利分配销售空间。高盈利的商品获得较大空间，微利商品获得较小空间。

计算某商品或商品的空间规模公式如下：

$$某商品或商品部的空间规模（平方米）= \frac{某商品或商品部的计划销售额（或盈利）}{每平方米预期的销售额（或盈利）}$$

2. 存货模型法

存货模型法（Model Stock Approach）是指零售商根据每个商品部需要陈列的商品数量和备售的商品数量决定销售空间规模。每个商品部先提供本部门经营的商品种类、式样、颜色、品牌、价格范围等资料，再列出各种单品的备售存货，商场对此仔细评估，最后确定各商品部的销售空间大小。

采用存货模型法进行空间分配的步骤为：确定每一商品部的经营品种和存货数量；确定每一商品部所经营商品的陈列方式和存货方式，并确定陈列和存货所需要的货架数量；确定每一商品部销售的辅助场所，如试衣间、收银台等；评估每一商品部需要的总的销售空间。

二、货位布局的影响因素

1. 考虑商品本身特性

商品根据其性质、特点不同可以分成三大类：方便商品、选购商品和特殊商品。

方便商品人多属于人们日常生活用品，价值较低，需求弹性不大，消费者比较熟悉。购买这类商品时，消费者大多希望方便快捷地成交，而不愿意花长时间进行比较挑选。因而这类商品宜放在最明显、最易速购的位置，如卖场前端、入口处、收银台旁等，方便顾客购买，并达到促销目的。

选购商品比方便商品的价值高、需求弹性较大、挑选性强，消费者对商品信息了解不够，如时装、家具、自行车等。选购这些商品时，大多数消费者希望获得更多的选择机会，以便对其质量、功能、样式、色彩、价格等方面进行详细比较，因而这些商品应相对集中地摆放在商店宽敞或走道宽度较大、光线较强的地方，以便消费者在从容的观察中产生购买欲望。

特殊商品通常指有独特功能的商品或名贵商品，如电器、工艺品等。购买这类商品时，消费者往往经过了周密考虑，甚至确定购买计划才采取购买行为，因而这些商品可以放置在店内最远的、环境比较优雅、客流量较少的地方，设立专门出售点，以显示商品的高雅、名贵和特殊，满足消费者的心理需要。

2. 考虑顾客购物行走特点

要合理地分布商品，还应该研究和分析顾客在商场内行走的特点。通常，顾客进门的走动有以下习惯：不愿走到商场的角落，喜欢曲折弯路，不愿走回头路，有出口马上要出去，不愿到光线幽暗的区域。因此，商场应该设有多条长长的购物通道，避免设有捷径通往收款处和出口，这样可以吸引更多顾客走完主干道后转入各个支道，把店内商品浏览一遍，产生一些冲动型购买。另外，大多数人习惯用右手，喜欢拿取右边的东西，因此商店一般将利润高的商品陈列在右边；消费者也有先向两边走动的习惯，因此两边的商品宜特别讲究。消费者流动方向多半是逆时针方向，因此一些购买频率较高的商品可以摆放在逆时针方向的入口处，而一些挑选性强的商品则可以摆放在离入口较远处。此外，商场中商品位置应按消费者购买商品的正常心理趋向做出规划。这样既能方便顾客购买，又可以刺激顾客消费冲动，引导有利于商家的消费心理。例如，超级市场可以按如下顺序进行商品布局：蔬菜、水果—畜产、水产—冷冻食品—调味品—糖果、饼干—饮料—面包、牛奶—日用杂品。因为通常家庭消费总是从"食"开始，所以超级市场倾向于以"菜篮子"为线索来沟通全店的商品位置陈列。

3. 考虑商品赢利程度

根据商品获利大小进行布局。一些商场，在进行商品布局时，事先对商品的盈利程度进行了分析，然后将获利较高的商品摆放在商场最好的位置上，以促进其销售，而将获利较低的商品摆放在较次的位置。不过有时也有例外，如为了扶持或加强不太赚钱的部分商品，商场考虑将这些商品放置于最好的地点；还有一些商场将新产品放置在最佳位置，以便引起顾客注意；也有些商场为让顾客形成良好的第一印象，将外表美观的商品放置在入口处。

4. 考虑配合其他促销策略

配合其他促销策略进行布局。通常将最吸引人的特价商品放置在入口处特设的第一组陈列架上，其余的特价商品则分散陈列在店内各处，务求使顾客走完商场一周，才能看全所推出的特价商品。同时，还要注意在入口处陈列各种新鲜、干净、整齐的水果蔬菜，加之辅助照明，甚至还设烤面包的柜台，通过这些色、香、味的引诱，促使消费者流连忘返、争相购买。这些设置应根据市场情况和季节变化、经营规模和经营方向等主客观条件的变动，适当加以调整。

5. 考虑商店的位置优劣

要考虑商店的位置优劣，需要按照磁石点和购买序原则，结合具体情况进行安排。

（1）磁石点原则。磁石点是指超市卖场中吸引顾客注意的区域。超市卖场磁石点有四个。

第一磁石点：主通道两侧且靠近入口和出口的区域，是吸引力最大的磁石点。

第二磁石点：主通道外侧且靠近卖场中部、远离入口的区域，是吸引力较大的磁石点。

第三磁石点：主通道内侧且靠近卖场中部、远离出入口的区域和靠近收银台的区域。

第四磁石点：副通道两侧的区域。

（2）购买序原则。第一磁石点应安排购买量大、购买频率低的产品；第二磁石点安排流行产品、华丽明亮的产品、季节性产品；第三磁石点安排特价品、高利润产品；第四磁石点安排购买频率高的产品。

第三节　商　品　陈　列

一、商品陈列原则

商品陈列不仅是一门艺术，更是一门科学。销售区的商品只有进行有计划的、精心的安排和摆放，才能让顾客清楚地知道各种商品放在什么地方，并将商品的外观、性能、特征、价格等信息迅速、及时地传递给顾客，进而促进商品的销售。因为在超级市场中不采取直接向顾客介绍和推销商品的方式，商品陈列就成了商品销售的主要的经营技术，也可以说，超级市场商品销售就是从陈列开始的。商品陈列应遵循以下几个原则。

1. 容易选购原则

超级市场在进行商品陈列设计时，应从消费者的角度考虑问题，把容易选购作为根本出发点。这是因为在 500～1 000 平方米的超级市场中，所经营的商品种类大约在 5 000～10 000 种，这就要求商品陈列必须一目了然，排列简单明了，便于顾客了解，使顾客能够在短时间内找到自己所要购买的商品。根据顾客在一家商店里也喜欢对商品进行反复比较的特点，同类商品的花样、颜色、尺寸应尽量齐全，同类商品不要横向排列，要纵向排列，这样符合顾客的视线上下移动比横向移动更方便的规律，符合顾客的购买习惯，便于顾客进行选购。一些季节性、节假日、新商品的推销区和特价区的陈列更要引人注目，而且有艺术感。

2. 愉快购物原则

顾客在购物时的心情好，才有兴趣多看、多比较，进而不自觉地购买额外的商品。所以，超级市场应该通过对商品巧妙、科学的组合排列，营造出一种温馨、明快、浪漫的特有气氛，消除顾客与商品的心理距离，使顾客有　种可亲、可近、可爱之感。这就要求做好货架的清理工作，保持陈列商品干净、完整，如有破损污物、外观不合乎要求的商品要及时撤下。要在不影响整体效果的前提下，对局部的商品陈列随时进行调整，这样能给顾客以新鲜感。同时，销售人员还应及时向顾客介绍新产品、新项目、使用功能等，以激发顾客的兴趣，引导人们消费。

3. 易见易取的原则

超市所采用的是自助式的销售方式，是由商品本身向顾客最充分地展示、促销自己。为此，商品陈列是最直接的销售手段，要做到让商品在货架上达到最佳的销售，商品陈列就要让顾客易见易取，具体要求：商品品名和贴有价格标签的商品要正面面向顾客；商品价目牌应与商品相对应，位置正确；每一种商品都不能被其他商品挡住视线；进口商品应贴有中文标识；标识必须填写清楚，产地名称不得用简称，以免顾客搞不清楚。

4. 丰富丰满原则

超市的商品做到放满陈列，可以给顾客一个商品丰富、品种齐全的直观印象。同时，也可以提高货架的销售能力和存储功能，加快商品周转速度。有研究表明，同一卖场放满陈列可平均提高24%的销售额。

5. 先进先出原则

先进先出原则也叫作前进陈列原则。当商品第一次在货架上陈列后，随着时间的推移，商品就不断被销售出去。这时就需要进行商品的补充陈列。补充陈列时要遵循前进陈列的原则来进行。首先，要将原先的陈列商品取下来，用干净的抹布擦干净货架。然后，将新补充的商品放在货架的后排，原先的商品放在前排。因为商品的销售是从前排开始的，为了保证商品生产的有效期，补充新商品必须从后排开始。其次，当某一商品即将销售完毕时，若暂不补充新商品，就必须将后面的商品移至前排陈列销售，不许出现前排空缺的现象，这就是前进陈列的原则。如果不按照先进先出陈列的原则，那么后排的商品将会永远卖不出去。超市的食品是有保质期的，因此，采用先进先出的方法来进行商品补充陈列，可以在一定程度上保证顾客购买商品的新鲜度，保护了消费者利益。

6. 关联性原则

超级市场商品陈列中需要特别强调的一个重点问题是关联性，所谓关联性是指把分类不同但有互补作用的商品陈列在一起，如把肥皂和肥皂盒陈列在一起，其目的是使顾客能够在购买A商品后，也顺便购买陈列在旁边的B商品或C商品。关联性陈列可以使超级市场的卖场整体陈列活性化，同时也可增加顾客购买商品的卖点数。

7. 同类商品垂直陈列的原则

垂直陈列是指将同一类商品沿上下垂直方向陈列在货架的不同高度的层位上。这种陈列方式遵循了顾客在选择物品时往往视线上下移动比横向移动方便的规律。实践证明，纵向陈列能使系列商品体现出直线式的系列化，使顾客一目了然。

二、商品陈列过程

1. 计划和准备

首先需要准备好所需的陈列器材和工具，包括陈列辅助物、大头针、胶水、订书器、剪刀、铁钉、胶带、货架吊绳、价格标贴等，应特别了解和熟悉海报、货架吊绳、箱子、柜台陈列物品、悬挂物、样品、说明书、标识标贴等，并做好相应的计划和准备。

2. 充分利用现象力进行陈列

尽量有效利用一切可用的空间，考虑有没有不同的方式来使用陈列辅助器材，使陈列更为突出；同时，弄清楚竞争对手在做什么，并采取相应的措施；使用相关器材以强化已有陈列，使之显眼突出；最后确定陈列与产品定位是否相符。

3. 陈列的注意事项

尽量便于顾客拿取商品；不要让海报或陈列品被其他产品或东西掩盖，以免被竞争对手抢走销售机会；不要将不同类别的产品堆放在一起，如不要将洗衣粉和食品放在一起，以免引起顾客的反感；尽量抢占顾客经常或必须经过的交通要道；尽量使陈列品从外面就可以被看到，以吸引顾客，运用指示牌指引顾客购买，便于顾客找到产品的位置所在；尽量把产品陈列在接近收银台的地方，使顾客经过时或等待交款时可以看到；如果是弱势品牌，应尽量争取将产品陈列在第一品牌的旁边；上货架的产品应与其市场占有率相符，市场占有率最大的占同一类货物位置的70%，所有产品的陈列应按商品陈列原则来安排。

4. 对陈列进行检验与评估

为了确保陈列有效，应对产品陈列情况进行检验与评估，具体考虑以下因素。

产品是否便于拿取？

陈列是否稳固？

是否便于补货？

陈列的产品是否干净、整洁？

是否妥善运用了陈列辅助器材？

陈列还应因地制宜，不同类型的购物场所、不同类型的陈列有不同的陈列要点和方法，应根据具体场合具体对待。

三、商品群陈列类型

1. 商品群陈列

商品群是指商店根据其经营观念，创意性地将某些相关的商品集合在一起，成为卖场之中的特定群落或单位。商品群是商品陈列的基础，是一个非标准化的概念，可以有多种组合方式，出人意料而又合情合理的商品群能显示出一家商店独特的陈列创意。

商品群陈列一般是由主力商品、辅助商品、联想商品和刺激商品组成的陈列。

（1）主力商品。亦可称为拳头商品或主要商品，它尤其强调品种齐全、内容充实，具有强烈的吸引力和竞争力，拥有相当大的潜在市场份额。主力商品不是一成不变的，它将随着商品市场生命周期、商品流行以及季节等变化而改变。

（2）辅助商品。它和主要商品有着密切的相关性，在配置辅助商品时，不过于强调它的独特性和竞争性，而着眼于商品的销售力，强调现实市场份额。具体来说，辅助商品可以是物美价廉的、顾客容易接受或经常购买的日用品等。

（3）联想商品。它是顾客在卖场中置身于由主力商品和辅助商品构筑的商品群中最易联想到的，或最易启发顾客联想到的商品。例如，在西装区域增设领带、领结、夹扣、衣领饰品、胸袋饰巾、手表等，在护理用品区域增设发夹、丝巾、帽子、化妆盒、女士皮包、化妆镜、梳妆台等。

（4）刺激商品。刺激商品是为了刺激顾客的购买欲望，从上述三类商品中刻意挑选出来，并在显著位置突出陈列的某种商品。它是商品群的点缀，可以将其视为策划商品群的一种 "噱头" 手法。但其作用是不可忽视的，它可以明显地起到促销作用，以带动整个商品群的销售。

2. 商品群的组合陈列

商品群是根据超级市场的经营观念，用一定的方法来集结商品，将这些商品组合成一个战略经营单位，来吸引顾客，促进销售。商品群可以是商品结构中的大分类、中分类、小分类，也可以是一种新的组合。在超级市场的经营中，之所以把商品群提高到经营战略单位的高度，是因为顾客对某一家超级市场的印象或偏好不是来自所有的商品，而是来自某个商品群。例如，某家超市的速冻小包装畜产品品种多，新鲜度高；又如，某家超市星期六特价商品最实惠；等等。商品群给了消费者最初、最直接的印象，所以超级市场的经营者必须树立起 "商品群是战略经营单位" 的观念，根据消费者的需求变化组合成有创意的商品群，这种商品群可以打破商品的原来分类，成为新的商品部门。

商品群的组合方法有以下几种。

（1）按消费季节的组合法。例如，在夏季可组合灭蚊蝇的商品群，开辟出一个区域设立专柜销售；在冬季可组合滋补品商品群、火锅料商品群；在旅游季节推出旅游食品和用品的商品群；等等。

（2）按节庆日的组合法。例如，在中秋节组合各式月饼系列的商品群；在老人节推出老年人补品和用品的商品群；也可以根据每个节庆日的特点组合礼品商品群；等等。

（3）按消费的便利性的组合法。根据城市居民生活节奏加快，追求便利性的特点，可推出微波炉食品系列、组合菜系列、熟肉制品系列等商品群，并可设专柜供应。

（4）按商品的用途的组合法。在家庭生活中，许多用品在超市中可能分属于不同的部门和类别，但在使用中往往就没有这种区分，如厨房系列用品、卫生间系列用品等，都可以用新的组合方法推出新的商品群。

四、商品陈列艺术

1. 主题陈列

主题陈列是将商品陈列在一个主题环境中的一种陈列形式。主题选择有很多，如各种节日、庆典活动、重大事件等都可以融入商品陈列中，营造一种主题气氛，吸引消费者注意。

2. 端头陈列

端头即货架两端，是销售效果极强的陈列位置。端头陈列是指在货架两端进行的商品陈列。端头陈列的商品可以是单一品种商品，也可以是组合商品，后者效果更佳。

3．突出陈列

突出陈列是指将商品超出陈列线，面向通道突出陈列的方法。突出陈列有很多种做法，有的在中央陈列架上附加延伸架；有的将商品直接摆放在紧靠货架的地上，但其高度不能太高。实践证明，突出陈列可以增加销售量。

4．关联陈列

关联陈列也称配套陈列，是指将种类不同，但效用方面相互补充的商品陈列在一起，或将与主力商品有关联的商品陈列于主力商品的周围，以吸引并方便顾客购买的陈列方法。

5．悬挂陈列

悬挂陈列是指用固定的或可以转动的有挂钩的陈列架来陈列商品的一种方法。悬挂陈列能使顾客从不同角度来欣赏商品，具有化平淡为神奇的促销作用。常规货架上一般很难实施商品的立体陈列，尤其是一些小商品，使用悬挂陈列既方便顾客挑选，又方便卖场更新陈列。

6．量感陈列

量感陈列是指强调商品陈列数量的陈列形式。只强调商品的数量并非最佳做法，应更加注重陈列的技巧，使顾客在视觉上感到商品很多。量感陈列的具体做法很多，如店内吊篮、店内岛、壁面挑选、铺面、平台、售货车及整箱大量陈列等手法。

7．箱式陈列

箱式陈列也称盘式陈列，是量感陈列的一种方法。其做法是将包装用的纸箱按一定的深度进行裁剪，以底为盘，以盘为单位，将商品一盘一盘地堆上去。

8．岛式陈列

卖场的入口处、中部或底部有时不设中央陈列架，而配置以特殊陈列用的展台，这种陈列方法就称为岛式陈列。岛式陈列可以使顾客从多个角度看到和取到商品，因此，其效果也非常好。这种陈列能强调季节感、廉价感、时鲜感和丰富感，诱发顾客的购买欲望。

9．散装或混合陈列

散装或混合陈列是指将商品的原有包装拆下，或单一商品或几个品项组合在一起，陈列在精致的小容器中出售，往往是以一个统一的价格或在一个较小的价格变动范围内出售。这种陈列方式使顾客对商品的质感观察得更仔细，从而诱发购买冲动。

10．墙面陈列

墙面陈列是用墙壁或墙壁状陈列台进行商品陈列的方法。这种陈列方法可以有效地突出商品，使这种商品的露出度提高。对于一些高价格，希望突出其高质感的商品，可以采用这种陈列方式。作为商品的展示，依业别、形态收存的道具类，都可以利用墙面，尤其是墙壁上的陈列架。墙面可依据商品的性质、变化作立体陈列，也是最宽广的活用范围。陈设品如书画、编织物、挂盘、浮雕等艺术品，或一些工艺品、民俗器物、照片、纪念品、个人收藏品及文体娱乐用品（如吉他、球拍）等。

11．交叉堆积陈列

交叉堆积陈列是指一层一层使商品相互交叉堆积的陈列方法。这种陈列方法可增加商品的感染力，具有稳定感。

12. 缝隙陈列

缝隙陈列是将卖场的中央陈列架上撤去几层隔板，留下底部的隔板形成一个槽状的狭长空间，用来突出陈列商品的一种方法。缝隙陈列打破了陈列架上一般商品陈列的单调感，富有一定的变化，能够吸引顾客的注意力。

13. 投入式陈列

投入式陈列方法是将商品投入某一容器中进行陈列，给人一种仿佛是将商品陈列于筐中一样的感觉。投入式陈列给顾客一种价格低廉的形象，即使陈列量较少也易给人留下深刻印象。

14. 情景陈列

情景陈列是为再现生活中的真实情景而将一些相关商品组合陈列在一起的陈列方式。例如，用家具、室内装饰品、床上用品布置成一个室内环境；用厨房用具布置一个整体厨房等。这种陈列使商品在真实性中显示出生动感，对顾客形成强烈的感染力。

五、橱窗展示

1. 橱窗展示的心理效应

（1）引起顾客的注意。

（2）激发顾客的购买兴趣。

（3）通过联想促进购买。

（4）增强购买信心。

2. 橱窗展示的构思

（1）情节型构思。把商品放在一个有简单情节的故事场景中进行展示。其特点是带给顾客一种家的温馨、舒适，这无疑会吸引大都市中忙于奔波的上班族和远离亲朋在外工作、学习的消费者。商店因此大大缩小了同"上帝"的距离，成为顾客时常寻求温暖的家庭。

（2）现代派构思。在橱窗中运用抽象手法，它传达给人的信息只是具有色彩感、形式感、节奏感。这种构思在西方国家备受青睐，它主要适用于定位在"高、新、尖"的现代豪华商厦，通过抽象的图形、线条等各种信号的刺激把消费者带入一个新奇神秘的店堂，不仅能引起他们对本商店商品的仰慕与追求，而且还能体现本店卓越超群、清新脱俗的风格。

（3）寓意型构思。第一印象与橱窗无关，甚至往往给人以莫名其妙的感觉，但只要细加品味、推敲，便会发现橱窗主题巧妙地寄寓于形象设计之中。当顾客冥思苦想，终于悟出其中奥妙时，会不由自主地对经营者的聪明才智感到由衷佩服，甚至会被经营者的良苦用心深深打动，从内心中产生与商店的共鸣，当然会更加"照顾"商店的商品。

3. 橱窗展示的要求

（1）选择理想的陈列商品，以满足商店促销和顾客选购需要。

（2）橱窗构思新颖、主题明确、富有时代气息，满足消费者的精神需要。

（3）橱窗构图优美完整，具有强烈的艺术感染力，满足消费者的审美需要。

（4）橱窗展示要有一定的变换性，不能一成不变。

本章小结

1. 商场外部形象设计要求进行市场调查、融合潮流、主题统一、突出个性和注重宣传；商场外部形象内容包括商场标志设计、商场橱窗和门面设计。

2. 商场内部布局主要有格子式布局、岛屿式布局、自由流动式布局三种类型。

3. 商场内部布局设计总体要求是易进入、易购买和环境好；商场内部布局设计的具体内容包括出入口设计、收银台设计、通道设计、墙壁与地面及天花板的设计、照明设计、色彩设计、音响设计、卫生与气味设计等。

4. 货位分配的方法主要有销售生产率法和存货模型法；影响货位分配的因素包括商品本身的特性、顾客行走的特点、商品赢利程度、促销策略、位置优劣。

5. 商品陈列原则包括容易选购、愉快购物、易见易取、丰富丰满、先进先出、关联性和同类商品垂直陈列的原则。

商品陈列过程包括计划和准备、充分利用现象力进行陈列及其注意事项、对陈列进行检验与评估。

6. 商品群陈列类型包括商品群陈列和商品群的组合陈列。商品群陈列一般是由主力商品、辅助商品、联想商品和刺激商品组成的陈列。商品群的组合陈列是将商品组合成一个战略经营单位进行陈列。

7. 商品陈列艺术包括主题陈列、端头陈列、突出陈列、关联陈列、悬挂陈列、量感陈列、箱式陈列、岛式陈列、散装陈列、混合陈列、墙面陈列、交叉堆积陈列、缝隙陈列、投入式陈列、情景陈列。

8. 橱窗展示的效应：引起顾客的注意，激发顾客的购买兴趣、通过联想促进购买、增强购买信心；橱窗展示的构思：情节型构思、现代派构思、寓意型构思；橱窗展示的要求：满足促销和顾客选购的需要、满足消费者的精神和审美需要、要有一定的变换性。

思考题

1. 简述商场外部形象设计要求与设计内容。
2. 简述商场内部布局类型及其优缺点。
3. 简述商场内部布局设计要求与具体内容。
4. 论述货位布局的空间分配方法及其影响因素。
5. 简述商品陈列原则和商品陈列过程。
6. 简述商品群陈列类型。
7. 简述商品陈列方法。
8. 简述橱窗展示的效应及其构思和要求。

 **案例分析**

红叶超市如何才能满足顾客的要求呢

红叶超市营业面积 260 平方米，位于居民聚集的主要街道上，附近有许多各类商场和同类超级市场，营业额和利润虽然还过得去，但是与同等面积的商场相比，还是觉得不理想。

询问部分顾客得知，他们对超市的评价是店内拥挤杂乱，商品质量差、档次低。听到这种反映，红叶超市经理感到诧异，因为红叶超市的顾客没有同类超市多，每每看到别的超市人头攒动而本店较为冷清，怎会拥挤呢？本店的商品都是货真价实的，与别的超市相同，怎说质量差、档次低呢？经过对红叶超市购物环境的分析，发现了真实原因。原来，红叶超市为了充分利用商场的空间，柜台安放过多，过道太狭窄，购物高峰时期就会造成拥挤，顾客不愿入内，即使入内也不易找到所需的商品，往往是草草转一圈就很快离去；超市灯光暗淡，货架陈旧，墙壁和屋顶多年没有装修，优质商品放在这种背景下也会显得质量差、档次低。为了提高竞争力，红叶超市的经理痛下决心，拿出一笔资金对超市购物环境进行彻底改造：对超市的地板、墙壁和屋顶都进行了装修；改善了照明；减少了柜台的数量，加宽了走道，仿照别的超市摆放柜台和商品，以方便顾客找到商品。整修一新开业后，立刻见到了效果，头一个星期的销售额和利润比过去增加了 70%。可是随后的销售额和利润又不断下降，半个月后降到了以往的水平，一个月后低于以往的水平。为什么出现这种情况呢？观察发现，有些老顾客不来购物了，增加了一批新顾客，但是新增的顾客没有流失的老顾客多。对部分顾客的调查表明，顾客认为购物环境是比原先好了，商品档次也提高了，但是商品摆放依然不太合理，同时商品价格也提高了，别处更便宜些，一批老顾客就到别处购买了。听到这种反映，红叶超市的经理再次感到诧异，因为红叶超市装修后商品的价格并未提高，只是调整了商品结构，减少了部分微利商品，增加正常利润和厚利商品，其价格与其他超市相同。究竟怎样才能适应顾客呢？

问题：

1. 红叶超市原先的购物环境中哪些因素不利于吸引顾客的注意？

2. 红叶超市原先的购物环境导致顾客对其所售商品怎样的认知？装修后的购物环境导致顾客怎样的认知？

分析：

1. 红叶超市作为一家坐落在居民聚集区内主要街道上的小型超市，其营业额和利润不佳与其购物环境有着十分密切的关系。在购物环境中存在许多不利于吸引顾客注意的因素：① 柜台安放过多，过道太狭窄，购物高峰时期造成拥挤；② 店内杂乱，柜台和商品摆放不合理，顾客入店后不易找到所需商品；③ 店内灯光暗淡，货架陈旧，墙壁和屋顶多年没有装修。这些因素的影响导致消费者认为店内拥挤杂乱，企业经营的商品质量差、档次低。

2．超市针对原来不利于经营的购物环境进行了改造，即对超市的地板、墙壁和屋顶进行了装修；改善了照明，减少了柜台的数量，加宽了走道，仿照别的超市摆放柜台和商品。改造后的购物环境确实对吸引顾客、增加营业额起到了很好的作用，但仅仅维持了一周，就又回到了从前的状况。这是为什么呢？究其原因主要有以下几方面：① 吸引小批新顾客的同时丧失了大批原有的老顾客，顾客规模缩小；② 商品结构的调整只考虑到企业经营的需要（减少微利商品，增加正常利润和厚利商品），而未考虑消费者的购买心理（求廉心理）；③ 店内商品摆放不合理，不便于消费者选购商品。

第八章 零售商组织结构设计

 学习目标

1. 熟悉零售商组织结构设计的要求与内容。
2. 熟悉零售商组织结构设计的步骤。
3. 掌握零售商组织结构的类型。
4. 了解零售商文化。

 导读

A 医药的问题到底出在哪里

　　A 医药连锁是广东省排名前 5 位的中型连锁药店，2000 年由一家单店起家，6 年发展到 30 家，覆盖 9 个地区，却因兄弟三人经营理念不同分家，每人各管 10 家，独立采购，独立运营；2008 年开始，外来竞争对手进入领地，竞争加剧，赢利下降，为维持地位，确保生存，兄弟三人又合为一家，说服各自的亲戚朋友及大小股东，合并原 30 家及新增 9 家共 39 家注册成立了 A 医药连锁有限公司，建立了配送中心，外聘、内招了一批人组建起管理总部。

　　起初，由于整合扩大了采购规模，提高了议价能力，毛利优势很快显现，股东很满意，但 1 年后，所有可挖掘的毛利空间已尽，许多新的难题接踵而至，让公司李总非常苦恼。

　　（1）成本奇高。总部的管理队伍有二十多人，每年房租、工资、差旅支出超过 100 万元，2016 年因为帮助各股东增加了赢利，大家还能够接受，但 2017 年没有新的利润增长点，股东开始对这个庞大的总部的存在价值表示怀疑。

　　（2）效率低下。以前自己亲自管十多个店的时候，每天都是亲自巡店，布置工作，执行力非常高，现有了总部，人多了，效率却低了，提拔上来的总监、经理行事畏首畏尾，远不如自己干得快，加之门店多，很多店总部半年还关心不到一次。

　　（3）会议频繁。以前遇到难题大家都是站在办公桌前简单讨论几分钟就马上付诸行动，现大家习惯于动不动就进会议室，一讨论就是半天，最后还没有结论。

　　（4）失误不断。货发错、款多结、断货一周没人管、周会安排的事忘记执行……失误不胜枚举，更麻烦的是出了问题没人承认，找不到责任人。

　　（5）信息闭塞。门店的需求反映到总部，总部反应迟钝，大多解决不了，总部新的政策公布了一个月，门店还不知道，每个门店进展到什么程度，威胁与机会在哪里，总部的经理们大多不清晰，优秀门店的成功经验不能很快在内部传播共享。

　　（6）政令不通。由于各店经理大多由股东担任，总部下达的指令总是不能得到很好的执行，新的改革处处碰壁，得做很多说服工作才能落地，所以总部的好多部门经理就选择了不作为。

李总苦思良久，将问题归结为总部成员的观念落后与技能不足，先后请了两三个管理老师对总部成员进行管理及励志方面的培训，还招聘了一个培训师对门店进行巡回培训，但培训后大家热情了一个月又恢复到以前状态，甚至部分人觉得自己思想进步了，便心生晋迁之意；后来李总又把问题归结为总部工资偏低，积极性不足，于是专门召开了一次股东会，说服股东涨了一次工资，但新的热情维持了两个月后又复原了，甚至还有小部分人埋怨工资涨得太少。A 医药的问题到底出在哪里呢？

（案例来源：案例分析助你搞懂实体经营的本质[EB/OL].（2017-03-29）. https://www.dianja.com/thyd/tjyc/2178.html. ）

零售商应如何进行组织设计以适应零售企业的日常经营活动？本章就零售商组织结构设计的要求、内容、步骤、类型以及如何构建零售商文化等内容做介绍。

第一节 零售商组织结构设计的要求与内容

一、组织结构设计的要求

零售商组织结构设计必须保证有效地满足目标市场、公司管理部门和员工的需要。零售商组织结构设计时应符合以下几个要求。

1. 满足目标市场的需要

零售商经营活动的根本目的是保持盈利。零售商通过向消费者提供品种繁多的商品和适当的服务来谋利。一方面，这些商品和服务能否满足消费者的需要，将决定该零售商是否有利可图，或者是否有存在的价值；另一方面，零售商所经营的商品结构和提供服务的内容又影响组织机构的设置，如提供昼夜服务将要求设置几组店面营销人员轮班。因此，建立零售商的组织机构必须认真研究目标市场的需要。

下面列举一些目标市场需要对零售组织设计的要求。

（1）能否提供目标顾客所需的各种服务（如热线电话、送货服务、昼夜服务等）。

（2）能否提供品种齐全、适销对路、价格实惠的商品。

（3）能否保证货源充足，不会缺货。

（4）能否满足各连锁门店当地顾客的特殊需要。

（5）能否适应顾客需要的变化。

（6）能否及时反馈顾客的需求信息。

（7）能否及时处理顾客的投诉意见。

2. 满足公司管理部门的需要

从管理的角度理解，组织是指管理的一种职能。组织结构的设置是为了保证零售商的管理职能正常发挥。因此，零售商组织结构的设置，应该考虑管理部门提高经营管理水平的需要。

下面列举一些管理需要对零售组织设计的要求。

（1）部门之间权责是否清晰。

（2）信息能否及时传递和反馈。

（3）决策能否迅速做出和得到执行。

（4）各部门能否协调一致，配合适当。

（5）管理层次是否明晰，各层次能否协调发展。

（6）管理幅度是否合适（即每个管理者能否有效管理其直接下属）。

（7）是否具有灵活性，以适应业务拓展（如区域扩张）的需要。

3. 满足员工的需要

以人为本的管理构成了零售商管理的一个重要组成部分。根据零售商承担的职能和任务对人力资源做出具体安排，也是零售商组织结构设计的重要方面。因此，满足员工的要求，以实现有效激励，也是零售商组织结构设计应该考虑的一个重要问题。

下面列举一些员工需要对零售组织设计的要求。

（1）人际关系是否和谐。

（2）岗位责任是否明确。

（3）联系渠道是否畅通。

（4）良好的表现是否得到了奖励。

（5）职位是否有充分的发展前途。

（6）是否具有有序的晋升计划。

（7）公司是否实行内部提升制度。

（8）职务内容是否有挑战性。

总之，零售商组织结构设计应该保证有效地满足目标市场、公司管理部门和员工的需要。市场的需要提出了零售商应该完成的职能和任务，零售商的管理部门和员工则对保证有效完成这些职能和任务的组织结构设计提出了集体要求和限制条件。一个零售商即使能成功地满足管理部门和员工的要求，如果不能满足目标市场需要，也不能继续生存和发展下去。反过来，如果一个零售商不切实际地为目标市场提供过多的附加服务，导致员工劳动强度的加大和经营管理成本的提高，也会对盈利能力造成损失。因此，关键是协调三者的要求。一种有利于保护或方便公司在人力资源方面的投资和降低经营管理成本，又能调动员工积极性，提高劳动生产率，并能满足目标市场需要和适应其变化的组织结构，正是零售商组织结构设计值得追求的目标。

二、组织结构设计的内容

当一个零售商确定了其经营宗旨和战略目标之后，接着就需要为实现战略目标设计相匹配的组织结构。组织结构是指一个组织内各构成要素以及它们之间的相互关系，主要涉及企业部门构成、基本的岗位设置、权责关系、业务流程、管理流程及企业内部协调与控制机制等。可见，组织结构设计不仅仅是描绘一张正式的企业组织结构图表，或根据企业的人员配备和职能管理需要增设或减少几个职能部门，它的目的是帮助企业围绕其核心业务建立起强有力的组织管理体系。

组织结构设计的内容主要有：

（1）按照企业战略目标要求，建立合理的组织架构，包括各个管理层次和职能部门的建立。

（2）按照业务性质进行分工，确定各个部门的职责范围。

（3）按照所承担的职责赋予各部门、各管理人员相应的权力。

（4）明确上下级之间、个人之间的领导和协作关系，建立畅通的信息沟通渠道。

（5）设计企业的业务流程、管理流程和相应的组织文化，以保证所建立的组织结构能有效地运转。

（6）根据企业内外部环境因素的变化，适时地调整组织结构。

不同的组织结构有着不同的功能和效率。现代管理研究的最新成果认为，决定一个企业是否表现出色，是否可持续发展，不是看企业的领导人多么伟大，而是看企业的组织结构是否能让平凡的员工通过不平凡的努力创造伟大的业绩；反之，则会让优秀的员工做出平凡的业绩。那么，是什么导致了这两种截然不同的结果呢？或者说，为什么会出现"1+1>2"或者"1+1<2"的现象呢？其根本的原因就在于组织结构的不同，要素组合在一起的方式不同，从而造成了要素间配合或协同关系的差异。在这里，并不是要否定领导人的作用，但即使再优秀的领导人在一个僵化的、漏洞百出的组织结构面前都会表现得无能为力，除非进行组织结构再造。

第二节　零售商组织结构设计的程序

一、确定商业职能

职能的分析是建立组织机构合乎逻辑的起点。通常零售商需要履行以下商业职能。

（1）销售职能：销售商品所完成的一系列相关活动。

（2）采购职能：购进商品所完成的一系列相关活动。

（3）运输职能：连锁零售组织总部将商品从仓库配送到各商场需要使用自己的运输车，履行运输职能；此外，商品从商场到达消费者手中，有时也需要进行必要的运输工作。

（4）仓储职能：商品购进之后，在进入商场销售之前，需要使用自己的仓库，履行仓储职能。

（5）加工职能：承担适当的商品流通加工职能，如自行分等、挑选、改变包装等。

（6）信息职能：建立信息管理系统，履行信息收集和处理职能。

二、将职能活动分解成具体的工作任务

在确定零售商必须执行的商业职能之后，需要将其进一步分解为具体的工作任务。商业职能是按零售商的业务范围的大类划分的，一种职能包括多项具体的工作任务，如仓储职能包括商品验收、堆码、维护等任务。

三、设立岗位，明确职责

厘清所需要完成的商业职能和工作任务之后，还需将任务划分为岗位，并明确相应岗位的权责，使每一个岗位包括一组工作任务，担当一定的权任，这就是具体确定的职务权责。这些岗位在整个零售中应该保持相对稳定。

四、建立零售商组织结构

明确地规定和划分各岗位及其相应权责，还必须规定各岗位之间的关系。也就是说，不应该孤立地看待各岗位，而应该从系统观点出发，把它们看作整体中有机联系、相互作用的各个组成部分。这样，就能按照综合的、协调的方式，根据各岗位及其相互关系的要求，建立健全统一、有机协调、高效运行的零售商组织结构。

第三节　零售商组织结构的类型

一、小型独立商店的组织结构

在世界各地，到处可见一种小型的独立商店，这些商店开始一般由店主自己打理，外加一至两个亲戚或小工做售货员，有人把这种商店叫作"夫妻店"或"小店"。这种小型商店的组织结构如图 8-1 所示，非常简单。这种组织结构由于人员有限，没有必要进行专业化分工，业主每天给售货员分派任务，并亲自实施监督。

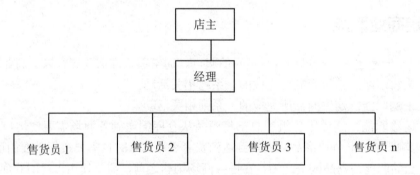

图 8-1　小型独立商店的组织结构

随着销售规模的不断扩大，当店里员工数量增多，业主开始雇佣管理人员时，管理分工就形成了。不过，此时仍然是简单的分工，将某些经常性工作指派给某个员工专门负责，有时业主也会雇用一家会计公司来完成财务管理工作。

二、百货商店的组织结构

20 世纪 20 年代，美国全国商品零售公会成立了一个委员会，专门研究一些成功商店的作业方式，并制订了一套健全、有效的百货公司组织计划。此计划问世后，便普遍地为零售界所接受。这种结构如图 8-2 所示。

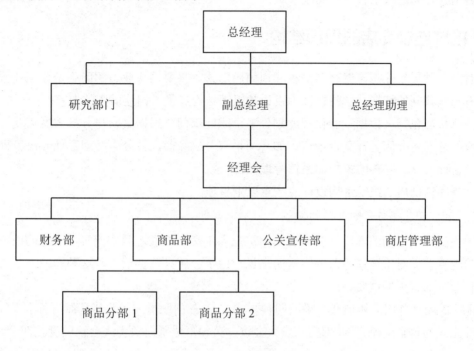

图 8-2 百货商店的组织结构

百货商店的组织结构将整个零售业务分为四个职能领域。

（1）财务部：负责商品统计及报表、销售查核、开支预算和控制、信用审查、薪金等。

（2）商品部：负责采购、销售、库存计划与控制。

（3）公关宣传部：负责橱窗设计和店内陈列、广告、促销、市场调研、公共关系。

（4）商店管理部：负责商品保管、顾客服务、行政采购、人员培训、清洁保安。

另外，该计划还设置了一个经理会，这是由四个部门经理和高层领导参加的定期会议，旨在让各个部门对商店整体运营活动有正确的认识，促进各部门之间的合作。

在该计划中，商品部是最重要的一个部门，负责商品的采购和销售。商品部下面又可以分成许多商品分部，负责各类商品的采购和销售。商品部经理的责任非常重大，对本部门的开支控制和利润目标负有完全的责任。

随着百货商店分店的增多，百货商店的组织结构又衍生出三种形式：母子型分店组织、独立型分店组织和平等型分店组织。在母子型分店组织中，总店经理保留了大部分权力，包括商品采购、营销策划和财务控制等，分店的行为标准化，以确保与总公司的政策一致。这种组织结构适合于分店较少且顾客的购买偏好与总店类似的情况。在独立型分店组织中，分店在商品采购和销售及经营决策上拥有自主权，可以较好地满足当地顾客的需求，但这种组织运营成本大，总店与分店重复设置，只适合分店规模很大且地理位置分散的情况。在平等型分店组织中，采购职能集中管理，销售职能分散管理，分店与总店的待遇是平等的，采购部门独立出来，既不受总店人员的监督，也不归分店管理，这里数据收集至关重要，否则很容易造成销售与采购脱节。

三、区域连锁商店的组织结构

有多少种零售业态，就有多少种连锁商店形式。只要这些业态的商店是连锁经营的，就具有一些共同的特征，这些特征为设计其组织结构提供了相互借鉴的内容。

这些特征包括：根据专业化程度划分多个职能部门。根据集权与分权程度需要，如公司集权经营，各分店经理负责销售；如公司采取分权经营，各分店经理有部分决策权。各分店运营标准化。完善的控制体系使管理保持一致。

区域连锁商店的组织结构设计应注意以下事项。

1. 店面经营部与采购部门的协调

零售商经营活动的本质是商品买卖，买是为了卖，卖了之后才能买，所以购销关系的协调最为重要。对于连锁经营的零售商来说，由于分店只负责销售，这种购销关系的协调对零售商总部就更加重要。

购、销两个部门的协调通常采取四种方式：① 部门职员间（尤其是部门负责人间）正式和非正式的日常交流。② 部门负责人会议。公司形成部门负责人会议制度。在会议上，总经理召集各部门负责人就公司经营中出现的问题，以及未来经营工作的计划等进行讨论，密切购、销两部门之间的联系，协调问题的解决。③ 总经理进行的协调，解决问题。④ 部门重新设置。首先将店面经营部和配销部合并成为商品部；然后按商品类别设置科室；最后把科室职员按职能分为采购员（主管采购）、中间管理员（既管采购又管销售）、店面指导员（主管销售）。这样可由科室负责人协调分管类别商品的购销环节，由部门负责人协调各商品类别之间的均衡，保持商品结构的合理化。

2. 配送中心的设置

讨论连锁零售公司是应该自建配送中心，还是接受社会化物流企业的配送服务问题，一般认为，前一种选择与后一种选择相比较，其优点有：可以全权控制配送中心，保证配送服务水平，满足各分店需要；信息交流较畅通。其缺点也明显：初始投资很大；如果建设水准低，将来改造困难大；如果建设水准高，在公司规模较小、店面较少的情况下，配送中心的效益就难以体现。连锁零售商应该权衡自身的经济实力、长期发展战略和组织发展规划，以及所在区域社会化物流企业的信誉和服务水平等具体因素，做出适当的选择。

3. 地区性管理组织或事业部组织的设置

连锁经营公司在组织体系上一般分为两层或三层：上层是总部，管理整个公司的组织系统；下层是分店；大型的连锁公司还设置中层，负责若干地区性管理组织和专项工作。

地区性管理组织的设置应根据公司组织发展、区域扩展的需要而设立，地区性管理组织在总部指导下负责本地区经营发展规划，处理本地区分店日常的经营管理。

第四节 零售商文化

一、零售商文化的含义

零售商文化是指一系列指导零售商成员行为的价值观念、传统习惯、理解能力和思维方式。像部落文化中拥有支配每个成员对待部落人及外来人的图腾和戒律一样，零售商拥有支配其成员的文化。在零售商中，都存在着随时间演变的价值观、信条、仪式及对周围世界的反应。当遇到问题时，零售商通过提供正确的途径来约束员工行为，来指导零售商成员做事的方式，并对问题进行概念化、定义、分析，直至解决问题。

零售商文化还代表了零售商中不成文的、可感知的部分，通过有丰富经验的雇员一批又一批地传授给新雇员。这些指导代替了一些书面的政策和程序。每个零售商成员都涉入文化中，通常不是显性的。只有当零售商试图推行一些违背原来基本文化准则和价值观的新战略或经营策略时，组织成员才会感受到文化的力量。

零售商文化是一个非常抽象的概念，至今还没有人能够完全准确地给出一个定义。为了识别和解释文化的内容，需要人们基于可观察到的表象来做推断，如零售商文化的礼仪和仪式、被传说的故事、各种物化的表征、口号和名言等方面的内容。

组织文化在组织中发挥两个关键的作用：一是整合组织成员，以使他们知道该如何相处；二是帮助组织适应外部环境。内部整合意味着组织成员发展出一种集体认同感并知道该如何相互合作以有效地工作。外部适应是指文化能帮助组织迅速地对顾客需求或竞争对手的行动做出反应。

组织文化作用的发挥有赖于该文化的强弱，因而组织文化有强文化和弱文化之分。文化的力量指组织成员间关于特定价值观重要性的意见一致程度。如果对某些价值观的重要性存在普遍的一致性意见，那么该文化就是具有内聚力的且是强势的。如果很少存在一致意见，那么这种文化就是弱势的。当组织文化处于强势时，它会对组织施加强有力的影响，但并不一定总是正面的影响。

二、零售商文化的类型

1. 强文化

在强文化中，几乎所有的雇员都能够清楚地理解组织的宗旨，这使得管理当局很容易把组织的与众不同的能力传达给新雇员。例如，诺德斯特龙（Nordstrom）就具有强文化，这种文化包含着服务意识和使顾客满意的价值观，因此，比起那些只有弱文化的竞争对手，该公司能够在更短的时间里将公司文化的价值观灌输给新雇员。

2. 弱文化

在弱文化中，即使没有一些约定俗成的规章制度，在意外情况发生时，员工也能非常清楚地知道什么行为是组织鼓励，并自我判断采取正确的行为。例如，一个顾客在沃尔玛一家商店购买一套橡胶圈，商品包装上的价格是 33 美分，但当收银员扫描商品时却显示 37 美分。顾客当即表示质疑，收银员在核对价格后对顾客说："很对不起，正确的价格应该是 37 美分。这是我们工作的失误，为了表示歉意，我们将这个商品免费送给您。"这个员工并没有接受任何指示在这种情况下该如何处理，但他凭着对公司价值观的理解，很容易地判断出：一切让顾客满意是公司赞赏的行为。

三、重塑组织文化

1. 订立基本价值准则

要想建立一个适应企业竞争战略的组织文化，首先必须告诉员工怎么做是对的，怎样的行为是不允许的。一部价值准则陈述了那些为管理者所期望的和那些不会被管理者容忍或支持的行为和价值观。美国商业伦理研究中心的一项研究表明，财富 500 强公司中的 90% 和其他公司中的半数都已订立了公司价值准则。准则表明了公司对员工行为的期望，阐明了公司的理念，即公司希望其员工能认识到公司鼓励的价值观与行为伦理方面。这是建立健康的强势文化的基础工作。

2. 建立组织架构和激励机制

设计并建立符合组织文化的组织架构是重塑组织文化的另一个关键。即使公司的组织架构图只是表示方式的改变，它也意味着一种被鼓励的价值观。当然，也有一些公司建立了专门的组织文化办公室或精神伦理办公室，主要负责日常的伦理问题和两难选择，并征询意见，也负责根据价值观原则培训雇员，以指导其行为。一些公司会设置专门的伦理巡视官，处在这个位置上的人有权直接与董事长和首席执行官沟通，他们主要负责倾听抱怨、调查伦理指控、指出员工所关心的问题或高级管理者可能的伦理败坏行为。

另外，建立健全有效的激励机制也是不可缺少的一环。连锁商店由于专业化和标准化的管理，使得许多制度在组织内盛行，这些制度很容易压抑员工的创造性和主动性。对于如何提高员工的士气，使其感觉自己真正是组织的一分子，组织的事业也是自己的事业，有效的激励机制将起到极大的作用。

3. 基于正确价值观的领导

在文化的塑造中，领导者扮演着重要角色。领导者必须牢记他的每一个表述和行动都会对组织文化和价值观产生影响，可能他们自己并没有意识到这一点。员工通过观察领导者的一言一行来学习组织价值观、信念和目标。当领导者自己出现了非伦理性的行为或不能对别人的非伦理性行为做出果断、严厉的反应时，这个态度将会渗透到整个组织内部。如果领导者不去维护伦理行为的高标准，那么正式的伦理准则和培训计划就会毫无用处。

如果领导者一直是基于正确价值观来领导下属，尤其是在为组织价值观做出个人牺牲时，他就可以赢得员工的高度信任和尊重，利用这种尊重和信任，领导者可以激励员工追求优异的工作绩效并使他们在实现组织目标中获得成就感。这就是为什么在具有强势文化的组织里总会流传着有关创始人或最高领导者的故事和传说，这些故事和传说已成为该组织文化中的一部分。对员工而言他就是一个英雄，他象征着勤奋工作和正直，他的一举一动深深地影响着那些追随他的人，正因为有了领导者的榜样，组织文化才得以在员工中被贯彻和发展。

本章小结

1. 零售商组织结构设计的要求，即要满足目标市场的需要、公司管理部门的需要和员工的需要。

2. 组织结构设计的内容主要有以下几方面。

（1）按照企业战略目标要求，建立合理的组织架构，包括各个管理层次和职能部门的建立。

（2）按照业务性质进行分工，确定各个部门的职责范围。

（3）按照所承担的职责赋予各部门、各管理人员相应的权力。

（4）明确上下级之间、个人之间的领导和协作关系，建立畅通的信息沟通渠道。

（5）设计企业的业务流程、管理流程和相应的组织文化，以保证所建立的组织结构能有效地运转。

（6）根据企业内外部环境因素的变化，适时地调整组织结构。

3. 零售商组织结构设计的步骤：确定商业职能；将职能活动分解成具体的工作任务；设立岗位、明确职责；建立组织机构。

4. 零售商组织结构的类型主要有小型独立商店的组织结构、百货商店的组织结构（及其所衍生的母子型分店组织、独立型分店组织、平等型分店组织）、区域连锁商店的组织结构。

5. 零售商文化是指一系列指导零售商成员行为的价值观念、传统习惯、理解能力和思维方式。

6. 零售商文化类型包括强文化和弱文化。

7. 重塑组织文化包括订立基本价值准则、建立组织架构和激励机制、基于正确价值观的领导。

思考题

1. 简述零售商组织结构设计的要求和内容。
2. 简述零售商组织结构设计的步骤。
3. 简述零售商组织结构的类型。
4. 实地考察身边的零售商组织文化，分析组织文化对零售商经营行为的影响。

案例分析

A 医药连锁有限公司的问题究竟出在哪里

对于本章开篇提到的 A 医药连锁有限公司的情况，提出问题并进行分析。

问题：

医药连锁有限公司存在哪些问题？并请给出解决办法。

分析：

（1）成本奇高。问题不是成本太高，是总部的职责没有完全发挥，产生新的价值。

（2）效率低下。效率低下大多是因为职责不清，互相推诿；流程不明，过程耽搁。

（3）会议频繁。会议频繁是因为权责不明，没人敢冒决策错误受批评的风险。

（4）失误不断。不是大家责任心不强，是因为没有明确的问责机制与责任归属界定。

（5）信息闭塞。信息闭塞是因为没有建立上下之间的信息管道。

（6）政令不通。政令不通是因为没有高效的组织结构与沟通流程。

以上六大问题涉及企业治理、组织、薪酬等各方的问题，但最重要、最紧急的还是企业组织运行不畅，这是成长中的中小企业最常见的问题。

解决问题的办法如下。

医药零售连锁企业是个发展不到十年的新生行业，组织结构不能照搬成熟零售业的模式，更不能照搬工业企业的组织模式，因为再好的组织结构也必须与同等能力的人才相匹配，与企业现行的运营体系相匹配，否则，组织无法正常运行。

一个好的组织需要正确的运行，五个环节必须全部到位，否则组织结构永远是文件里的一张漂亮的图。① 组织结构；② 职能定位，就是对每个岗位的人要有非常明确的角色定位；③ 工作流程，逐步建立、积累各种工作流程；④ 沟通模式，即建立上下定期的沟通管道；⑤ 问责制度。以上五个环节全部到位，一个组织才能正常、良性运转。

第九章　零售企业商品规划

 学习目标

1. 了解零售商如何确定其商品经营范围。
2. 掌握商品结构优化的方法。
3. 了解畅销商品的培养方法。
4. 了解零售自有品牌的开发途径及优势。

 导读

英国马狮百货集团

英国马狮百货集团是开发自有品牌的卓越典范，其所有商品都使用自有品牌"圣米高"。马狮集团是英国最大的商业集团，创始于1884年，目前已成为在全球拥有600多家商店、65 000多名雇员，年营业额达72亿英镑的跨国零售企业集团，具有很好的经营效益。在其成功的经验中，很重要的一点就是能从顾客的需要出发，主动开发产品，成为能为自己创造资源的"没有工厂的制造商"。

马狮集团的做法是：由商店从顾客中收集对于商品的意见和要求，由马狮的技术开发部门进行产品创意和设计，然后交付制造商进行生产和制作，最后再通过马狮的销售系统进行分销。它们并不是一般意义上的品牌监制，而是真正的产品开发。在马狮集团总部雇有350多名技术人员，负责新产品的设计开发，并对生产过程进行监督。但是马狮集团并不是自己投资建厂，而是将所设计的产品交由制造商生产，所以被称为"没有工厂的制造商"。例如在第一次世界大战期间，许多妇女进入工厂或作坊工作，产生了对穿着轻便服装的需求，而一直未有服装厂大量生产和提供这样的服装。马狮集团根据市场的需求，主动设计和开发了这类服装，并指导制造厂家进行大批量生产，向市场提供了品质优良、手工精巧、价格实惠的女式轻便服，满足了市场的需要，从而也使公司获得了相应的利益，这在商业的品牌建立和拓展中是独树一帜的。

（案例来源：案例分析助你搞懂实体经营的本质[EB/OL].（2017-03-29）. https://www.dianja.com/thyd/tjyc/2178.html.）

零售企业如何对所经营商品进行规划以适应零售企业的日常经营活动？本章就商品分类、卖场商品规划策略、商品结构规划策略、影响商品经营范围的因素、商品组合的优化方法、商品结构调整依据、滞销商品的淘汰标准、滞销商品的淘汰作业程序、畅销商品的培养、单品管理、品类管理、自有品牌选择及其开发方式等内容进行介绍。

第一节　商品经营范围

一、商品分类

不进行商品分类，就很难规划商品的具体经营范围和品种，尤其是采购人员无法进行采购分工活动。美国零售联合会（NRF）制定了一份标准的商品分类方案。在NRF的商品分类方案中，商品分为以下几类。

（1）商品组。最大的商品分类等级是商品组。商品组是指经营商品的大类，也就是类似国内的商品大分类，如一个百货卖场可能会经营服装、家电、食品、日用品、体育用品、文具用品、化妆品等大类商品。

（2）商品部。商品分类的第二级是商品部。商品部一般是将某一大类商品按细分的消费市场进行再一次分类，如服装类商品可分成女装、男装、童装等。

（3）品类。商品分类的第三级是品类。这是根据商品用途或细分市场顾客群而进一步划分的商品分类，在大型零售商，同类商品是品类的下一级，顾客认为同类商品是可以相互替代的一组商品，如顾客可以把一台21寸的彩电换成一台29寸的彩电，但一般不会把一台彩电换成一台电冰箱。

（4）单品。单品又称存货单位（Stock Keeping Unit，SKU），是存货控制的最小单位，它是根据商品的尺寸、颜色、规格、价格、式样等来区分的。当提到某单品时，营业员和管理者不会将其与其他商品相混淆。

二、卖场商品规划策略

1．单一商品策略

单一商品策略是指卖场经营为数不多、变化不大的品种，来满足大众的普遍需要，如专卖店、快餐店、加油站、自动售货机等卖场，均采取单一商品策略。采取单一商品策略的卖场一般会取得竞争优势，因为卖场和所售商品具有如下特点。

（1）经营大量消费者需求的商品，如汽油、粮油、烟酒等。

（2）经营享有较高知名度的商品，如汉堡包、可口可乐等。

（3）卖场有较高知名度，如深圳的好百年家居广场、香江家居、国美电器、百安居等专业性大卖场。

（4）经营有专利保护的垄断性商品。专利产品是指已取得国家知识产权局核发的专利证书，并且专利权尚未失效的产品，属于专利法保护范畴，任何人未得到授权和许可不得擅自生产和销售。

2．市场细分化商品策略

市场细分化商品策略是指把消费市场按各种分类标准进行细分，以确定卖场的目标市场。例如，按消费者的性别、年龄、收入、职业等标准进行划分，各类顾客群的购买习惯、特点以及对各类商品的购买量是不同的，卖场可以根据不同细分市场的特点确定适合某一类消费者的商品策略。若卖场选择的目标市场是儿童市场，则商品经营范围将以儿童服装、儿童玩具、儿童食品、儿童用品为主，借此形成自己独特的个性化的商品系列，并随时注意开发和培养有关商品，以满足细分市场的顾客需要。

3. 丰满的商品策略

丰满的商品策略是指在满足目标市场的基础上，兼营其他相关联的商品。这样既保证主营商品的品种和规格档次齐全、数量充足，又保证相关商品有一定的吸引力，以便于目标顾客购买主营商品时能兼买其他相关物品，或吸引非目标顾客前来购物，使卖场经营的商品让人感到丰满。在实现丰满的商品策略时，必须重视下列几类商品。

（1）名牌商品。这类商品一般是企业长期经营且在消费者中取得良好信誉的商品。这类商品品种全、数量足，能提高卖场的声望，并给人以商品丰富感，对于促进销售能起到重要作用。

（2）诱饵商品。这类商品价格较低，但品种齐全、数量足，可以吸引更多消费者到卖场来购物，同时也可以连带销售其他商品。

（3）试销商品。试销商品包括新商品和本行业刚刚经营的老商品。这类商品的销售量很难预测，但是将这类商品保持一定的品种和数量，也会增强卖场经营商品的丰盛感，促进商品销售额的增加。

4. 齐全的商品策略

齐全的商品策略是指卖场经营的商品种类齐全，无所不包，基本上满足消费者进入卖场后可以购齐一切的愿望，即"一站式购物"。一般的超大型百货卖场、购物中心和大型综合超市均采用这一商品策略。采用齐全的商品策略的卖场，采购范围包括食品、日用品、纺织品、服装、鞋帽、皮革制品、电器、钟表、家具等多类商品，并且不同类型商品分成多个商品区。有的卖场每一柜台的商品部经理可以自由进货，调整商品结构，及时补充季节性商品，但连锁性质的大型超市则采取集中采购和配送方法补充商品。当然，一个庞大规模的卖场要做到经营商品非常齐全是不可能的。为此，国内外一些百货卖场纷纷改组，选择重点商品进行经营，建立自己的商品品种策略，突出自己的经营特色，积极参与市场的竞争。

三、商品结构规划策略

1. 广而深的商品结构

广而深的商品结构策略是卖场选择经营的商品种类多，而且每类商品经营的品种也多的策略。一般为较大型的综合性商场所采用。由于大型的综合商场的目标市场是多元化的，常需要向消费者提供"一揽子购物"，因而必须备齐广泛的商品类别和品种。

采用广而深的商品结构的优点：商圈范围大，目标市场广阔，顾客流量大，能吸引较远的顾客前来购买；商品种类繁多，选择性强，基本上满足顾客一次进店购齐一切的愿望，能培养顾客对卖场的忠诚感，易于稳定老顾客。

采用广而深的商品结构的缺点：由于商品多导致占用资金较多，很多商品周转率较低，资金利用率较低；主力商品过多以致无法突出特色，容易使企业形象一般化；耗费大量的人力用于商品采购，由于商品比较容易老化，可能导致损失。

2. 广而浅的商品结构

广而浅的商品结构策略是指卖场选择经营的商品种类多，但每一类商品品种少的策略。采用这种策略的卖场，提供很多种类的商品供销费者购买，但每类商品的品牌、规格、式样等给予限制。这种策略通常被廉价卖场、杂货店、折扣店、普通超市等零售商所采用。

采用广而浅的商品结构的优点：目标市场比较广泛，经营面较广，能形成较大商圈，便于顾客购齐基本所需商品；便于商品管理，可控制资金占用；强调方便顾客。

采用广而浅的商品结构的缺点：由于商品品种相对较少，满足需要能力差，顾客的挑选性有限，很容易导致失望情绪，不易稳定长期客源，形成较差企业形象。卖场不注重创出商品特色，长此以往，即使卖场加强促销，也很难保证企业的持续发展。

3. 窄而深的商品结构

窄而深的商品结构是指卖场选择较少的商品种类，而每一种类商品品种很丰富。这种策略体现了卖场专业化经营的宗旨，主要为专业卖场所采用。一些专业卖场通过提供精心选择的一两种商品种类，在商品结构中配有大量的商品品种，吸引有偏好的消费群购买。

采用窄而深的商品结构的优点：专业商品种类和品种齐全，能满足顾客较强的选购愿望，不会因品种不齐全而丢失销售；能稳定顾客，增加重复购买的可能性；易形成卖场经营特色，突出卖场形象；便于卖场专业化管理，树立专业形象。这种经营策略受有偏好的消费者欢迎。

采用窄而深的商品结构的缺点：由于卖场过分强调某一大类商品，不能满足一站式购物需要；卖场很少经营其他相关商品，市场有限，风险大。

4. 窄而浅的商品结构

窄而浅的商品结构是指卖场选择较少的商品种类，且每一类中选择较少的商品品种。这种策略主要被一些小型卖场采用，尤其是便利店所采用，也被售货机出售商品和人员上门销售所采用。自动售货机往往只出售有限的饮料、香烟等商品；人员上门销售商品的种类和品种也极其有限。这种策略要成功使用，有两个关键因素：地点和时间。在消费者想得到商品的地点和时间内，采取这种策略可以成功。

采用窄而浅的商品结构的优点：投资少，成本低，方便购买，周转迅速，见效快。

采用窄而浅的商品结构的缺点：种类有限，品种少，挑选性不强，易使顾客产生失望情绪，商圈较小，吸引力不大，难以形成卖场经营特色。

四、影响商品经营范围的因素

1. 卖场业态的特征及其规模

确定采购商品范围，必须首先考虑卖场的业态类型、经营规模及经营特点。很多时候，一个卖场的业态确定下来，就已经框定了其大致的经营范围。不同业态的卖场，其商品经营有着不同分工，专业性卖场以经营本行业某一大类或几大类商品为界限，其专业分工越细，经营范围越狭窄；综合性商场除了经营某几类主要商品外，还兼营其他有关行业的商品。卖场经营规模越大，经营范围越广，反之，则越窄。卖场经营对象是以附近顾客为主，还是面向更广泛的市场空间？卖场是属于百货卖场，还是超级市场、便利店？卖场是以高质量商品、高服务水平为经营特色，还是以价格低廉为经营特色？这些都对卖场的商品采购范围有重大影响。

2. 卖场的目标市场

卖场的地址和商圈范围确定以后，其顾客来源的基本特征也就随之确定下来。卖场目标顾客的职业构成、收入状况、消费特点、购买习惯等方面都影响着卖场的商品采购范围。处在人口密度大的城市中心的卖场，由于目标顾客的流动性大，消费阶层复杂，因而供应范围广，经营品种、花色式样应比较齐全；处在居民区附近的卖场，消费对象比较稳定，主要经营日常生活必需品，种类就比较单纯；处在城市郊区、工矿区、农业区或学校集中区的卖场，由于这些地区消费者特殊的职业，形成了其特殊需要，在确定商品采购范围时，要充分考虑这些地区消费者需求的共性及个性。

3. 商品的生命周期

商品通常有其生命周期，即商品从进入市场到退出市场所经历的四个阶段：导入阶段、成长阶段、成熟阶段和衰退阶段。在信息时代，科技日新月异，商品的生命周期不断缩短，新产品不断涌现，旧产品不断被淘汰。卖场必须跟上这种不断变化的时代步伐，随时注意调整自己的经营范围。一方面，卖场必须跟踪掌握商品在市场流通中所处的生命周期阶段，一旦该商品到达衰退期，则立即加以淘汰；另一方面，随时掌握新商品动向，对于有可能成为畅销商品的新商品，在上市前即列入采购商品计划范围。

4. 竞争对手情况

邻近同行竞争对手状况也影响着卖场商品经营范围的确定。在同一地段内，相同业态卖场之间，经营特点不宜完全一致，应有所差别，其差别主要体现在卖场主营商品的种类上。每家卖场为突出自己的特色，应该选择一个最适合自己形象的主营商品大类。因此，卖场只有弄清楚周围竞争对手的经营策略、商品策略、价格和服务等状况，才能确定自己的商品经营范围。

5. 商品的相关性

有许多商品的销售是相关的，根据商品消费连带性的要求，把种类不同，但在消费上有互补性或在购买习惯上有连带性的商品一起纳入经营范围。这样既方便顾客挑选购买，也有利于扩大销售。因此，在确定商品经营范围时，在确定了主力商品类别之后，还要考虑辅助商品和连带商品的范围。这就要充分分析商品的相关性，既不能只经营某种高利润的商品，也不能大而全地影响卖场的特色。良好的商品搭配，可以相得益彰，互相促进。

五、商品组合的优化方法

最佳商品组合决策是一个十分复杂的问题，在实践中创造了不少有效方法。系统分析方法和电子计算机的应用为解决商品组合优化问题提供了良好的工具。下面介绍几种经过实践证明的行之有效的方法。

1. 商品环境优化法

商品环境优化法是把零售店的商品分为六个层次，然后分析研究每一种商品在未来的市场环境中的销路潜力和发展前景，其具体内容如下。

（1）目前零售店的主要商品，根据市场环境的分析，是否继续发展。

（2）零售店未来的主要商品，一般是指投入市场后能打开市场销路的新商品。

（3）在市场竞争中，能使零售店获得较大利润的商品。

（4）过去是主要商品，而现在销路已日趋萎缩的商品，零售店应决定采取改进、缩小还是淘汰的决策。

（5）对于尚未完全失去销路的商品，零售店可以采取维持或保留策略。

（6）对于完全失去销路或者经营失败的新商品，一般应进行淘汰。

2. 商品系列平衡优化法

商品系列平衡优化法是国外比较流行的一种商品组合优化的方法。它是把零售店的经营活动作为一个整体，围绕实现零售店目标，从零售店实力和市场引力两个方面，对零售店的商品进行综合平衡，从而做出最佳的商品决策。

商品系列平衡优化法可分四个步骤进行。

（1）评定商品的市场引力（包括市场容量、利润率、增长率等）。

（2）评定零售店实力（包括综合生产能力、技术能力、销售能力、市场占有率等）。

（3）作商品系列平衡象限图。

（4）分析与决策。

3. 波士顿矩阵优化法

波士顿矩阵优化法是一种根据商品市场占有率和销售增长率来对商品进行评价的方法，是由美国波士顿咨询公司提供的一种评价方法。

由市场占有率和销售增长率这两个指标，以及它们的组合，就会有四种组合方式，形成四类商品。用图形表示就构成四象限图。

第一类商品，是市场占有率高、销售增长率高的商品。这类商品很有发展前途，一般处于生命周期的成长期，是零售店的明星商品。对这类商品，零售店要在人、物、财诸方面给予支持和巩固，保证其现有的地位及将来的发展。

第二类商品，是市场占有率高、销售增长率低的商品。这类商品能带来很大的利润，是零售店目前的主要收入来源，一般处在生命周期的成熟期，是零售店的厚利商品。对这类商品应采取维持现状、努力改造和提高盈利的对策。

第三类商品，是市场占有率低、销售增长率高的商品。这类商品在市场中处在成长期，很有发展前途，但零售店尚未形成优势，带有一定的经营风险，因此也被称为问题商品。对这类商品应该集中力量，消除问题，扩大优势，创立名牌。

第四类商品，是市场占有率和销售增长率都低的商品，说明商品无利或微利，处于衰退期，它是零售店的衰退或失败商品，应果断地、有计划地淘汰。

4. 资金利润率优化法

资金利润率优化法是以商品的资金利润率为标准对商品进行评价的一种方法。资金利润率是一个表示商品经济效益的综合性指标。它既是一个表示盈利能力的指标，又是一个表示投资回收能力的指标，它把生产一个商品的劳动耗费、劳动占用和零售店的经营管理成果结合在一起，是零售店生产和经营两个方面经济效益的综合反映。

应用资金利润率优化法，把商品资金利润率分别与银行贷款利率、行业的资金利润率水平、同行业先进零售店商品的资金利润率或零售店的经营目标及利润目标相对比，未达目标水平的，说明盈利能力不高。还可以把零售店各系列商品的资金利润率资料按零售店经营目标及标准进行分类，结合商品的市场发展情况，预测资金利润率的发展趋势，从而做出商品决策。

第二节　商品结构调整

一、商品结构调整依据

1. 商品销售排行榜

定期对商品销售额进行排名，排在前面的商品属于畅销商品，应予保留；排在后面的商品属于滞销品，应列为淘汰对象。然后调查滞销品产生的原因，如果实在无法改变其滞销的情况，就应予以撤柜处理。在进行撤柜处理时应注意：对于新上柜的商品，因有一定的引入期和成长期，不要急于撤柜；对于某些日常生活必需品，如针线、保险丝、蜡烛等，虽然其销售额很低，但此类商品的作用不是盈利，而是拉动卖场主力商品的销售；还有一些商品，可能由于陈列不当而导致销售不畅。总之，在处理滞销品时要认真分析滞销的具体原因。

2. 商品贡献率

单单根据商品销售排行榜来挑选商品是不够的，还应分析商品的贡献率。销售额高、周转率快的商品，毛利率不一定高，而周转率低的商品未必就利润率低。没有毛利的商品销售额再高，对卖场也没有什么用。毕竟卖场是要生存的，没有利润的商品短期内可以存在，但是不应长期占据货架。分析商品贡献率的目的在于找出贡献率高的商品，并使之销售得更好。

3. 损耗排行榜

损耗指标也不容忽视，它将直接影响商品的贡献毛利。例如，超市经营的鲜奶等日常生活必需品的毛利虽然较高，但是由于其风险大、损耗多，可能并不盈利。曾有一家卖场的羊肉片销售点，在某一地区占有很大的比例，但由于商品的破损特别多，一直处于亏损状态，最后的办法是提高商品价格和协商提高供货商的残缺率，不然就将一直亏损。对于损耗大的商品一般应少定货，同时要求供货商承担合理损耗。另外，有些商品的损耗是因商品的外包装问题，应当及时提出要求，让供应商及时改进。

4. 周转率

商品的周转率也是优化商品结构的指标之一，应将积压流动资金多、周转率低的商品列为淘汰对象。

二、滞销商品的淘汰标准

1. 以销售排行最后面的项数或百分比为淘汰标准

例如，以 3 个月销售排行榜资料做参考，将最后 100 个品项作为淘汰对象，或是将排行榜最后的 3%的品项作为淘汰对象。以这样的标准作为淘汰的依据时要注意：这些商品的存在是否是为了使品种齐全，或是因为季节性的因素才滞销，如属于这些原因导致的滞销，便不可贸然予以剔除。

2. 以销售数量未达到一个标准为淘汰标准

例如，3 个月平均销售额未达 2 000 元或未达到 5 箱的品项被认为是滞销品，要考虑这些滞销品是否要淘汰。

3. 以销售单位未达到一个数量标准为滞销品的标准

例如，以每月单品销售未达到 50 个为淘汰的标准。这种滞销标准对于某些单价低的商品特别适用，有时一个单品售价才 5 元，卖了 50 个才 250 元，但所占陈列面积却很大。所以对低单价商品的滞销品要特别注意，在将其销售单价提高后还未达到标准，便可考虑淘汰。

4. 将品质出现问题的商品列为淘汰的对象

例如，将被食品卫生单位宣布为有问题的商品全部列为淘汰的对象。

从上面可以看出，淘汰标准要以数字为依据，而这种数字的统计工作要使用计算机才能做到，所以超市的经营者应善用计算机进行数字统计、分析与管理。

三、滞销商品的淘汰作业程序

1. 列出淘汰商品清单

列出淘汰商品清单，确定要淘汰项目，并经主管确认。

2. 确定淘汰日期

淘汰商品最好每个月固定集中处理，不要零零散散地进行。例如，规定每月 25 日为淘汰日，在这一天把清单上所确认淘汰商品全部下架退货。

3. 统计淘汰商品的数量

应及时清查淘汰品的数量及金额，以便了解所造成的损失，采取措施，控制整体利润。

4. 查询有无货款可抵扣

查询生产被淘汰商品的厂商是否有剩余货款可抵扣，如有可抵扣，须与财务部门联系，请财务部门进行处理。若已付款，则不必将商品退给厂商，因为要从厂商拿回钱比较困难。

5. 决定处理方式

淘汰下来的商品，有的可以退给厂商，有的无法退给厂商。不能退给厂商的商品，可以降价销售或便宜卖给员工，也可以当作促销的奖品来送给顾客。

6. 进行处理

（1）若采取退货处理方式，应通知厂商按时取回退货，并将扣款单送缴财务部门，进行会计处理。

（2）若采取销售处理方式，则将销售处理方式明确通知卖场的销售部，直到销完为止。若以降价销售无法一次处理完成，则再降价处理。例如，淘汰 100 个，第一次 8 折，一周后剩下 50 个，那么次周可再打 7 折……直到处理完为止。

7. 建立淘汰商品的档案

将处理完成的淘汰商品每月制成总表，整理成档案，随时供查询，避免因年久或人事异动等因素，又重新将滞销品引进卖场。

四、畅销商品的培养

畅销商品是指市场上销路很好、没有积压的商品。任何商品，只要受到消费者欢迎，购买踊跃，都可称作畅销商品。有人把畅销商品理解为新商品，其实畅销产品与新旧没有直接的关系，畅销产品可能是新商品，也可能是旧商品，而新商品可能是畅销商品，也可能是销路一般或滞销的商品，两者有重叠交叉部分，但不能把畅销商品理解为新商品。

1. 畅销商品的选择

（1）数据信息统计法选择畅销商品。数据信息统计法是指超市根据本企业 POS 系统汇集历史同期的销售信息来选择畅销商品的方法。这些信息资料主要是：销售额排行榜；销售比重排行榜；周转率排行榜；配送频率排行榜。这四个指标之间存在密切正相关性，核心指标是销售额排行榜。根据销售额（或销售比重、周转率、配送频率）排行榜，挑选出排行靠前的 20%的商品作为畅销商品。

（2）竞争对等法选择畅销商品。竞争对等法是指超市通过调查并统计竞争对手的畅销商品的情况而确定自己的畅销商品，如超市刚成立不久，历史同期销售统计资料缺乏或不全，可采用竞争对等法来选择畅销商品。在供应商接待日以外的时间，超市可派遣采购人员于 12:00—13:00 或 20:00 以后到竞争店卖场去观察"磁石点"货架（如端头货架、堆头、主通道两侧货架、冷柜等，这些位置一般陈列畅销商品）上的商品空缺率，因为这一时段是营业高峰刚过，理货员来不及补货的空隙。通过畅销商品主要陈列货架商品空缺情况的调查，可以初步得出结论：如果陈列货架商品空缺多，该商品销售良好，那么可列为畅销商品的备选目录。这种方法简便易行，但调查容易受到竞争店店员的阻挠，且具有一定的偶然性。按竞争店调查法选择畅销商品要注意竞争店店址、卖场面积、经营品种等因素应具有相似可比性，以保证参照借鉴的有效性；同时还要注意，由于目前的调查信息与下一步商品采购有一个时滞，因此这些信息对下一年畅销商品选择的参考价值可能更大。

2. 畅销商品的推广

（1）商品陈列。在开架自选的商场里，商品陈列的位置对激发消费者的购买欲望起着极大的作用。通常，商场的前端和入口处是消费者流动最频繁的地区，也是价值最高的黄金地带，因而也成了卖场摆放获利高的商品的最佳地点。

（2）价格策略。价格策略是零售商促销不可忽视的重要工具，对培养畅销商品来说，更应该在价格方面下一番功夫，如定价时在商品价格中渗入 6、8、9 等所谓"神奇数字"，使消费者一方面产生吉利的感觉，另一方面对价格产生一种错觉，如某种商品定价为 29 元，顾客便认为只是 20 多元而非 30 元，无形中刺激了消费者购买便宜货的欲望。

（3）促销策略。商场促销活动组织的核心在于调动一切卖场导向性营销资源，突出本场本次的促销核心诉求点。商场对畅销商品的促销可以结合价格促销、POP 广告促销及其他方式一起进行。在价格方面，除了直接的低价销售外，还可以将自有品牌商品用特价品、限时特卖、特惠包装、散装货品、赠品或抽奖等形式推出，尽管这些都是常用的陈列招式，但效果依然很好，普遍为消费者所接受。在广告促销上，商场完全可以采用 POP 广告大力推广自有品牌商品，这种广告与商场价格促销和陈列策略结合起来效果更佳，如将开发自有品牌商品通过特价品的形式推出，可以在店墙四周贴满不同颜色的 POP 标志，刺激顾客的购买欲。此外，还可以采用 DM（带实物照片的免费派发海报）、TG（端架促销）、Act Spot（不定期消费者"惊喜"）、First Price（采购力最强商品系列促销）、Linear Promotion（排面促销）、Theme Promotion（主题式活性化促销）、动线推头、岛式均价促销、演示促销等，配合现场 POP 和背景气氛的调控，从心理上和技术上营造畅销商品印象。

第三节　单品管理与品类管理

在零售商品管理中，为了便于管理，提高管理效率，商品分类一般采用综合分类标准，将所有商品划分成大分类、中分类、小分类和单品四个层次。

一、单品管理

单品是商品分类中不能进一步细分的、完整独立的商品品项，也是零售商商品经营管理的最基本单位。由一个个单品集合成各商品群。所以单品管理是商品群管理的基础。

1. 单品管理的含义

单品管理是指以每一个商品品项为单位进行的管理，是零售商根据企业的营销目标，对单品的配置、采购、销售、物流、财务、信息等一系列活动的管理。单品管理既管理单品的数量，又管理单品的金额，既管理单品的进销价格，又管理单品的流通成本。注重每一个单品的成本管理和销售业绩管理。

单品管理是高效的商品管理方法。在小商场经营时代，由于卖场面积小、经营品种少，经营者按每一品项对其购、销、存进行独立管理。随着百货店的出现，百货卖场商品经营品种大幅度增加，卖场对所有商品统一按品项进行管理有难度，已不大可能做到，百货店的组织结构就发生了重大变化，下设若干商品部，各商品部仍按品项进行管理，而整个卖场实行品类管理。只有计算机技术广泛应用后，百货卖场才有可能对所经营的成千上万种商品实行单独管理。

2. 单品管理的作用

单品管理在零售商商品管理中有着重要作用，主要体现在以下几个方面。

（1）单品管理是商品流通顺畅的保证。实行单品管理使得每一种商品的采购、销售、库存等环节能有机结合，商品购、销、存的数量得以准确掌握与控制，为商流的顺畅提供了保证，也为资金流、信息流的有序运行创造了良好的条件。

（2）单品管理是企业获取稳定利润的手段。实行单品管理适当地减少了品牌商品组合深度的管理，卖场通过扩大品牌商品的销量，提高品牌商品的市场占有率，增强了对品牌商品供应商的控制力，能获得稳定的经营利润和通道利润。

（3）单品管理是优化企业商品的途径。实行单品管理能有效地淘汰滞销商品，及时引进有潜力的单品，保证单品线的健康程度。通过单品的优化，可降低库存，减少资金积压，改善空间利用率，提高单品经营效益，满足消费者需要，提高消费者满意度及忠诚度。

3. 单品管理的原则

单品管理使用20%～80%原则。所谓20%～80%原则，是指在商品销售中，20%的商品贡献80%的销售额和利润。经大量统计资料表明，在零售商销售的商品中，销售额最好的20%商品可实现全部销售额的80%左右，而剩下80%商品的销售额实现总销售额的20%左右。其中占销售额最大份额的20%的商品称为20商品，20商品实际上就是零售商经营的主力商品群。

需要说明的是，20%～80%原则仅仅是根据数据统计而概括出的，关于品项百分比与相应销售额百分比之间的比值，会随着单品管理效率的高低和业态类型的不同而变动，如某超市单品管理效率高，销售最好的20%商品品项能实现80%的销售额；若单品管理效率低，可能只实现60%～70%的销售额；又如经营品种较少、卖场面积较小的便利店，20商品通常能达到甚至超过80%的销售额；而经营品种较多、卖场面积较大的大型综合超市，20商品通常达不到80%的销售额。对经营品种多、面积大的零售商而言，单品管理的要求较高且难度较大。

4. 商品验收标准

（1）所有商品必须附厂商送货单，且送货单上有送货人员的签字、厂家公章或业务专用章。

（2）检查送货单内容，包括规格、型号、单价、数量、总金额、包装率、售价、总售价。

（3）对于含有包装率的商品必须注明是一件还是一包，注意商品计量单位。

（4）未经允许不得对送货单内容随意涂改，在特殊情况下必须第一时间与供应商沟通，同时三方负责人（实物负责人、送货员、验货区负责人）共同验收，并核对单价和数量，最后签字确认。

（5）必须仔细检查货品，通过口、鼻、眼、耳、手等感觉器官来对商品的外形、色泽、面料、质地、气味、透明度、强度、声响、软硬、包装等方面的品质进行识别，直观地判断商品的优劣。要求员工严格检查商品的内外标识，上柜销售的每一件商品的标识标注都必须严格遵循国家的有关法规和卖场规定。

（6）对有质量问题的商品，以及内标有更换痕迹的商品，经检查和确认后应立即没收，不得要求员工上柜销售，并第一时间联系厂家进行解决，否则将依据合同规定对供应商进行相应处罚。

5. 商品验货流程

（1）所有进入卖场的商品，必须由卖场专用通道进入验货区（特殊商品，如黄金、珠宝、香烟除外）。

（2）由专柜的实物负责人根据实物对照送货单进行验收，营业助理复核。

（3）如出现账实不符或货品损坏情况，应立即在送货单上按实货更改，并请送货员签字，明确责任，针对此情况第一时间反馈至供应商，并要求其在一周内给予解决。

（4）商品验收完毕后，验货区负责人签字确认，卖场实物负责人根据送货清单，填制入库验收明细表，并签字确认。

6. 商品入库流程及库存管理

（1）商品到达后，验货区通知专柜负责人验货，在专柜负责人、送货员、验货区负责人三方同时验收完毕后，专柜负责人在送货单上签字确认；验货区负责人在卖场一联送货单上签字确认；营业助理对专柜负责人填制的到货商品入库验收明细表进行复核，并签字确认。

（2）进货以"适时适量"为原则。所谓"适时"是指为满足顾客的需求，在卖场每次举行大促前进行相应商品补充，在进货时要避开客流和销售高峰时间段，利用周六、周日和节假日补充商品；所谓"适量"是指满足专柜商品的需求量，进货数量太多会造成仓储拥堵不堪，太少则对顾客缺少足够的吸引力。

（3）新品上柜应提前一年与供应商沟通货品的到位情况，制定新品跟进表，加强与供应商的联络，确保新品及时到位，提升专柜形象和销售业绩。

（4）加强对各专柜库存商品的管理，有效控制货品的调拨情况，确保合理的库存量，针对节假日和黄金周的促销活动，需提前一周与供应商取得联系，加大货品的补充，确保节前的库存充足。在力所能及的范围内尽量多存，同时要留有余地，不能贪多，以免因策略或市场有变动造成货品积压现象。

（5）ABC库存分类法。占销量20%的商品贡献了销售利润的80%，这类商品命名为A类商品；占销量40%～60%的商品销售利润占15%，这类商品命名为B类商品；占销量30%～40%的商品销售利润占5%，这类商品命名为C类商品。将商品进行ABC分类库存管理，有助于确保有效库存。

7. 商品退货流程

（1）由厂家传真退货申请单，写明退货原因、型号、价格，签字、盖章至卖场品类负责人处。

（2）经品类负责人审核同意后，由营业助理通知专柜负责人做退货准备，包括整理商品、封箱、填写退货单。营业助理对所退商品进行核对无误后，签字并交至值班经理复核签字确认。

（3）督促营业员将货品拉至验货区，在验货区登记后，可退回厂家。

（4）针对相同品牌的退货需进行严格把关，防止厂家将货品调至周边商场销售。

8. 商品账务管理及盘点流程

（1）团购登记管理。

① 柜组建立"团购登记"本，注明日期、品牌、数量、金额、顾客姓名、电话、员工工号、交易号、提货单号。

② 各品牌团购资料，包括登记表、提货单由各柜组分别存放，每笔团购货品提完后，

由柜组整理好，交至部门秘书处。

③ 团购资料定期由柜组员工输入部门计算机内。

④ 开具提货单与发票。例如顾客要求只写原价不写实收金额，可先按常规流程为顾客开具发票，同时开具提货单，提货单上只写原价、折扣，实收金额用斜线画掉不填；但团购登记表应如实填写，且须由团购顾客签字确认。

⑤ 团购顾客提货时，应对提货票单（顾客联）、发票与留存联、团购登记表进行核对，无误后发货。

⑥ 团购顾客对仅开原价的提货单有疑问时，可拿团购登记表与顾客解释。

⑦ 团购顾客提货后，营业员将提货单（顾客联）收回，并与提货单留存联、登记表订在一起，且注明"货已提"。如退换货，可注明退换货的明细。

⑧ 每笔团购到期后，各品牌将团购提货的单据和未提货品一同上交柜组，如三个月后或品牌即将撤柜，应将未提货品退回厂家，同时到顾客服务中心将提货单转为中心定金单。

（2）明细账管理。

① 报表管理。销售日报要求附购物发票，做完报表后逐一检查每张发票的折扣、编码、报表金额、数量是否正确，杜绝员工私自打折现象。

② 每天校对。三级账与二级账校对，检查零售价与折扣是否正确开据。

③ 发票管理。发票统一由专人负责，到财务部会计处领取后，交营业助理统一保管。每本发票封面应标明柜组编号，做好发票发放登记工作，按照发票号逐一登记，专柜、领票人、缴销人填写清楚，领用与交还日期也要注明。发票缴销前，由营业助理检查发票中的作废发票是否四联齐全；每次缴销的发票应检查票据的编码是否是相对应的编码，如发票错开编码时，根据毛利率进行调账。发票填写要求字迹清晰，日期、VIP卡号、商品编码、品种规格、单位、数量、单价、折扣方式、折扣（厂促+VIP）、金额、大小写合计、付款方式、柜组、开票人工号、交易号等栏目齐全。建立作废发票统计本，每次缴销的发票，检查作废情况，统计在册。作废发票上须注明"作废"两字。如属于营业员粗心大意开错的，营业员签字确认并做好登记工作。

（3）编码管理。

① 建立柜组品牌编码登记本，可以随时了解商品的折扣点、特价编码的期限、是否参加VIP卡的折扣、特价编码的产生情况等。

② 核对发票编码，开具的发票编码与实物编码要一致。

③ 卖场内编码管理。应随时检查卖场内标价签是否打印正确，如发现错误，及时改正。

④ 督促管理。督促专柜员工对专柜出现两个以上编码的情况，按照相应商品折扣生成编码填写，防止串并现象。

（4）三级账管理。

① 检查三级账所销的商品，确保是每天所销的商品，不得错记。

② 必须有交接班双方负责人签字。

③ 三级账的总库存、总金额应与二级账一致。

④ 定期抽查三级账的记账情况，并要求填写字迹清楚，不允许乱涂乱画。

（5）二级账管理。

① 要求各柜台的进货单必须由柜台负责人签字确认后方可登账。

② 对调价必须有供应商调价函，退货必须有供应商退货函，以及营业助理、品类负责人共同签字，方可调账、退货，并登记二级账。

③ 库存数量与金额应与三级账一致。

（6）报表分析及培训工作。

① 报表分析。每周做周销售分析表，每月做月销售分析表，在绩效考核表中同时根据销售数据对专柜人员与供应商采取改进措施。

② 培训工作。定期开展账务知识培训，对员工的账务不足之处进行纠正，并针对性地进行账务知识考试，减少账务方面的错误及调账比率。

（7）供应商开票通知单和结账通知单管理。

① 供应商开票通知单管理。建立单据发放登记本，记录发放日期、结账期限、开票金额、收件人签字。

② 结账通知单管理。结账通知单发放后跟踪开票、结款情况，保证各供应商结款工作顺利进行。

（8）盘点流程。

① 盘点时间。每月 25 日（如遇周末或节假日往后推迟）营业结束后，进行月末盘点。

② 盘点要求。由营业助理及财务部监管人随同专柜的所有员工，对专柜的商品及小库商品进行清点，并与柜台三级台账和柜组二级台账核对无误后，要求专柜负责人填写盘点月报表。

③ 盘点管理。盘点要做到账账相符、账物相符；须按照实物填写；营业助理负责盘点商品数量，品类负责人核对签字；盘点表发至供应商核对无误后盖章返回；对供应商盘点表要及时催要，确保财务信息规范，有效控制毛利和管理发票。

9. 商品价格管理

（1）对周边商场进行调研。每周注意收集商品信息、促销信息、人员信息、业绩信息、形象信息及其他信息。

（2）对市场调研信息进行汇总。对每周汇总表进行分析，于每周一 12:00 前上交行政部。

（3）对商品价格进行监测。与其他商场经营的相同品牌商品的价格进行对比。

（4）根据卖场与周边商场相同品牌的市调对比表，就采价情况、促销信息与供应商进行有效的沟通，要求供应商对所供应的商品价格、打折或促销活动力度必须保持一致。

10. 商品质量管理

（1）加强对商品质量的监督检查。可采用看、摸、揉、嗅、听、搓、捻、品等简易的方法进行商品质量的感观检查。

（2）把好进货质量关。上柜前的商品必须有商品检验合格证明，如对商品质量有怀疑，应立即向部门负责人汇报，同时第一时间与供应商进行沟通，并可委托有关质检机构对该商品进行检验，确认商品质量无问题后，方可上柜。

（3）把好上货关。对已上柜商品，每日进行检查并登记商品质量检查表，发现问题的商品，要及时处理。

（4）实行负责人制。由专柜负责人负责专柜的所有商品的质量。专柜负责人要对专柜的所有商品质量逐一进行检查，确保在柜商品无破损、断裂、陈旧等质量问题。

（5）根据专柜上交的商品质量检查表，由营业助理每周负责抽查专柜商品，并将汇总商品质量抽查表于每月 15 日汇总上报给品类负责人，由品类负责人与供应商进行沟通，要求三天内给予解决。

11．商品标识标签管理

（1）商品标识管理。每天对卖场内各专柜的标识进行检查，及时发现问题，及时解决问题，中文标识包括产品名称、厂名和厂址。提醒专柜员工在销售完商品时，应及时取下标价签，并妥善保管好，以便再次使用。

（2）商品标签管理。要求专柜员工对新到的商品，应及时上报标签打印本，注明九标，即产地、品名、物价、编码、等级、单位、零售、规格、成分，并落实专柜员工悬挂到位，做到整齐美观，如有破损、污渍应及时更换。

（3）进口商品标识标签管理。除了应标明进口标识外，还须标明永久性的中文标识。

（4）限期使用的产品标识标签管理。标明生产日期和安全使用日期或失效日期。

（6）危险产品标识标签管理。对于使用不当容易造成产品本身损坏或者可能危及人身财产安全的产品，须标明警示标志或中文警示说明。

二、品类管理

1．品类

品类是指易于区分、能够方便管理的一组产品或服务。该组产品或服务是相关的或可以相互替代的。例如，洗发护发品类有不同品牌，它们之间可以相互替代。

2．品类管理的概念

品类管理是指零售商和供应商把所经营的商品分为不同类别，并把每一类商品作为企业经营的基本战略单位，进行一系列的管理活动。它通过强调向消费者提供超值的服务以提高企业的经营效果。美国食品营销协会认为，品类管理是指消费品生产商、零售商的一种合作方式，是以品类为战略业务单元，通过消费者研究，以数据为基础，对一个品类进行数据化的、不断的、以消费者为中心的决策思维过程。

零售商在了解和把握消费者需求的基础上，把商品品类作为经营单元，通过分析实点销售数据和市场数据，寻找适合企业的个性化的经营方案。品类管理打破了零售商与供应商之间各自为政的传统经营模式，将原来的谈判对手转变为一个利益协作体，强调零售商与供应商之间的合作，更好地满足消费者需求，以实现消费者、供应商和零售商三者之间的共赢。

3．高效回应消费者的反应的概念

高效回应消费者的反应（Efficient Consumer Response，ECR）是指零售商通过与供应商的紧密合作，减少不必要的经营成本、库存成本和固定资产，增加产品的价值，实现消费者利益最大化。高效回应消费者的反应系统最早由美国食品杂货行业提出，并在该行业中运用，实践证明效果非常显著，并推广到北美、欧洲和亚太地区。

4. 品类管理与高效回应消费者的反应的关系

高效回应消费者的反应的核心思想是零售商与供应商要共同重视消费者的需求，把以往用于交易谈判的大量时间、精力、金钱转移到关注和满足消费者需求上来，实现消费者的需求价值最大化。

品类管理是高效回应消费者的反应的主体内容。品类管理的前提是要了解和分析消费者的需求和购买动机，把握购买者在购买决策过程中的角色作用，以便选择适销对路的产品。品类管理的实施使高效回应消费者的反应理念变为行动成为可能。品类管理以品牌优化、促销推广、库存补充管理以及新品引进为主要经营策略，如表9-1所示。

表 9-1   品类管理的策略与所达到的目标

策　　略	目　　标
高效率的品牌优化	提高品牌销售能力及充分利用货架空间
高效率的补货	降低库存补充需要的时间及成本
高效率的推广促销管理	提升客户及消费者推广的整体效果及效率
高效率的新品引进	增强新产品的引进及发展活动

品类管理体现在各项日常工作中，如补货、陈列、促销、谈判、新品引进、旧品淘汰等都属品类管理的范畴，关键在于如何对市场及品类进行有效分析，将所有的经营指标量化，并做长期跟踪研究，做到数字化经营。

高效回应消费者的反应还需要借助电子数据交换、计算机订货、连续补货系统等先进设备来实现，如当库存数量下降到预先设定的库存下限后，计算机会自动生成订单，并通过网络传输给供应商。当前连锁超市正在实施B2B网上订单及信息传输，包括补货订单、销售数据、库存等都可以随时发送给供应商，供应商可以足不出户，自己打印订单，对商品销售进行及时分析与把握。

实施品类管理的先决条件是：零售商与供应商合作，双方共享零售管理信息，分析研究影响品类业绩的因素，选择出高效的产品，并配合高效的库存补充和高效的产品促销活动。零售商补货均衡，使供货商生产变得有计划，供货商可根据销售情况，帮助零售商高效引进新品。

三、品类管理的流程

开展品类管理不是对企业局部进行改良，而是一场经营理念与制度体制的根本性变革，涉及各方面的利益关系，其制度建设需要花费大量的人力、物力和财力。开展品类管理有八个步骤，即品类定义、品类角色、品类评估、品类评估指标、品类策略、品类战术、品类管理计划的实施和品类管理的回顾。下面进行分述。

（一）品类定义

品类定义是零售商开展品类管理的第一步，也是品类管理的研究对象。品类定义是指品类描述和品类结构。品类描述是指用简洁的文字，描述该品类的特征以及涵盖的范围；

品类结构是指将品类按消费者需求分成大类、中类、小类以及次类进行管理，以满足顾客群的购物需要。

（二）品类角色

品类角色是指品类在零售商经营或消费者日常生活中承担的角色，即对品类进行分工，赋予品类不同的角色，使其承担不同的责任，以推动零售商整体经营活动良好运行。常见的品类角色有两种，即以零售商为导向的品类角色和以顾客为导向的品类角色。

1. 以零售商为导向的品类角色

以零售商为导向的品类角色是根据品类在零售商销售额或利润总额中的贡献来确定它们的角色，常用的方法是品类角色矩阵。品类角色矩阵的横坐标表示销售额，按品类占总销售额的50%、30%和20%的比率分别将其划分为高、中、低三种。矩阵的纵坐标表示品类的销售毛利率，根据零售商平均销售毛利率的水平，将品类毛利率划分为高、低两种。依据该坐标系，将品类在零售商经营中的角色划分为以下六种。

（1）吸引客流角色。这种品类吸引消费者来店，增加卖场客流量，销售量大，但毛利率偏低。

（2）受压潜力角色。这种品类销售额贡献度中等，毛利率偏低。

（3）待救伤残者角色。这种品类是双低角色，即低毛利率、低销售额贡献率，属于滞销产品，可能被淘汰或撤换。

（4）维持观望角色。这种品类销售额小，所以对企业整体的销售额贡献比较低，但其销售毛利率比较高。

（5）提款机角色。这种品类销售情况稳定，销售额贡献和毛利率水平都适中，其吸引的顾客群规模庞大，以销售量见长，所以利润丰厚。

（6）旗舰角色。这种品类是双高角色，即高销售贡献率、高毛利率。

2. 以顾客为导向的品类角色

以顾客为导向的品类角色是依据品类对顾客的重要程度以及顾客购买频率，来确定它们的角色。品类对顾客的重要程度要根据一年内购买该品类产品的人数的比例来确定，比例越高，说明该品类对顾客越重要，在顾客的日常生活中是不可或缺的，占有重要地位。

以顾客为导向的品类角色一般分为目标性品类角色、常规性品类角色、季节性或偶然性品类角色和便利性品类角色四种，下面进行分述。

（1）目标性品类角色。目标性品类角色是指向消费者传递了独特的诉求主题，为顾客提供了超值的价值或服务，带动零售商其他品类产品的销售的产品。目标性品类也就是企业的特色产品，代表着企业的形象，是商场的代名词。目标性品类角色的形成不能只靠低廉的价格，还应该保证优良的品质和周到全面的服务，并配合促销活动来成功塑造。

（2）常规性品类角色。常规性品类角色是指零售商经营的能够满足顾客常规性需要，并能产生一定利润的品类，如家居用品、日化产品等。常规性品类占零售商经营品类的60%左右。

（3）季节性或偶然性品类角色。季节性品类是指销售状况受季节因素影响较大的品类。零售商要根据季节的变化对季节性品类进行调整，淡季要减少其数量，旺季要增加其数量和品种。偶然性品类是指偶然的或特殊时间内购买或销售的品类。对偶然性品类，零售商一般不设置固定的陈列架，只是利用货架端头进行陈列销售。

（4）便利性品类角色。便利性品类是指为顾客提供便利，节约顾客的购物时间，满足顾客一次性购足的要求和常例性需要而提供的品类，通常包括家用食品、速食品、清洁用品、卫生美容保养用品、烟酒类、文具用品、低价日用品、五金类、书报杂志类等消费用品。

3. 品类角色的确定

在确定品类角色时，首先要确定品类对消费者、商场的重要性，以及品类在超市的权重，然后计算出品类指数，并对品类指数进行排序，确定品类所充当的角色。

（三）品类评估

品类评估是指在确定了品类角色的基础上，对品类进行评分。品类评估包括市场发展趋势评估、零售商评估、竞争对手评估和供应商评估四项内容。

（四）品类评估指标

通过品类角色分配，确定各品类在商场中的不同作用，其作用发挥得如何，需要制定一个统一的评估指标体系。品类评估指标反映品类角色目前的状态和希望品类角色达到的状态。

（五）品类策略

品类策略是指零售商场为达到品类角色的计划目标而采取的经营策略，包括市场营销策略和产品供应策略两部分内容。市场营销策略包括增加促销的效果、提高顾客的忠诚度、增加客流量、提高顾客的重复购买率、降低经营成本等方面；产品供应策略包括优化库存商品、提高订单、补货、收货、付款的速度与准确率，降低缺货率和采购成本等方面。

（六）品类战术

品类战术是指为了实施品类策略而采取的具体操作方法，主要包括高效产品组合、高效新品引进、高效商品陈列、高效产品定价、高效促销宣传和高效补货。

1. 高效产品组合

高效产品组合是指对品类进行优化，根据消费者的需求特点剔除同质化、低效率商品，优化品种和数量，增加商品的多样性（指增加商品的广度和深度），为消费者提供更多的商品选择。同质化商品也称为重复性商品，主要指销售份额低、销售利润贡献小、特点雷同的商品。

2. 高效新品引进

高效新品引进是指零售商引进有市场潜力的新品，为零售商赢得竞争优势，以获取最大的利润。高效引进新品可从以下三个方面展开。

（1）以消费者的需求为出发点引进新品。了解市场发展趋势，把握市场动态，根据目标市场的需求特征引进新产品。

（2）零售商与供应商相互协作配合，根据双方掌握的市场需求方面的资料，协商确定新产品开发的方向，进行新产品的测试与试销，将市场风险降低到最低程度。

（3）引进新品要考虑产品组合策略的整体要求与配套。

3. 高效商品陈列

高效商品陈列是指分配货架时，不能依据管理者的经验和感觉，而是在考虑相关因素的条件下，根据品类角色，贯彻公平货架陈列原则，考虑分配货架。高效商品陈列要考虑品类角色，品类角色不同，其货架陈列的位置也不同。一般来说，目标性品类应该摆放在货架显眼的位置上，以吸引顾客，增加客流量。便利性品类的目标顾客群针对性强，他们在注重购物便利的同时，也比较关注特色产品，即目标性品类。因此，便利性品类的陈列位置应该靠近目标性品类，以达到连带购买的效果。

4. 高效产品定价

高效产品定价是指运用恰当的价格策略，树立良好的价格形象，扩大商品销售，实现商场的经营目标。价格是一种非常有效的竞争手段。常见的价格策略主要有三种：天天平价（Every day Low Pricing）、高低价格（High-low Pricing）和每日合理价格（Every day Fair Pricing）。

5. 高效促销宣传

高效促销宣传是指零售商通过制订目标明确的促销计划，选择恰当的促销媒体，运用正确的促销策略，以较少的成本投入，将有关产品的信息传播给目标受众，以实现扩大产品销售的整个活动过程。

6. 高效补货

高效补货是指用最有效的方式，以最低的成本费用，将正确的产品及时补充在陈列货架上的整个过程。高效补货的业务流程为：获取订单，货物发运，收发货物，财务结算。高效补货是高效回应消费者的反应和品类管理的重要组成部分，是确保零售商利润增长的重要途径。

（七）品类管理计划的实施

品类管理是一项跨部门的工作，要将其从管理计划转变为实践操作，会涉及各方面的关系。除了企业整体达成实施品类管理的共识以外，还应该做好：广泛宣传，反复灌输；制度引导，推动转变；严格要求，贯彻始终；调整回顾，协调沟通；建立品类管理的考核机制，奖惩兑现。

（八）品类管理的回顾

品类管理是一个螺旋式上升的过程。根据实施品类管理的深度的不同，可以将其分为基础品类管理、中级品类管理和高级品类管理。基础品类管理定位于品类的产品组合、新产品引进和陈列设计；中级品类管理定位于品类高效定价和高效促销；高级品类管理定位于基于零售商场的分类、品类角色确定、顾客研究以及跨品类营销等内容。

第四节　零售企业自有品牌管理

一、自有品牌商品的概念及其发展的原因

自有品牌（Private Brand，PB）商品是指零售商通过搜集、整理、分析消费者对某类商品的功能、价格、造型等需求特性的信息，形成新产品概念，自己开设生产基地或选择生产企业生产这类新产品，使用零售商自己的商标，并在自己卖场销售商品。

自有品牌商品在近几十年里取得了长足发展，成为零售商发展的里程碑。零售商之所以纷纷采用自有品牌战略，是因为其具有开发自有品牌的诸多优势，如信誉优势、价格优势、特色优势、领先优势等，这些优势使得他们开发出来的商品较易被消费者所接受，而成为零售商利润的新增长点。20 世纪 90 年代，零售商发现自有品牌商品能获得高价差。国外有研究表明，生产商创品牌的费用占销售收入的 23%。如果零售商能避开这笔创牌费用，就可能获得高额利润。于是一些大型零售商纷纷创建自有品牌，随后，其他商家也纷纷效仿，自有品牌的开发已成为一种趋势。

二、自有品牌商品开发的选择

零售商选择自有品牌商品必须考虑两个方面，一是自有品牌商品的价格较低；二是自有品牌商品要有一定的吸引力，能使消费者对品牌忠诚。这两个方面相互影响。因此，零售商可以考虑选择以下类型的自有品牌商品。

1. 消费者的品牌意识不强的商品

对某些商品而言，消费者的品牌意识非常强，如服装、化妆品等，对于这些商品，消费者趋于购买指定商品，因此开发自有品牌的难度很大，即使开发出来也很难得到消费者认可。而另一些商品，消费者的品牌意识较弱，如洗衣粉、洗衣皂、打印纸等日常用品或一些食品，商场可以采用一些促销手段，很容易影响消费者的购买行为，这些商品可以作为自有品牌商品加以考虑。

2. 销售量大和购买频率高的商品

只有销售量大的商品，企业才可以大量开发订货，从而降低开发生产成本，保证自有品牌商品低价格的实现。购买频率高的商品使得卖场销售人员和消费者接触频繁，消费者对这类商品的品牌忠诚度较低，在卖场销售人员的推销下，顾客很可能改买自有品牌的新商品。所以销售量大和购买频率高的商品可以作为自有品牌商品加以考虑。

3. 单价较低和技术含量低的商品

单价较低的商品，消费者可在第一次购买后通过使用，决定是否再次购买，其风险性较小，特别是对一些价格敏感度较高的日用品，在同等质量的条件下，消费者更容易接受价格较低的自有品牌商品。而单价高的商品，消费者的购买决策是比较谨慎的。另外，技术含量高的商品不宜作为自有品牌商品开发对象，因为大多数商场不具备这些商品的开发

实力，加上这类商品的品牌忠诚度一般较高，不宜改变消费者的购买态度。此外，这类商品往往需要强大的售后服务力量，这也是大多数商场不具备。所以单价较低和技术含量低的商品可以作为自有品牌商品加以考虑。

4. 保质要求程度高的商品

保质要求程度高的商品，如食品、蔬菜、水产及其他保质类商品，企业以良好的商誉做保证，利用渠道短的优势，及时地把货真价实的商品提供给广大的消费者。所以保质要求程度高的商品可以作为自有品牌商品加以考虑。

选择自有品牌商品的具体方法可以有多种形式，如打分方法，将备选商品根据畅销商品的畅销因素进行评估，将各种因素按不同权重折成数字来评估某种商品，高于某一水平即可列入自有品牌商品的开发对象。此外，也可以根据过去的销售记录选择。商场将过去几年或数月的销售统计资料中位于前列的商品作为自有品牌商品的开发对象，当然，这其中还要考虑到自有商品品牌的影响。例如，飘柔、海飞丝洗发水十分畅销，这并不能说明超市开发的自有品牌洗发水一定畅销，因为有生产企业的广告宣传对消费者形成了强大的吸引力。

三、自有品牌商品的价格策略

商场对自有品牌商品可采取低价定位，以薄利多销的手法吸引对价格敏感的消费者。价格低廉是自有品牌商品的一大竞争优势。欧美零售商自有品牌商品的价格一般比同类商品价格低 10%～30%。日本大荣集团的自有品牌商品分为三类：一万种优质商品比同类全国畅销商品便宜 10%～20%，150 种低价商品比一般商品低 15%，另外 40 种商品比品质相近的名牌商品便宜 30%。沃尔玛 1992 年开发的品质和口味都相当不错的"美国可乐"，在其店内售价仅 20 美分，而一罐可口可乐则售价 50 美分。大型商场采用自有品牌商品战略之所以成功，主要在于其具有价格优势：第一，大型商场自己组织生产自有品牌商品，使商品进货省去许多中间环节，节约了交易费用和流通成本；第二，使用自有品牌商品不必支付巨额的广告费，由于自有品牌商品仅在自己企业内销售，其广告宣传主要是借助于其商业信誉，在商场内以广告单、闭路电视、广播等方式进行，这使其广告成本大幅度降低；第三，大型卖场可以大批量销售，取得规模效益，降低了产品成本。

四、自有品牌商品的具体开发方式

在自有品牌商品的具体开发方式上，零售商可以采取两种主要途径。

（1）零售商委托生产者制造。零售商可以利用其直接面对顾客的独特优势，积极开发设计自有品牌产品，达到贴近消费者需要和降低成本的目的。零售商也可以组织研究人员与高校、咨询研究机构合作，根据市场环境变化，及时捕捉、收集、分析消费者需求的变化，提出最可能满足消费者不同需求的新产品设计方案，包括新产品的特性、质量和包装等方面的要求，积极开发设计自有品牌产品，然后委托生产企业按照设计要求制造，在销售时使用自有品牌。一些中小型生产企业虽无力开展耗资巨大的创品牌攻势，但具有较强的生产制造能力和水平，大型零售商与这类企业联合，就有可能获得双赢的结果，这对于促进地方经济的发展和解决就业都有利。这种联合并不仅限于大型零售商与中小生产企业之间，国外一些大的生产制造企业为了保证开工率，也加入为零售商生产自有品牌产品的行列，如加拿大颇有名气的科特（Catt）食品饮料公司为圣布里（Sainsbury）零售商生产食品饮料。这种联合对于我国企业也同样有参考意义。

（2）零售商自设生产基地，即自己投资办厂，生产自己设计的商品。生产企业和零售商不是交易关系而是协作关系，有共同利益，稳定性较强，交易费用低，但需要零售商有相当的规模与一定的经济实力。一些有条件的零售商可以自己并购一些生产厂家进行生产，形成零售商自有品牌产品。

本章小结

1．美国零售联合会把商品分为商品组、商品部、品类和单品。

2．卖场商品规划策略包括单一商品策略、市场细分化商品策略、丰满的商品策略和齐全的商品策略。

3．商品结构规划策略包括广而深的商品结构、广而浅的商品结构、窄而深的商品结构和窄而浅的商品结构。

4．影响经营商品范围的因素包括卖场业态的特征及其规模、卖场的目标市场、商品的生命周期、竞争对手情况和商品的相关性。

5．商品组合的优化方法包括商品环境优化法、商品系列平衡优化法、波士顿矩阵优化法和资金利润率优化法。

6．商品结构调整依据商品销售排行榜、商品贡献率、损耗排行榜和周转率。

7．滞销商品的淘汰标准：以销售排行最后面的项数或百分比为淘汰标准、以销售数量未达到一个标准为淘汰标准、以销售单位未达到一个数量标准为滞销品的标准和将品质出现问题的商品列为淘汰的对象。

8．滞销商品的淘汰作业程序：列出淘汰商品清单；确定淘汰日期；统计淘汰商品的数量；查询有无货款可抵扣；决定处理方式；进行处理；建立淘汰商品的档案。

9．畅销商品的培养包括畅销商品的选择和畅销商品的推广。

10．单品是商品分类中不能进一步细分的、完整独立的商品品项，也是零售商商品经营管理的最基本单位。单品管理是指以每一个商品品项为单位进行的管理，是零售商根据企业的营销目标，对单品的配置、采购、销售、物流、财务、信息等一系列活动的管理。

11．单品管理的作用：单品管理是商品流通顺畅的保证；单品管理是企业获取稳定利润的手段；单品管理是优化企业商品的途径。

12．单品管理的原则：20%～80%原则。

13．单品管理内容包括商品验收标准、验货流程、入库流程及库存管理、退货流程、账务管理及盘点流程、商品价格管理、商品质量管理和商品标识标签管理。

14．品类是指易于区分、能够方便管理的一组产品或服务。品类管理是指零售商和供应商把所经营的商品分为不同类别，并把每一类商品作为企业经营的基本战略单位，进行一系列的管理活动。

15．高效回应消费者的反应（Efficient Consumer Response，ECR）是指零售商通过与供应商的紧密合作，减少不必要的经营成本、库存成本和固定资产，增加产品的价值，实现消费者利益最大化。

16．开展品类管理的八个步骤，即品类定义、品类角色、品类评估、品类评估指标、品类策略、品类战术、品类管理计划的实施和品类回顾。

17．自有品牌（Private Brand，PB）商品是指零售商通过搜集、整理、分析消费者对某类商品的功能、价格、造型等需求特性的信息，形成新产品概念，自己开设生产基地或选择生产企业生产这类新产品，使用零售商自己的商标，并在自己的卖场销售商品。

18．零售商可以考虑选择的自有品牌商品有：消费者的品牌意识不强的商品；销售量大和购买频率高的商品；单价较低和技术含量低的商品；保质要求程度高的商品。

19．商场对自有品牌商品可采取低价定位，以薄利多销的手法吸引对价格敏感的消费者。价格低廉是自有品牌商品的一大竞争优势。

20．自有品牌商品的具体开发方式：委托生产者制造；自设生产基地生产。

思考题

1．简述影响经营商品范围的因素。
2．简述商品组合的优化方法。
3．简述商品结构调整的依据。
4．简述滞销商品的淘汰标准与淘汰作业程序。
5．简述畅销商品的培养方法。
6．简述单品管理内容。
7．简述高效回应消费者的反应的概念。
8．简述开展品类管理的步骤。
9．简述如何选择自有品牌商品对象。
10．简述自有品牌商品的具体开发方式。

案例分析

大型零售企业为什么要开发自有品牌

目前，广东大多数的大型连锁超市都有自己的自有品牌。

在深圳的沃尔玛福星店、蛇口店、嘉里社区店里面，印有"GREAT　VALUE"标识的自有品牌随处可见，如"惠宜""equate""ash creek""725"等；在民润全家乐的简单超市里，印有"VALUE　PLUS"标识的自有品牌——"维加"占所有品牌的比率更是高达40%；其他连锁超市巨头的自有品牌包括新一佳的"新-佳"；民润市场的"精明选"；万佳百货的"家之精选"和"RMKY"；华润超市的"五丰""怡宝""德信"；人人乐的"乐丝"；中山壹加壹的"阔吉"和"先达"等。

同时，一些暂时还没有自有品牌但实力强和销售网络广的连锁超市，也纷纷表示将考虑开发自己的品牌。而且，一些连锁超市还专门成立了"自有品牌开发部"，负责企业未来自有品牌的开发和销售事宜。

自有品牌的商品主要集中在快速消费品和服饰两大方面。在快速消费品方面，有沃尔玛的"惠宜"鱿鱼干、"惠宜"巧克力威化、"惠宜"茶树菇以及"equate"沐浴露等；全家乐简单超市的"维加"早餐饼、沐浴露、洗洁精、地板净、牛奶威化饼、汉堡糖等；新一佳的"新一佳"纸巾、红色旅行袋和固体香剂等；民润市场的"精明选"一次性纸杯、纸巾和悠闲食品等；万佳百货的"家之精选"纸巾和糖果等；华润超市的"五丰"米粉、"怡宝"纯净水和"德信"茶叶等；人人乐的"乐丝"毛巾以及中山壹加壹超市的"阔吉"糖果、"先达"面包以及"1+1"纸巾等。而在服饰方面，则有沃尔玛的"ash creek"衬衣、"725"牛仔裤；人人乐的"乐丝"袜子和休闲服装；万佳百货的"RMKY"服装等。

（案例来源：https://wenku.baidu.com/view/3d8e0c9591c69ec3d5bbfd0a79563c1ec5dad795.html）

问题：

1. 上述零售企业开发自有品牌出于什么动机？
2. 零售企业开发自有品牌要具备什么条件，需注意什么问题？

分析：

1. 塑造经营特色；降低经营成本；增大利润空间；等等。
2. 应具备条件：有良好的商誉、信息灵敏，能降低成本和价格，能形成特色。要注意：商品的选择、价格制定和成本控制、开发的方式等。

第十章　零售采购管理

学习目标

1. 掌握零售商商品采购程序。
2. 了解零售采购制度。
3. 熟知零售商商品采购决策过程。
4. 熟知采购人员必须具备的职业素质和职业道德。

导读

沃尔玛的商品采购管理

沃尔玛在采购时严格采用全面压价方式并与供应商结成战略伙伴关系，排斥了大量的中间商，同时也最大限度地从供应商身上获取最大利润，这从一定程度上损害了供应商的利益，从而造成零售业供应商的两大不幸：一是作为沃尔玛的供应商；二是不被沃尔玛选为其供应商。

（1）永远不要买得太多。沃尔玛提出，减少单品的采购数量，能够方便管理，更主要的是可以节省营运成本。沃尔玛的通信卫星、GPS以及高效的物流系统使得它可以以最快的速度更新其库存，真正做到零库存管理，也使"永远不要买得太多"的营销策略得到有力保证。

（2）沃尔玛全球供应商的选择。优秀的供应商是零售企业的重要资源，对零售企业的成长具有重大影响。对沃尔玛来说，选择了合适的供应商，才有可能采购到合格的商品，因此，在全球采购战略中，沃尔玛挑选供应商的条件和标准都是一样的。

（3）价廉物美。沃尔玛采购的第一个要求是"价廉物美"。在沃尔玛看来，供应商都应该弄清楚自己的产品跟其他同类产品有什么区别，以及自己的产品中究竟哪个是最好的。供应商最好能生产出一种商品专门提供给沃尔玛。沃尔玛最希望以会员价给顾客提供尽可能多的在其他地方买不到的产品。

（4）突出商品采购的重点。沃尔玛一直积极地在全球寻找最畅销的、新颖有创意的、令人动心并能创造"价值"的商品，形成一种令人高兴、动心的购物效果，从而吸引更多的顾客。沃尔玛的商品采购的价格决策和品项政策密不可分，它以全面压价的方式从供应商那里争取利润以实现天天低价；沃尔玛还跟供应商建立起直接的伙伴关系以排斥中间商，直接向制造商订货，消除中间商的佣金，在保证商品质量的同时实现利润最大化。

（案例来源：https://wenku.baidu.com/view/a6d27126bcd126fff7050b64.html）

零售企业应进行采购管理以适应企业的日常经营活动。本章就商品采购程序、采购制度、采购决策过程、采购人员必须具备的职业素质和职业道德等内容进行介绍。

第一节　零售商商品采购程序

零售商商品采购程序包括建立采购部门、制订采购计划、确定供应商及货源、谈判及签约、再订购商品和定期评估与改进等环节。

一、建立采购部门

零售商一般将采购业务交给企业内某些人或某些部门负责，因此而产生了正式的或非正式的采购组织。正式的采购组织是零售商建立的专门采购机构，负责整个商场或整个连锁卖场的采购任务。在一个正式的采购组织里，设有专门的采购人员，这些采购人员分别负责某一类商品的采购，有明确的采购责任和授权，公司也对其实施严格的考核。非正式采购组织不设专门的采购部门，由一群兼职采购人员负责，这些人既负责商品经营，又负责商品采购，有时也处理其他零售业务，其责任和授权并不十分明确，这种采购形式适用于小型零售商或实施分散采购制度的零售商。

在零售商外部的采购费用更低或效率更高的情况下，零售商的采购业务可交给外部采购组织，雇用外部的公司或人员，采购任务完成后再由零售商支付一笔费用，通常这笔费用比零售商自建采购组织完成采购任务花费的费用低，且效率较高。外部采购组织通常被中小型零售商或远离货源的零售商所雇用，它具有与供应商谈判的优势，通常服务于若干无竞争关系的零售商，有时也提供营销咨询及自有品牌商品。

二、制订采购计划

零售商在商品采购方面需要对采购什么、采购多少、从哪里采购、什么时候采购等一系列具体问题进行安排，并以此制订具体采购计划，以便加强采购管理。一般零售商每月均要编一套完整的销售计划，列出这段时间需采购的商品。采购人员也要拟订一份采购计划以保证销售计划的执行，如商品的采购价格、采购数量、采购来源、预定销售价格等。

采购计划是企业经营管理计划中的一个重要组成部分。一般包括年度采购计划和月度采购计划。月度采购计划的制订要细分落实到商品的小分类，对一些特别重要的商品，要落实到品牌商品的计划采购量，采购计划要细分到小分类，其意图是控制好商品的结构，使之更符合目标顾客的需求。同时采购计划的小分类对采购业务人员的业务活动给出了一个范围和制约。另外，如果把促销计划作为采购计划的一部分，在与供应商签订年度采购合同之前，就要求供应商提供下一年度的产品促销计划方案，便于零售商在制订促销计划时参考。在制订采购计划时也应要求供应商提供下一年度新产品上市计划和上市促销方案，作为零售商新产品开发计划的一部分。

三、确定供应商及货源

选择商品货源是零售商开展采购活动的重要环节，零售商需要在各种货源渠道中确定哪一渠道可以满足卖场对某一商品的需要。零售商的进货来源主要有制造商、当地批发商、外地批发商、代理商和经纪人、批发交易市场和附属加工企业。由于零售商的类型和规模不同，进货渠道也会有所不同。为确保进货及时，渠道畅通，商品品种、花色、式样丰富多彩，零售商必须广开货源，开拓供货渠道，建立稳定的购销业务关系，形成供需互相信赖和互相支持的局面。这样零售商可以减少人员采购，节约费用。零售商在保持稳定的进货渠道的同时，还要注意开辟新的进货点，以保持商品品种的多样化。

零售商选择供应商的标准主要有如下几点。

（1）信用好。零售商在进货前必须了解供应商以前是否准时收款发货，遵守交货期限，以及履行采购合同情况，以便同诚实、信用好的单位建立长期合作关系，稳定货源。

（2）价格低。价格是零售商进货的主要依据之一，只有价廉物美的商品才能吸引消费者，增强竞争力。因此，在保证商品质量的基础上，价格低的供应商是卖场进货的首选。

（3）品质合格。零售商进货时要了解对方的商品质量情况，比较不同供应商的商品性能、寿命、花色、品种、规格等方面的品质，择优进货。

（4）时间快。比较供应商发货后商品的在途时间及结算资金占用等方面情况，选择时间快的供应商进货。

（5）费用低。比较不同供应商、不同地区的进货费用和进货成本情况，选择费用低的供应商进货。

（6）服务项目多。比较不同供应商服务项目的多少和服务质量的高低，例如，是否送货上门，是否负责退换商品，是否提供修理服务，是否赊销，是否负责介绍商品性能、用途、使用方法，是否负责广告宣传，等等，选择服务项目多的供应商进货。

（7）管理制度规范。考察供应商的管理制度是否系统化、科学化，工作流程是否规范，执行制度是否严格，选择管理制度规范的供应商进货。

四、谈判及签约

1. 谈判内容

（1）配送问题的规定。零售商经营的主要是消费品，尤其是超级市场，销售的大多是日常用品，以满足消费者的日常生活所需，这些商品的周转率相当高。要保持充足的商品供应，商品配送是一个十分重要的谈判内容。许多卖场设有自己的配送中心，这一问题相对容易解决。但许多卖场自己的配送能力有限，必须部分或全部依靠供应商的配送，为此，卖场应在配送方式、配送时间、配送地点、配送次数等方面与供应商达成协议条款。

（2）缺货问题的规定。供应商的供货若出现缺货的现象，必然影响卖场的销售。为此，双方在谈判时要制定一个比率，以约束供应商准时供货，明确供应商缺货时应负的责任。例如，允许供应商的欠品率为 3%，超过 3% 时，每月要付 1 万元的罚金。

（3）商品品质的规定。进行商品采购时，采购员应了解商品的品质是否符合国家安全标准和环保标准，或商标等规定。由于采购员的知识所限，有时不能判断上万种商品的各种成分及技术标准，因此在采购时，必须要求供应商提出合乎国家法律规定的承诺，以及政府核发合法营业的证明，以确保销售的商品品质不会出现问题。

（4）价格变动的规定。零售商与供应商签订采购合约后，往往建立的是一种长期的供货关系，零售商当然希望供应商的商品价格保持不变。但由于供应商的成本因素，如原料成本上升、原料供应减少造成商品供不应求或薪金上涨等因素，价格的变动在所难免。因此双方在谈判时仍需规定供应商在调整价格时按一定程序进行。例如，规定供应商要在价格调整生效前一个月通知卖场方；规定调价时，必须再优待一批以原来供应价为采购价的商品才可调整；配合整体销售通路同时调价；等等。

（5）付款的规定。零售商采购时，支付货款的天数是一个很重要的谈判内容，还必须对支付货款的方式进行规范。例如，将对账日定在每月的某一天，付款日定在某一天，付款时是以现金支付还是银行转账等，都要有一系列规定，双方共同遵守。

2. 采购合同的管理

采购合同是买卖双方经过谈判，明确双方有关权利和义务的一种书面协议。它对双方当事人具有法律约束力。采购合同一旦签订，任何一方不得强迫对方接受不平等条件，也不能单方撕毁合同，否则将受到法律制裁。

采购合同包含基本条款和普通条款，主要包括以下内容。

（1）采购商品的名称。合同上应注明商品的生产厂名、牌号或商标、品种、型号、规格、等级、花色等。

（2）采购商品的数量、价格和质量。数量和价格由购销双方议定。对于质量，合同可以规定多种鉴别方法，一是直接观察法；二是以样品为标准鉴别；三是以牌号为根据鉴别；四是以标准品级为依据鉴别。

（3）采购商品的交货地点及交货时间。交货地点包括现场交货、船上交货、车站交货、到库交货；交货时间分别有立即交货、近期交货、远期交货。

（4）采购商品货款的支付。包括结算方式，开户银行、账户名称及账号，是当时付款还是预付货款、后付货款等。

（5）其他事项。包括供应商的售后服务，对消费者的承诺，应支付的各种入场费、赞助费等。

（6）违约责任及违约金。

五、再订购商品

1. 订货和送货时间

零售商处理一份订单需要花时间；供应商履行订单，并将货物送达也要花时间。所以，零售商要把握处理订单的时间，以便当库存降到一定水平时，订购的货物刚好能到达卖场。这样既不会导致商品脱销，也不至于造成商品积压。

2. 财务支出

针对不同采购方案，零售商财务支出是不同的。大批量订货可以获得较大的数量折扣，使单位商品进价相对较低，但大批量订货需要大量现金支出，增加了资金压力；小批量订货不能享受供应商的价格优惠，导致商品进价相对较高，但小批量订货无须占用太多资金，增加了资金的使用效率。零售商在再订购时需要权衡两方面的利益。

3. 订货成本和储存成本

订货量大，一定时期订货的次数就会减少，相应的订货成本也会降低，因为能获得较高的数量折扣、较低的单位运输成本，且易于控制和处理，但订货量大也会使一定时期商品的储存成本增加，商品损坏和过时的可能性大。订货量小，一定时期订货的次数就会增多，相应的订货成本也会增加，因为较少的价格优惠、较高的单位运输成本、额外的服务支出及控制和处理过程更复杂，但订货量小会减少一定时期商品的储存成本，商品损坏和过时的可能性也小些。零售商在再订货时需要权衡这两种成本，最好的情况是订货批量使订货成本和储存成本的总和为最低值。

4. 存货周转率

存货周转率又叫库存周转率，是零售商一定时期主营业务成本在平均存货余额中所占的比率。用时间表示的存货周转率就是存货周转天数。存货周转率是对流动资产周转率的补充说明，通过存货周转率的计算与分析，可以测定零售商一定时期内存货资产的周转速度，是反映零售商购、产、销平衡效率的一种尺度。存货周转率越高，表明企业存货资产变现能力越强，存货及占用在存货上的资金周转速度越快。

六、定期评估与改进

1. 定期评估

引入的商品在商场正式销售后，采购人员要跟踪引入的商品的销售情况，并定期评估。其主要包括两个方面：商品的评估和供应商的评估。对商品的评估，主要是看商品是否畅销，因此，采购人员要定期分析商品销售量，看销售是否稳定与正常，并及时淘汰滞销商品，引入新商品。对于供应商，也需要定期评估。

2. 零售商与供应商关系的改进

定期评估不能只停留在工作考核的层面上，关键在于如何改进工作，提高零售商的采购管理水平。这既包括采购计划、采购方法和采购商品品种的改进，也包括零售商与供应商关系的改进。

越来越多的零售商已经认识到，与优良的供应商建立长期稳定的合作关系对自身的发展至关重要。过去零售商只需专注于企业内部管理，包括对商品的管理、财务的管理、人员的管理，便能在市场中获得竞争优势。后来随着竞争的加剧，零售商又通过发展连锁经营、降低库存来赢得优势。然而今天的零售商采用独自挖掘潜力的竞争方式已不能适应竞争的需要，零售商需要将自己放在整条商品供应链中，考虑自己的地位和价值，通过与供应商建立战略伙伴关系，不断提高对顾客要求的迅速反应能力、内部各部门的应变能力和优化企业外部资源管理的能力，从而建立起自己的独特竞争优势，在竞争中求发展。

第二节   零售采购制度

零售采购制度包括分散采购制度、集中采购制度、分散与集中相结合的采购制度。

一、分散采购制度

1. 分散采购制度的含义

分散采购制度是指零售商的采购权分散到各个部门或各个分店，由各商品部门或分店自行组织采购商品的制度。这些部门或分店不仅负责本部的商品采购，还直接负责商品的销售，其特点是采购与销售合二为一。

2. 分散采购制度的优点

（1）能适应不同地区市场环境变化，商品采购具有相当的弹性。

（2）对市场反应灵敏，补货及时，购销迅速。

（3）由于分部拥有采购权，可以提高一线部门的积极性，提高其士气。

（4）由于采购权和销售权合一，分部拥有较大权力，对分部经营业绩负责，便于分部考核。

3. 分散采购制度的缺点

（1）零售商的各部门容易各自为政，交叉采购，人员费用较大。

（2）由于零售商的采购权力下放，使采购控制难度加大，采购过程易出现舞弊现象。

（3）分散采购易导致计划不连贯，形象不统一，难以实施统一的促销活动，卖场整体利益控制有难度。

（4）由于零售商各部门或分店的采购数量有限，难以获得大量采购的价格优惠。

由于分散采购制度存在许多弊病，这种方式正逐渐被集中采购制度所取代。只有在地区之间消费需求存在较大差异时，才采用分散采购制度。

二、集中采购制度

1. 集中采购制度的含义

集中采购制度是指零售商的采购权限高度集中于总部，由零售商总部设置专门采购机构和人员统一采购商品，商品分部或分店则只负责销售的制度。

2. 集中采购制度的优点

（1）可以提高零售商与供应商进行采购谈判时的议价能力。由于零售商实现集中采购，进货量大，零售商在谈判中处于优势，可以获得优惠的合同条款，特别是享受较高的价格优惠。这是许多连锁卖场竞争力的主要来源之一。

（2）可以降低采购总成本。零售商只需要在总部建立一套采购班子，而不必像分散采购需要各分部或分店建立自己的采购队伍，从而降低了采购人员的采购费用；同时，采购谈判、信息搜寻、商品运输等费用也会大幅度降低。这就大大降低了零售商采购总成本。

（3）可以统一促销。由零售商总部统一规划，实施促销活动，有助于保持零售商统一形象，使零售商整体营销活动易于策划和控制。

（4）可以提高效率。集中采购制度将采购职能集中于训练有素的采购人员手中，有利于保证采购商品的质量和数量，提高采购效率；同时使各商场致力于销售工作，提高商场的营运效率。

（5）可以降低仓储及收货费用。集中采购运用配送体系，降低仓储与收货费用。连锁公司在实施集中采购后，才可能建立与之相适应的统一配送。集中采购、统一配送可以保证各商场大幅度压缩仓库，甚至取消仓库，收货队伍也可压缩至最少。这样就极大地降低了仓储及收货费用。

（6）可以规范采购行为。困扰零售商的一个很大问题是商业贿赂。所谓商业贿赂，是指供应商给零售商的采购员提供金钱或有价值的物品，以影响其采购决策。通过集中采购，建立一套行之有效的规章制度及制衡机制，可以有效解决这一问题。

3. 集中采购制度的缺点

（1）购销容易脱节。集中采购制度在享有专业化分工、提高效率的同时，也增加了专业化分工的协调难度。尤其是连锁企业，由于分店数量众多，地理分布又较分散，各分店所面对的消费和需求偏好有差异，集中采购制度很难满足各分店的特色，物流人员配送商品也难以适应各分店的特点。

（2）购销双方易出现矛盾。采购人员与销售人员合作困难，销售人员的积极性难以充分发挥，维持卖场的活力也比较困难。

（3）各方责任不清晰，不利于考核。

三、分散与集中相结合的采购制度

1. 分散与集中相结合的采购制度的含义

分散与集中相结合的采购制度是将一部分商品的采购权集中，由专门的采购部门或人员负责，另一部分商品的采购权交由各经营部门自己负责。

2. 分散与集中相结合的采购制度的优点

卖场可以根据所处地区的市场和自己的实际情况，有针对性地采购部分商品。

3. 分散与集中相结合的采购制度的缺点

实行分散与集中相结合的采购制度，如管理不善，容易形成各自为政的局面。

第三节　零售商商品采购决策

零售商商品采购决策过程包括商品采购品种的确定、商品采购预算的确定、商品采购数量的确定和商品采购时间的确定。

一、商品采购品种的确定

ABC分类管理法是将各种商品按金额大小顺序排列，计算出各类商品的金额比重和品种比重，将商品划分为ABC三种类别。A类商品是指获利高或占销售额比重大，而品种少的商品，一般金额比重为70%～80%，品种比重为5%～10%；C类商品是指获利低或占销售额比重小，而品种多的商品，一般金额比重为5%～10%，品种比重为70%～80%。B类商品是处于A类和C类商品之间的商品，其金额比重为10%～20%。将商品划分成ABC三类后，再根据分类结果实施分类管理。

A类商品是重点商品，应进行重点控制，为防止脱销，要定时定量采购，经常检查每个品种的存储情况，及时进行调整，务必使这类商品经常保持在合理的限度内，保证不脱销、不积压。

C类商品可以采用较简单的办法加以控制，如采用固定采购量，适当减少采购次数，由于这类商品所占销售额比重较小，而品种比重较大，因而需要将每种商品的库存量控制在最小限度内。

B类商品可实行一般控制，分大类进行管理，除其中销售量较大的部分品种参照A类商品进行管理外，其余大部分商品连同C类商品都可以采取定期检查存量的方法进行控制。

二、商品采购预算的确定

采购预算的计算公式如下：

采购预算=销售成本预算+期末库存计划额-期初库存额

例如，某卖场一年的销售目标为2 000万元，平均销售利润率为15%，期末库存计划额为200万元，期初库存额为180万元，其全年的采购预算为

采购预算=2 000×(1-0.15)+200-180=1 720（万元）

即一年的采购预算为1 720万元。

再将其按月分配到各个月，就是每月的采购预算。

采购预算在执行过程中有时会出现情况的变化，这有必要进行适当的修订。例如，卖场实行减价或折价后，就需要增加销售额；卖场临时新增加促销商品，就需要从预算中减去新增商品的金额。

三、商品采购数量的确定

1. 大量采购

大量采购是卖场为了节省采购费用、降低采购成本而一次性地把一种商品大批量地采购进来的行为。这种采购方式的优点是可以降低一次性的采购成本，获得进货优惠；缺点是需要占用大量资金和仓储设施。大量采购的商品数量主要依据卖场的经营需要、仓储条件和采购优惠条件等情况而定。一般适合以下几种情况。

（1）对价格弹性较大的商品，可以大量采购。有些价格弹性较大的商品，价格降低一

定幅度以后，可以引起需求量迅速扩大。有些卖场针对价格弹性较大的商品采取大量进货，压低进货的单位成本，再通过薄利多销的策略吸引消费者购买，从而加速商品周转。对于这些价格比较敏感而大量销售的商品，可以采取大量采购方式。

（2）对采用共同采购的商品，可以大量采购。共同采购是许多独立中小卖场为降低采购成本而联合起来的一种联购分销的采购方式。这种采购方式在国外零售业非常普遍，而在国内这种采购方式尚较少见。共同采购方式具体到每一个独立中小卖场采购量不大，但各个独立中小卖场联合起来采购量就大了，可以采用大量采购方式。

（3）对供货不稳定的商品，可以大量采购。有些商品的供应断断续续，不稳定。当市场上供应这种商品的时候，卖场采用大批量采购并将商品储存起来，供以后的陆续销售。这种情况下，卖场必须准确估计需求量以及商品供应不稳定的缺货时间，否则卖场大量采购，会承担商品积压的风险。

2. 适量采购

适量采购是指对市场销售均衡的商品，在卖场保有适当的商品库存的条件下，确定适当的数量来采购商品。适量采购的关键是确定适当的采购数量，如果数量不当，将直接影响企业销售，增加进货成本。我们称这一适当的采购数量为经济采购批量。经济采购批量就是使采购费用与保管费用之和减少到最小限度的采购批量。其计算公式为

$$Q = \sqrt{2KD/PI}$$

式中：Q 表示每批采购数量；

K 表示商品单位平均采购费用；

D 表示全年采购总数；

P 表示采购商品的单价；

I 表示年保管费用率。

经济采购批量尽管是理论上的一个数字，但卖场需要测算出这一经济采购批量，为实际的采购工作提供参考。采购费用与保管费用对一次采购批量的要求是不同的。从卖场经济效益来考虑，要使这两种费用都能节省，就必须寻找一个最佳采购批量，使两类互相矛盾的费用加起来的总费用为最小数。

四、商品采购时间的确定

1. 定时采购

定时采购是指每隔一个固定时间采购一批商品，此时采购商品的数量不一定是经济批量，而是以这段时间销售的商品为依据计算。定时采购具有采购周期固定、采购批量不固定的特点。

定时采购的优点是采购时间固定，可以做周密的采购计划，便于采购管理，并能得到多种商品合并采购的好处；其缺点是由于这种采购方法不能适应库存动态，易出现缺货现象，盘点工作较复杂。

2. 不定时采购

不定时采购是指每次采购的数量相同，而每次采购的时间则根据库存量降到一定水平来确定。不定时采购具有采购批量固定、采购时间不固定的特点。

不定时采购的优点是能随时掌握商品变动情况，采购及时，不易出现缺货现象。其缺点是由于各种商品的采购时间不一致，难以制订周密的采购计划，不便于采购管理，也不能享受集中采购的价格优惠。

第四节　零售商采购人员管理

一、零售商采购人员的基本素质要求

采购人员必须具备与采购工作复杂性相适应的素质和能力要求。高素质的采购团队能使零售商的供应管理工作具有更高的效率，并能在追求成本降低的同时，科学地判断和预防采购风险。采购人员必须具备职业素质和职业道德。

1. 职业素质

采购人员的职业素质主要包括具有采购专业知识、采购理论知识、采购业务知识和其他一些相关的知识。

（1）采购专业知识。不同的采购项目涉及的专业知识范围不同，采购人员必须熟悉相关的专业知识，如现代物流管理知识、仓储管理知识等，掌握相关方面的专业技能；要善于学习与思考，有针对性地学习国内外先进的采购工作经验，以弥补自身专业技能的不足。此外，还要掌握采购物料的一些专业知识。这样才能够提高相应的采购作业的效率，才能在采购过程中对供应商进行一些有效的先期筛选，以及对供应市场进行准确了解。

（2）采购理论知识。采购理论涵盖的内容较多，采购人员对采购的基本理论要有所了解，如对供应商的选择、评估、管理和考核，物料供应市场调查，物料计划，商品库存控制等方面的理论知识。这样才能在采购过程中提高工作的预见性和准确性。

（3）采购业务知识。采购的业务知识是指采购的操作知识，包括采购计划和预算的制订、采购订单的处理等一套完备的方式和程序。采购人员只有掌握了采购的方式和程序，才能够熟悉采购的工作方法与技能，不断提高自身采购业务水平。

（4）其他相关知识。采购还涉及一些其他相关知识，如商贸、法律、财经、建筑工程、机电设备、网络等方面的知识。所以采购人员要熟练掌握预算管理、招投标、采购合同、商务谈判、市场调查以及货物、工程和服务采购等领域的相关知识和技能，还要有系统地掌握管理知识和现代科技知识，如经济知识、财务会计知识、商品知识、计算机及网络知识、外语知识、世界贸易知识等。

2. 职业道德

采购人员所处理的订单实际上就是金钱，而采购人员本身对供应商而言就是财务代表。拥有采购权的业务人员经常会受到各种各样的供应商的包围，因而采购人员具有职业道德是极其重要的。采购人员的职业道德包括爱岗敬业、诚实守信、廉洁自律、客观公正、坚持原则和优质服务。

（1）爱岗敬业。爱岗敬业是采购人员做好采购工作的出发点，也是采购人员首要职业道德。采购人员只有热爱采购工作，在采购工作岗位上尽心尽力、尽职尽责，才能够全身心地投入采购工作，才能吃苦耐劳、兢兢业业、认真钻研采购业务，干好采购工作。

（2）诚实守信。诚实守信是采购人员做好采购工作的前提，也是采购人员做人、处事、干工作的基本准则。具体来说，采购人员只有言行一致，诚恳待人，不弄虚作假，不瞒上欺下，严格遵守和兑现自己所做出的承诺，才能在具体的采购工作中严格履行自己的权利和义务，才能自觉地排除各种虚假信息的散布，才能自觉避免各种欺诈、串通、隐瞒等不法行为的产生，切实保障各有关方的正当利益。

（3）廉洁自律。采购从业人员廉洁自律，自觉地遏制和抵制各种违法乱纪行为是做好采购工作的保障。采购从业人员一旦跨越了廉洁自律的思想防线，必然经受不住来自各方面的腐蚀和侵扰，从而做出收受贿赂、贪污、挪用、假公济私等违法乱纪行为。其结果不仅是使自己一步一步走上违法犯罪的道路，还会严重影响采购工作的顺利进行，侵犯甚至践踏了他人的正当权益，使企业的财产遭受严重损失。因此，采购从业人员必须自我约束、自我规范、自我控制，努力提高自己的思想觉悟，树立高尚的道德情操，增强抵制不正风气的能力。做到在不义之财面前不动心，在策略面前不变通，敢于同一切违法犯罪行为进行斗争，才能够保证采购工作顺利有序地进行。

（4）客观公正。客观公正是要求采购人员在采购工作过程中公平正直，既不掺杂个人的主观意愿，也不能被他人的意见所左右。具体表现在采购工作中应按照规定和程序实施严格的操作，对所有的供应商一视同仁，没有任何歧视性的条件和行为。在具体的评标过程中，不能有任何主观倾向，按照统一的评标规则和标准，确定中标或是成交的供应商，切实维护各供应商的切身利益。这是每位采购工作人员应当具备的从业工作态度。

（5）坚持原则。坚持原则要求采购从业人员在采购活动中，按照法定依据操作和规定的操作程序，依法依规办事，不因自己的主观意志或是他人施加的影响所改变。采购从业人员一旦丧失了依法依规办事的原则，可能会产生暗箱操作、徇私舞弊、收受贿赂等各种不法行为，就不能保障采购当事人的正当权益，也不能够干好采购工作，其结果是侵犯他人的正当权益。因此，坚持原则是每位采购工作人员必须具备的基本素质要求。

（6）优质服务。为供应商营造一个宽松、和谐的服务环境，缓解他们的竞争压力，并与供应商建立起良好的关系，这是采购工作人员做好采购工作，完成采购任务的基本条件。采购工作人员对供应商应该一视同仁，不以貌取人，不以势压人，态度温和，语言文明，谦虚谨慎，团结协作。在矛盾面前尊重事实，以理服人，心平气和地解释和沟通，圆满地完成采购任务。

二、零售商采购人员的管理

建立一支优秀的、经得起考验的采购队伍，是零售商的人力部门和采购经理的重要责任。管理好采购人员可以从以下几个方面着手。

1. 察言观色

观察采购人员平时上下班是否经常不准时，是否无心工作，是否常借故外出不返，其平常的生活习惯是否良好，是否讲究穿戴名牌服饰，是否经常与供应商外出聚餐、消遣和娱乐，是否经常一掷千金，是否经常更换高级手机，是否自备高档交通工具或以出租车代步，等等。注意观察这些与其个人收入挂钩的方面，容易发现问题。

2. 定期轮岗

"流水不腐，户枢不蠹。"采购工作必须定期轮岗，目的是让采购人员能接触更多的品类，增加其工作经验，为日后的升迁打下基础；到新岗位后，一般有"新人新作风"，会对供应商多提要求，获得一些较好的交易条件或促销支持；避免以同一职务与供应商打交道太久，产生问题。

3. 激励士气

采购人员每天要面对供应商、公司领导、其他同事，甚至顾客的咨询，有做不完的事，工作压力较大，难免心浮气躁。管理采购人员应避免用高压管理的方式，而应以"用人不疑，疑人不用"的管理方式，让采购人员自觉地把工作做好，多奖少罚。工作做不好的，应采用个别谈话方式，了解其背后的真实原因，给予改正的机会，俗话说："人非圣贤，孰能无过"。注意激励士气，创造一个良好的工作氛围，让采购人员全心全力地为卖场的业绩拼搏。

4. 季度业绩考核

每季度应至少有一个季度指标，季度指标是考虑零售商的总体指标、近期的市场地位与实力、市场或行业的增长率、历史数据、采购主管的开发商品与创新能力、来客数与客单价的增长等方面因素而制定，包括月销售额、月毛利额及毛利率、月营业外收入、快讯促销占比。采购主管应针对采购人员按季度指标进行业绩考核。一个季度"累计总业绩达成率"没有达到80%的应考虑换岗。这对现任的采购人员可形成一种压力。

5. 季度综合素质考核

除季度业绩考核以外，采购主管还可以对采购人员做季度综合素质考核。定期考核采购人员，让每一位采购人员知道上级对他们的综合素质的评估与期望。

做好以上五个方面的管理工作，采购人员的管理工作基本上可以顺利完成。季度业绩考核是定量的考核方式，而季度综合素质考核是定性的考核方式。两者并用，不难看出一个采购人员能否胜任，胜任者应继续委以重任，不胜任者可能要考虑换岗或挂职，甚至下岗。

📝 本章小结

1. 零售商商品采购程序包括建立采购部门、制订采购计划、确定供应商及货源、谈判及签约、再订购商品和定期的评估与改进等环节。

2. 零售采购制度包括分散采购制度、集中采购制度、分散与集中相结合的采购制度。

（1）分散采购制度是指零售商的采购权分散到各个部门或各个分店，由各商品部门或分店自行组织采购商品的制度。

（2）集中采购制度是指零售商的采购权限高度集中于总部，由零售商总部设置专门采购机构和人员统一采购商品，商品分部或分店则只负责销售的制度。

（3）分散与集中相结合的采购制度是将一部分商品的采购权集中，由专门的采购部门或人员负责，另一部分商品的采购权交由各经营部门自己负责。

3. 零售商商品采购决策过程包括商品采购品种的确定、商品采购预算的确定、商品采购数量的确定和商品采购时间的确定。

4. 采购人员必须具备职业素质和职业道德。

采购人员的职业素质主要包括具有采购专业知识、采购理论知识、采购业务知识和其他一些相关的知识。

采购人员的职业道德包括爱岗敬业、诚实守信、廉洁自律、客观公正、坚持原则和优质服务。

思考题

1. 简述零售商商品采购程序。
2. 简述零售采购制度。
3. 简述零售商商品采购决策过程。
4. 简述采购人员必须具备的职业素质和职业道德。

案例分析

互惠超市是如何实现厂商"双赢"局面的

"2004·全国春季糖酒交易会"让超市和供应商都赚了个盆满钵满。四川互惠商业（集团）公司就是其中的一家。据了解，糖酒会期间，该公司接待全国各地供应商几百家，签订各类商品贸易合同（协议）金额上亿元，成为本届糖酒会上的企业明星。

"我们成都红干红葡萄酒一上市，就进了互惠超市。现在，每年在互惠超市连锁店的销量就有几万瓶，销售额在 60 万元以上。"提起与互惠商业的合作，四川琨宇集团总经理杨定福感慨万千。

有着同样感慨的是四川光友薯业有限公司。据该公司董事长邹光友介绍，他们与互惠商业集团的合作已有 6 年的历史。1999 年光友粉丝在互惠超市的销售额只有几万元，2003 年已攀升到 200 多万元，真正实现了供销"双赢"。

"之所以选择互惠做我们的合作伙伴，除互惠超市这个品牌效应和它遍及全省的销售网点、富有个性的店面设计、方便快捷的商品配送、优质高效的商业服务等外，在关键时候互惠总是挺身而出，解决供应商的燃眉之急。"以薯粉加工专利技术起家的邹光友说。

据介绍，10 年前互惠超市第一个门店开业时，只有几十家供货商。今天，向互惠商业集团 420 多个门店发货的供货商已超过 1 000 家，供应商品品种在 2 万种以上。在互惠的合作伙伴里，不仅有五粮液、泸州老窖、郎酒、康师傅、成都红、光友粉丝、竹叶青茶业等国内著名品牌，也有可口可乐、百事可乐、宝洁、联合利华等世界 500 强企业的身影。国内不少企业、省内不少知名品牌都是与互惠一起成长、一起壮大的。

（案例来源：https://www.ppkao.com/tiku/shiti/6683033.html）

问题：

1. 互惠超市是如何实现厂商"双赢"局面的？

2. 互惠超市对供应商的做法可以给其他超市带来什么启示？

分析：

1. 互惠超市是通过品牌效应、富有个性的店面设计、方便的商品配送、高效的商业服务、平等的工商关系等实现厂商"双赢"的。

2. 启示是零售商要营造双赢局面，必须首先建立平等关系，端正经营观念，不能光从供应商角度压榨渠道利润，而应该建立合作伙伴关系，共同开拓市场。

第十一章　定价及调整

 学习目标

1. 了解影响零售定价的主要因素。
2. 掌握零售商主要的定价策略。
3. 掌握初始价格确定的方法。
4. 熟悉零售价格调整方向及其注意事项。

 导读

大润发超市价格策略

低价吸引消费者走进大润发超市。大润发配备了市场价格监察员，时刻关注竞争对手的价格，一旦发现对手降价，立刻反应。大润发超市主要采取以下措施保持低价。

1. 从生产终端采购

大润发一方面与欧尚合作，运用全球网络进行采购，对于需求量大的产品，直接找厂家大规模成批量付全款买断；另一方面直接找到肉、米、瓜、果的生产者，采用期货锁定制，提前在生产终端控制价格。

2. 降低成本

大润发拥有专门的防损部门，同时坚持损失率与个人业绩挂钩的原则，这样使得日常各个部门的损耗降到较低水平。同时，建立了专门的防损区域，进行专门的防损监控，从而进一步降低成本，保证低价策略。

3. 产品价格组合

招徕价格吸引人气，高价产品赚取利润，二者组合拥有高度的互补性和协同效应。大润发利用 ERP 信息系统对所有的商品按周期进行精确的测算，深度分析超市客户群体的特点，为他们提供不赚钱的生活必需品，在其他产品上赚取高溢价。

如何定价以及如何调整价格是零售企业非常关心的问题，也是消费者非常敏感的问题。本章就影响零售定价的主要因素、零售商品定价策略、零售商品初始定价、零售商品价格调整的注意事项等内容进行介绍。

第一节　影响定价的主要因素

影响零售定价的主要因素包括零售商本身、消费者价格心理、竞争对手的价格策略、商品进货成本和国家法律法规。

一、零售商本身

零售商对商品定价的决策，不是一个独立的决策过程，而是营销组合的一部分。零售商对商品定价的决策要考虑与零售商目标市场、市场定位、经营品种、开设地点、促销活动、服务水平以及希望传播的印象等因素互相配合。

零售商如果已经认真选择了目标市场，那么它的价格策略以及其他营销策略就会变得比较容易确定。零售商的市场定位越明确，价格的确定也就越容易。零售商开设地点对商品价格的确定有着显著的影响，与业态相近的竞争对手相距越近，在价格的确定上受竞争对手的价格影响越多，与目标顾客距离越远，零售商要想吸引较远的顾客，那商品价格就必须定得更低一些，除非在商品种类和其他方面具有诱人的特色。零售商的价格策略与促销策略紧密相关，很多商家利用低价手段达到促销的目的。零售商为顾客提供的服务项目也与商品价格的制定关系密切，提供的服务项目越多，服务水平越高，所产生的经营费用也越高，为弥补这一经营费用，不得不提高商品价格。此外，价格也是传播卖场印象的手段。

二、消费者价格心理

零售商销售商品的价格水平既受消费者收入水平的制约，也受消费者价格心理的影响。消费者收入水平与价格心理是互相联系的。研究发现，同一收入层次的消费群往往具有类似的价格心理。消费者价格心理是消费者对商品价格水平的心理感知。它是消费者在长期的购买活动中对商品价格的认识，反映消费者对商品价格的知觉程度以及情绪感受。消费者对商品零售价格心理感知的速度快慢、清晰度强弱、准确度高低以及感知价格内容的充实程度，融入了消费者个人知识、经验、需要、兴趣、爱好、情感和个性倾向等因素，直接影响消费者对价格水平的接受程度。因而，研究消费者价格心理，对于制定商品零售价格有很重要的启示。

一般而言，消费者价格心理主要包括以下形式。

（1）习惯性价格心理。反复购买活动会使消费者对某种商品价格形成大致的印象，这种商品价格叫习惯价格。消费者频繁购买商品时，往往以习惯价格为标准判断价格的高低。在习惯价格心理以内的价格，就认为是合理的、正常的，价格超过上限则认为太贵，价格低于下限会对质量产生怀疑。

（2）敏感性价格心理。消费者对商品价格的心理反应程度的强弱与该商品价格变动幅度的大小通常按同方向变化。但违反这种心理变化的情况也经常发生。有些商品即使价格调整幅度很大，消费者也不会产生强烈的心理反应。造成这种差异的原因是消费者对各种商品价格变动的敏感性不同。一般来说，消费者对需要经常购买的日用品价格变动很敏感，对购买次数少的高档消费品价格变动则比较迟钝。

（3）倾向性价格心理。消费者对商品价格的选择倾向或为高价，或为低价。前者多为经济状况较好，怀有求名、显贵动机及炫耀心理的消费者；后者多属经济状况一般，怀有求实惠动机的消费者。

（4）感受性价格心理。消费者对商品价格高低的判断不完全以绝对价格为标准，还受自身感受的影响，主要是关于商品轻重、大小、商标、包装、色彩方面的；商品的使用价值和社会价值；货位摆布、服务方式、售货场所的气氛等方面的感受。由于刺激因素造成的错觉，有的商品绝对价格相对高一些，消费者会感觉很便宜；有的商品绝对价格相对低一些，消费者会感觉很贵。

三、竞争对手的价格策略

零售市场不是独家经营的市场，而是一个高度竞争的市场，在这个市场中有众多的零售商经营同样的商品，相互之间的竞争不可避免。价格竞争可以说是零售商之间的一种本能性的竞争形式。

零售商在定价时需要考虑竞争者的定价。因为竞争者的定价影响顾客对相同商品的选择。市场需求和商品的成本分别为零售商的商品价格确定了上限和下限。零售商需要将自己的成本和竞争对手的成本进行比较，来分析自己是处于成本优势，还是成本劣势。零售商可以派出人员对竞争对手的商品进行质量和价格评价，也可以询问顾客对自己和竞争对手商品价格的看法，了解竞争对手的价格和质量情况。

一个零售商如果与竞争者比较，除了价格方面没有其他方面的差异，那么就可能直接参照竞争者的定价；如果比竞争者在地点、商品组合、卖场形象等方面有优势，则可以不需要和竞争者的商品价格一样，可以制定高于或者低于竞争者的价格。其前提条件是提供的不同价格必须能说服顾客接受，使顾客有理由在这里购买商品。

四、商品进货成本

商品定价首先要考虑的是商品的进货成本，它是商品成本导向定价的基础，也是定价的最低界限。卖场只有使价格高于商品进货成本，才能收回总耗费并获得一定利润，保证卖场正常运营。若卖场以低于进货成本的价格出售商品，则不可避免地会产生亏损，时间一长，卖场的经营必然难以为继。因此，商品的进货成本直接影响卖场定价策略的选择。

商品进货成本包括商品的采购价格、采购费用、仓储与运输费用等，卖场通常按商品的进货成本加上若干百分比（加成率）的加成定价，即成本加成法定价。成本加成法最主要的优点是计算方便，在市场环境各因素基本稳定的情况下，卖场采用这一方法可以保证获得正常的利润，所以许多卖场都采用这种定价方法。当然，不同的商品种类毛利率可以是不一样的。卖场以某种商品作为招徕商品以吸引更多消费者前来购物，招徕商品的定价有时会比较低，甚至低于进货成本，但在大多数情况下，商品进货成本是卖场定价要考虑的一个重要方面。

五、国家法律法规

零售商对价格的制定既要受到国家有关法规的限制，也要受到当地政府政策的影响。

国家和地方政府对零售价格有相关的法律和政策，如《中华人民共和国价格法》《中华人民共和国消费者权益保护法》《中华人民共和国反不正当竞争法》等以及有关的价格政策，对零售商定价都有一定的约束力。

第二节　定价策略

零售商品定价策略包括高低价格变动策略和稳定价格策略。

一、高低价格变动策略

1. 高低价格变动策略的含义

高低价格变动策略是指零售商制定的商品价格经常变动，有时高于竞争对手，有时低于竞争对手。高低价格变动策略目前在国内越来越流行，以前零售商仅仅在季末降价销售，现在一些卖场几乎每天都有特价商品。一些国内零售商已能熟练地运用该价格策略同强大的外资零售商展开竞争。

2. 高低价格变动策略的作用

采用高低价格策略主要有以下几方面的作用。

（1）刺激消费，加速商品周转。一般情况下，消费者的需求往往与商品价格的高低成反比，价格提高，需求量减少，价格下降，需求量上升。采用此策略的零售商善于利用降价来促销，在大打折的氛围下，常常可以见到卖场人头涌动，消费激增，无疑加速了商品周转，回笼资金快。

（2）同一种商品价格变化适应不同顾客的需要。例如，对于时尚商品，当商品刚进入市场时，零售商制定高价格，吸引那些对价格不太敏感的时尚消费者。随着时间的推移，进行降价，吸引更多的顾客购买，最后还有善于讨价还价的搜寻者进入市场购买。这样，同一种商品价格变化迎合了不同顾客的需要。

（3）特价品带动其他商品销售。零售商选择一些特价商品作为招徕品，以牺牲该商品的利润吸引顾客前来购买。顾客进入商场一般不会只购买特价品，在卖场气氛的影响下，往往会购买许多原先无计划购买的其他商品。零售商通过特价商品吸引顾客，通过高价商品或正常价商品实现利润。

（4）低价需要低成本运作支撑。零售商实行稳定低价策略确实是一个考验，每日低价意味着每日低利润或无利润，这就需要更低的进货成本、更严格的作业规范、更快捷的物流配送体系等运作支撑。如果没有这种低成本运作为基础，实行低价策略是不可能长期维持企业运转的。

二、稳定价格策略

1. 稳定价格策略的含义

稳定价格策略是指零售商基本上保持稳定的价格，不在价格促销上过分做文章。其主要形式有每日低价策略和每日公平价策略。

（1）每日低价策略。零售商总是希望尽量保持商品低价，尽管有些商品价格也许不是市场上最低的，但给顾客的印象是所有商品价格均比较低廉。美国四个最成功的零售商（沃尔玛、Home Depot、Office Depot、Toys "R" Us）便是每日低价策略的实施者，它们始终如一地采用这一价格策略。这就需要零售商具备很强的成本控制能力。

（2）每日公平价策略。每日公平价策略需要零售商在商品进货成本上附加一个合理的加价，它并不刻意寻求价格方面的竞争优势，而是寻求丰富的花色品种、销售服务、卖场环境及其他方面的优势，给顾客的印象是卖场只赚取合理的毛利，以弥补必要的经营费用和保持稳定的经营。尽管实现每日公平价策略只在进货成本上加一个合理的毛利，但如果不重视控制进货成本和管理费用，而使价格过高，同样不能被顾客所接受。

2. 稳定价格策略的作用

稳定价格策略主要有以下几方面的作用。

（1）可以稳定商品销售，有利于库存管理和防止脱销。频繁的打折减价销售会造成顾客需求的大起大落，而稳定的价格可以使顾客的需求趋于稳定。稳定的需求可以减少商品脱销现象的发生；能减少顾客不满意现象的发生；能减少安全库存量，加快库存周转，更有效地利用卖场的贮货室和仓库空间；能提高配送效率，降低物流费用。

（2）可以减少人员开支和其他费用。减价销售需要重新为商品标价，尽管条码计价代替了每个商品的单独标价，但省下来的人力很有限。在减价促销期间，需要有人处理顾客需求方面的问题，需要有人安装、拆卸临时性的货物站台。零售商实行稳定价格的策略，可以节省这些人力费用支出。由于价格稳定，可以减少广告费用和宣传费用。

（3）可以为顾客提供更优质的服务。稳定客流与减价刺激顾客所形成的激增人流是不同的。稳定客流可以使销售人员有更多的时间和顾客在一起。减价刺激顾客所形成的激增人流需要额外雇用更多的临时销售人员，到了非促销时期又要解雇他们，不易达到与价格稳定时相同的服务水平。

（4）可以改进日常的管理工作。采用稳定价格策略，管理人员可将工作重点从管理减价销售活动转移到管理整个卖场的工作上来，从而更有精力从事完善销售计划、增加商品的花色品种、组织更有特色的展示活动等方面的工作。

（5）可以保持顾客的忠诚。当前许多顾客，尤其是年轻顾客，对经常大降价的卖场里面的其他商品的标价持怀疑态度，为此他们养成一种习惯，即只在大降价销售时才买东西。如果一种商品在顾客购买之后不久即降价，顾客就会产生一种被欺骗或吃亏的感觉，并由此对卖场的标价更不信任。而稳定价格策略会让顾客感觉标价诚实可信，不必延迟购买，不会产生被欺骗的感觉，因此会对卖场更忠诚。

第三节　定价方法

零售商品初始定价包括成本导向的初始定价、需求导向的初始定价和竞争导向的初始价格，下面就这三个方面的内容加以介绍。

一、成本导向的初始定价

成本导向的初始定价是指零售商以进货成本为基础，采用成本加成的定价法。成本加成定价法又可称为毛利率定价法、加额法或标高定价法。成本加成定价法是多数卖场经常采用的一种定价方法，其优点是计算方便，在市场环境诸因素基本稳定的情况下，采用这种方法可以保证卖场获得正常的利润，从而保证卖场经营的正常进行。同时，同类商品在各卖场的成本和加成率都比较接近，定出的价格相差不大，相互之间的竞争就不会太激烈。此外，这种初始定价方法在心理上给人一种公平合理的感觉，容易被消费者所接受。例如，早些年一些卖场提出的"十点利""八点利"等初始定价方法，是将商品价格中的加成率定在 10%或 8%水平上，使消费者感觉价格低廉，定价合理。

成本加成法的计算方法是按商品的成本加上百分比加成（预期毛利率）。具体计算公式为

商品零售价格=商品进货成本×(1+百分比加成)=商品进货成本×(1+预期毛利率)

历史上成本加成定价法是最常用的定价方法，目前大多数零售商仍使用这种定价法。这是因为：首先，它简便易行。销售者对成本的了解要比需求方多，将价格同成本挂钩便于简化定价工作。其次，当行业内所有企业都使用这种定价方法时，它们的价格就会趋于相似。这样可以减少价格竞争。最后，许多人认为成本加成定价法对买卖双方都比较公平。在买方需求强烈时，卖方不乘机抬价仍能获得合理的利润。

然而，成本加成法定价所注重的是成本，忽略了市场需求的状况，缺乏灵活性，会使卖场失去许多获得利润的机会。有些人将这种方法看作是一种导致平庸财务绩效的计划，因为任何定价方法如果忽视了当前需求、预期价值和竞争，都不可能制定出最优价格。

成本加成定价法往往导致在市场疲软时定价过高，在市场景气时定价过低。为避免出现这种情况，应先回答以下两个问题，即"为了以更低的价格赚得预期的利润，必须完成多大的销售量"以及"在更高的价格下，减少多少销售量仍可获得既定的利润"。为了修正成本加成定价法可能产生的价格偏差，往往允许有关部门在一定范围内有调整价格的机动性。

二、需求导向的初始定价

需求导向的初始定价是指零售商在充分考虑价格需求弹性和消费者需求对价格变动的反应的基础上，以最大利润为目标形成的定价方法。零售商总利润的大小并不完全取决于单个商品价格中利润的高低，有些商品价格高，单位利润大，但销售量又会受高价的影响大幅下降，总利润未必最大；有些商品虽然价格较低，单位利润小，但销售量又会受低价的影响大幅上升，总利润未必会低。因此，如何选择最优价格，使企业获得最大利润，必须考虑以下因素。

（一）需求导向的初始定价的影响因素

一般来说，需求导向的初始定价的影响因素主要包括商品因素、营销策略和消费者个体因素。

1. 商品因素

商品是消费者与零售商发生交易的载体，只有消费者认为商品物有所值，商品的销售才有可能得以实现。商品的自身特性影响消费者对价格的感知，如商品的名牌、高质和独特性往往具有很强的价格竞争优势。商品价格敏感性可以从以下几个方面分析。

（1）替代品的多少。替代品是指能够满足消费者同样需要的商品，包括不同类商品、不同品牌的竞争商品和同一品牌的不同价位的商品。例如，手机、计算机、彩电的价格大战，就是因为替代品过多的缘故。替代品越多，消费者对价格敏感度越高；替代品越少，消费者对价格敏感度越低。

（2）商品的重要性。商品越重要，消费者对价格敏感度越低，如非典初期，在南方某城市，一瓶普通食用醋能卖到上百元。商品为非必需品，消费者对这种商品的价格不敏感，如某些商品的零部件非常贵就是利用这个原理进行商品初始定价。

（3）商品的独特性。商品越独特，消费者对价格敏感度越低；商品越大众化，消费者对价格敏感度越高。独特性可以带来溢价，新商品往往具有独特性，所以在推出新商品时，往往制定一个很高的价格，当类似商品出现时，再进行降价。例如，IT 商品和医药商品就是利用这个原理进行商品初始定价的。

（4）商品用途。商品用途广，代表可以满足消费者的多种需求，商品价格变动易引起需求量的变化。商品用途越广，消费者对商品价格敏感度越高；商品用途越专一，消费者对商品价格敏感度越低。

（5）商品的转换成本。商品转换成本高，消费者对商品价格敏感度低；商品转换成本低，消费者对商品价格敏感度高。因为商品转换成本低时，消费者可以有更多的商品选择。例如，移动、联通的多数用户不愿意转网，是因为手机号码已经成为个人的一种私有财产，换号码可能会使自己的交际网络发生断裂，对于商务人士更是如此。

（6）商品价格的可比性。商品价格越容易与其他商品价格进行比较，消费者对商品价格敏感度越高；商品价格越难与其他商品价格进行比较，消费者对商品价格敏感度越低。例如，超市商品的标签让消费者一目了然，摆放在一起的同类商品使消费者容易进行价格比较，诱人的价格可能引发消费者的冲动购买。

（7）品牌的忠诚度。消费者对某一品牌越忠诚，对这种商品的价格敏感度越低，因为在这种情况下，品牌是消费者购买的决定因素。消费者往往认为，高档知名品牌应当收取高价，高档是身份和地位的象征，并且有更高的商品质量和服务质量。品牌定位将直接影响消费者对商品价格的预期和感知。

2. 营销策略

（1）价格变动率。公司经常利用价格调整的手段来引导商品的销售，相对于商品策略和渠道策略而言，价格策略表现得更直接，同时也更为有效。商品价格变动率越高，消费者对价格敏感度越高；商品价格变化率越低，消费者对价格敏感度越低。正如韦伯-费勒定律所述：顾客对价格的感受更多取决于变化的相对值，而不是绝对值。例如，对于一辆自行车，降价 200 元会有很大吸引力，而对于一辆高级轿车，降价 200 元也不会引起消费者的过多关注。价格在上下限内变动不会被消费者注意，而超出这个范围，消费者会很敏感。在价格上限内一点点提高价格比一下子提高价格更容易被顾客接受；相反的，如果一次性将价格下降到下限以下，比连续几次小幅度的减价效果更好。

（2）参考价格。参考价格是指零售商为消费者设置一个价格，通过消费者的价格对比影响消费者的价格公平感知。参考价格通常作为消费者评价商品价格合理性的标准，也是零售商常用的一种价格策略。参考价格的形成主要包括消费者过去购买价格、上次购买价格、消费者个人感知的公平价格、钟爱品牌的价格、相似商品的平均价格、推荐价格、价格排序、最高价格、预期价格等方面，还包括公司形象、品牌价值、购物环境、购物地点以及口碑宣传影响。因此，零售商在销售多种商品时，参考价格的设置就显得非常有意义。例如，将某种商品的价格定得比较高，可以提高整个商品线的价格。商品线的某种商品的价格高就显得其余商品比较便宜，可以增加低价位商品的销售，从而提高公司的总体利润。

（3）促销价格。用降价的促销方式会增加商品销售量，过于频繁的降价促销会导致消费者对价格敏感度增加，使消费者只有在商品降价时才产生购买的欲望。全国性的广告可以降低消费者的品牌价格敏感度，因为用全国性广告树立起来的品牌价值更高，消费者更容易将高价值和高质量相联系。店内广告可以提高消费者的品牌价格敏感度，因为店内广告更容易让消费者进行价格比较。用实物促销能降低消费者对价格敏感度，因为实物更易引起消费者的兴趣。

（4）价格标数。心理学研究表明，不同的价格标数会对消费者产生不同的心理影响。当卖场商品的价格从整数价格下降到含小数位的价格时，销售量会有一个明显的提高。对于经常购买的日用消费品应当用奇数做尾数定价，对于不经常购买的耐用品应当用偶数做尾数定价，因为奇数暗示着节约，偶数暗示着声望。心理学家指出：当价格以 9 结尾时，商品能吸引消费者的注意；当价格以 8 结尾时，意味着对称和平缓，在中国也代表要"发"的意思；当价格以 7 结尾时，意味着笨拙和刺耳；当价格以 6 结尾时，意味着顺利和通达；当价格以 5 结尾时，意味着快乐。对于价格变动，消费者也会有不同的反应。例如，商家将价格从 89 元降至 75 元或从 93 元降至 79 元，尽管下降数额相同，但消费者感觉从 93 元降至 79 元的价格下降更多，因为多数消费者对价格的比较首先从第一个数字开始，只有当第一个数字相同时，才会依次比较后面的数字。

3. 消费者个体因素

对于同一件商品或同一种服务，有些消费者认为贵，有些消费者认为便宜，还有些消费者认为价格合理。这种价格感知上的差异主要是由消费者个体特征造成的，消费者个体特征包括以下方面。

（1）消费者的年龄。消费者年龄越小，对价格敏感度越低；消费者年龄越大，对价格敏感度越高。老人对价格相当敏感，原因就在于老人的价格记忆，尤其是可支配收入不高的老人对价格相当敏感。而青少年，特别是 20 世纪 80 年代后出生的新一代，由于受到父母的宠爱，他们对商品的价格敏感度较低。

（2）消费者的商品知识。消费者对商品的知识越丰富，购买越趋于理性，对价格敏感度越低，因为消费者会用专业知识来判断商品的价值；消费者对商品的知识越少，对价格敏感度越高，尤其是对于技术含量比较高的商品，消费者一般以价格作为商品质量优劣的判断标准。

（3）收支比例。收支比例是指消费者购买商品的支出与可支配收入的比例。比例越高，消费者对价格敏感度越低；比例越低，消费者对价格敏感度越高。高收入人群比低收入群体有更多的可支配收入，购买同样的商品，高收入人群比低收入群体对商品价格更不敏感。

（4）对价格的期望。消费者对价格变化的期望越高，价格敏感度越高；期望越低，价格敏感度越低。这是因为消费者对价格变化的期望影响他们的消费计划，买涨不买跌正是这种心理反应。

（5）对成本的感知。消费者对实付成本的感觉比对机会成本的感觉更敏感。实付成本是指失去了已经拥有的财产，而机会成本被视为潜在的放弃的所得，因为消费者认为机会成本有更多的不确定性，当消费者在考虑获得一种好处时，常常不愿意冒风险。例如，一种家电具有节能的特点，在卖场中却不如打折较多的同类家电卖得快。

（6）对商品价值的感知。消费者的购买决策通常会对感知商品价值与付出的成本进行比较，只有当价值大于付出的成本时，才会发生购买行为。其中，感知商品价值包括商品价值、服务价值、人员价值和形象价值，商品价格是这些价值的综合反映。付出的成本则包括商品价格、时间成本、体力成本、心理成本和精力成本。价值与成本的感知对于不同的顾客有很大差异，甚至一个顾客在不同情况下的感知也不同。

企业之间的竞争最终通过价格表现出来，只有真正掌握消费者如何感知价格，才能很好地利用价格杠杆实现企业的营销目标，才能使企业在竞争中立于不败之地。商品因素和营销策略是企业的可控因素，企业可以利用这些可控因素来引导和影响消费者的消费心理，从而影响消费者的价格感知和价格敏感度，有时需要降低消费者的价格敏感度，有时需要提高消费者的价格敏感度，这也正是价格策略艺术性的表现。

（二）需求导向的初始定价方法

1. 声望定价

零售商将有声望的商品价格制定得比市场同类商品价格高，即为声望性定价策略。它能有效地消除购买心理障碍，使顾客对商品或零售商形成信任感和安全感，顾客也从中得到荣誉感。例如，微软公司的 Windows 98（中文版）刚进入中国市场时，一开始就定价 1 998 元人民币，便是一种典型的声望定价。另外，用于正式场合的西装、礼服、领带等商品，且服务对象为企业总裁、著名律师、外交官等职业的消费者，一般采用声望定价。

声望定价往往采用整数定价方式，其高昂的价格能使顾客产生一分价格一分货的感觉，从而在购买过程中得到精神的享受，达到良好效果。例如，金利来领带一上市就以优质、高价定位，传达给消费者金利来领带绝不会有质量问题、低价销售的金利来绝非真品的信息，从而维护了金利来的形象和地位。再如，德国的奔驰轿车，售价二十万马克；瑞士莱克司手表，价格为五位数；巴黎里约时装中心的服装，一般售价两千法郎；我国的一些国产精品也多采用这种定价方式。当然，采用这种定价策略必须慎重，一般卖场或一般商品若滥用此法，可能会失去市场。

2. 招徕定价

招徕定价又称特价商品定价，是有意将少数商品降价，以招徕顾客的定价策略。商品的价格低于市价，一般都能引起消费者的注意，这是适合消费者求廉心理的。例如，北京地铁有家每日商场，每逢节假日都要举办一元拍卖活动，所有拍卖商品均以1元起价，报价每次增加5元，直至最后定夺。由于基价定得过低，最后的成交价就比市场价低得多，因此会给人们一种卖得越多、赔得越多的感觉。岂不知，该商场用的是招徕定价术，它以低廉的拍卖品活跃商场气氛，增大客流量，带动了整个商场的销售额上升。

采用招徕定价策略时必须注意：降价的商品应是消费者常用的、为人们所熟知的才行，最好是适合每一个家庭所用的物品，否则没有吸引力；实行招徕定价的商品的品种要多，以便让顾客有较多机会选购；降价商品的降低幅度要大，一般应降至接近成本或者低于成本，才能引起消费者的注意和兴趣，激起消费者的购买动机；降价商品的数量要适当，数量太多卖场亏损就多，数量太少容易引起消费者的反感；降价商品应与因伤残削价的商品区分开。

3. 最小单位定价

最小单位定价策略是指零售商把同种商品按不同的数量进行包装，以最小包装单位制定基数价格，销售时参考最小包装单位的基数价格，按所购数量收取款项。一般情况下，包装越小，实际的单位数量商品的价格越高；包装越大，实际的单位数量商品的价格越低。例如，对于质量较高的茶叶，可采用这种定价方法，如果某种茶叶定价为300元/千克，消费者会觉得价格太高并放弃购买。而如果采用100克为包装单位并定价，每包为30元，消费者就会觉得可以试一试。

最小单位定价策略具有许多优点。一是能满足消费者在不同场合下的需要，如出差携带小包装更为方便；二是利用了消费者的错觉，误以为小包装价格更便宜。

4. 购买习惯定价

消费者经常、重复地购买某些商品，这些商品的价格在消费者心理上已经定格，成为一种习惯性的价格。对这些商品的定价，零售商一般应依照习惯确定价格，不要随便改变价格，以免引起顾客的反感。

5. 组合定价

零售商对于一些既可单独购买，又可成套购买的商品，制定成套优惠价格，称组合定价。消费者对购买次数较少的商品价格较为敏感，对价值高的商品价格也较为敏感，反之不敏感。利用这一心理，将相关商品中购买次数少、价值相对大的商品价格定得低一些，而将购买次数多、价值相对小的商品价格定得高一些，从而获得整体效益。

6. 错觉定价

错觉定价是利用顾客对商品价格知觉上的误差性，巧妙地确定商品销售价格的一种定价方法。由于主客观因素的影响，顾客会对商品价格产生错觉。例如，在商品销售中，常见到这样的情况：某种袋装食品500克，价格5元每袋，同样的商品450克，价格为4.85元，很多顾客乐于购买后者。

三、竞争导向的初始价格

竞争导向的初始价格是指零售商以竞争对手的价格为参考，制定高于市场价格或低于市场价格的商品初始价格。

1. 高于市场价格

高于市场价格是指卖场制定的商品价格高于市场价格或竞争对手价格。卖场要实行高于市场的价格，必须具有独到之处。这种独到之处可以是：开设地点；为顾客提供高水平的服务；经营的商品声望较高，有异乎寻常的吸引力；独家专卖；专门促销；等等。如果卖场拥有以上优势，尽管顾客购买同样的商品付出了更高的价格，但是顾客仍会觉得物有所值。

2. 低于市场价格

低于市场价格是指零售商把商品价格定得低于正常价格，但高于其竞争对手大打折扣后的价格。最成功的零售商沃尔玛使用的就是这一低价策略。并非价格低就一定好销售，过低的价格会让消费者对商品质量和性能产生不信任感和不安全感。顾客会认为，那么便宜的商品，恐怕很难达到想象的质量水平，性能也未必好。

采用这种策略的零售商通常具有很强的竞争力，并具备以下条件：进货成本低，经营费用低；存货周转速度快，经常降价尽管使得利润受损，但零售商可以尽快把商品销售出去；顾客对商品的性能和质量很熟悉，价格便宜会使顾客大量购买；能够向顾客充分说明价格便宜的理由；卖场必须在顾客心目中享有较高的信誉，没有经营假冒伪劣商品之嫌。

3. 同竞争者保持相近价格

同竞争者保持相近价格是卖场定价的中庸之道，当卖场的地理位置以及所经营的商品不具有独特的竞争优势时，可采用同竞争者保持相近价格策略，与市场价格保持一致。这样商品价格较容易得到消费者的认可，增强顾客对卖场价格的信任感，又不会导致激烈竞争。因此，绝大多数卖场乐于采用这一价格策略。

第四节　价格调整

零售商品价格调整主要是指商品初始价格的变动，包括降价和提价两个方向的调整，下面对降价和提价的注意事项加以说明。

一、降价注意事项

1. 有计划降价

零售商对商品实行降价出售的原因归纳起来无非两个：清仓处理商品和促销折价。当商品销售缓慢、商品过时、在销售季末，或者是价格高于其竞争对手的价格时，卖场通常会采取降价的方式加速商品周转。如果商品不降价出售，而是放到下一季出售，也许商品会变得陈旧或过时，同时卖场还得付库存成本。卖场运用降价策略进行促销，通常会增加现金流量，从而可以经营新商品，同时可以增加顾客流量，带动其他正常价格商品的销售。所以有计划的降价促销，能提高卖场总的营业额。

零售商降价必须有计划地进行。首先，卖场要将过去的销售记录完好保存，并对现时的销售情况及时分析，还要跟踪过去降价的商品类型，如果一种商品的某些尺寸过去常大量降价，则卖场就应在本季减少对这些商品尺寸的进货；其次，应制订一个完善的促销计划，每期促销应选择什么商品作为促销商品，采购员要事先与供应商沟通，争取他们的促销配合；最后，对降价做出估计，降价范围太大，可能说明采购员在进货时对风险的估计不足，应修改最近各期的进货计划，以反映这种降价。

2. 降价时机的选择

采取后期降价：在销售季节的晚期急剧降价；采取早期降价：卖场在商品需求旺盛的时候降价销售，不必在销售季节的晚期急剧降价。尽管卖场对安排降价的最佳时间有不同的看法，但必须在保本期内把商品卖掉。在保本期内降价可以选择早降价、迟降价或交错降价。但是应该注意，频繁降价会使顾客产生不良的心理反应，顾客会认为降价处理的商品价格就是该商品的本身价格。如果顾客形成这样的印象，降价就失去了吸引力。

3. 控制适宜降价幅度

降价幅度对促销效果有很大影响。一次降价幅度过小，不易引起顾客的注意，不能起到促销的作用；而一次降价幅度过大，顾客会对商品的质量、使用价值等产生怀疑，同样会阻碍商品销售。

出售商品所需要的降价幅度很难确定。易变质的商品，如鲜肉和农产品，以及时尚商品的降价幅度应比纺织品大。因为商品不同，打折的幅度应有所不同。例如，对10万元的汽车降价10%比对2元的冰激凌降价10%更具有吸引力。

二、提价注意事项

1. 将实情告诉顾客

卖场提价的原因可能是卖场采购成本上涨，支付员工的工资上涨，店面的租金上涨，维持原价销售无法经营下去，不得不提高售价。为了减轻顾客的抵触心理，卖场不妨将商品采购成本、支付员工的工资、店面的租金上涨的真实情况向顾客公布，取得顾客的谅解，使顾客接受涨价的事实，减轻涨价带给顾客的负面影响，如选购代用品，顾客也许会理解并接受涨价。卖场需要特别注意，当使用成本上涨的理由涨价时，须在采购成本降下来之后，立即将商品价格降下来。否则，只升不降，几次事件之后，顾客就会有被愚弄的感觉。

2. 分步提价

不是所有商品的采购成本都会同时上涨，如果卖场一时全部提价，会遭到顾客的强烈抵制，为了减轻顾客对卖场涨价的抵触心理，卖场可采用部分提价策略。对于涨价的部分商品，随着时间的推移，顾客对于涨价之事会逐渐淡化，对原来无法接受的价格会逐渐适应，卖场的销售量也会稳步回升。因此，卖场即使需要对所有商品涨价，明智的做法是分商品、分步骤涨价，先选出一部分价格不敏感商品涨价，再逐步提高其他商品的价格。

3. 选择适当提价时机

提价时机非常重要，卖场不能平白无故地涨价，除非商品采购成本突然大涨，不得不当时涨价，否则要选择适当时机进行涨价。错过了机会，就难以提高价格。卖场通常选择的涨价时机有：当商品采购成本上升，卖场已经出告示，通知顾客一段时间要涨价；当季节性商品换季时，新上市的季节性商品可以考虑涨价销售；在重大节日期间可以考虑涨价销售，这一时期消费比较火热，顾客手中要花费的钱比较多，对商品价格敏感度减弱，涨价容易被顾客接受；应节商品，如专为传统节日和传统习俗时期销售的商品可以考虑涨价销售，顾客对应节商品价格关心程度较低，对商品本身的关心程度较高，提高价格往往不会遭到顾客的拒绝。

4. 一次提价幅度不能过大

尽管商品的采购成本可能短时间内上涨过快，卖场已经将采购成本实情公之于众，但大多数顾客一般并不关心卖场出于什么原因涨价，而只是关心自己能否接受这一新价格。如果涨价幅度过高，不论何种原因，都会导致顾客弃买或转向其他卖场。因此，商品的一次涨价幅度不能过大，尤其是价格敏感度较高的商品，涨价幅度更要谨慎，如这些商品是招徕商品，涨价之后不仅失去了这一部分顾客，还将连带失去其他商品的销售。一般一次上调幅度不宜超过 10%。如果卖场需要调整的价格幅度较大，应采取分段调整的办法。当然，顾客对不同商品的敏感度是不同的，如对成本很高、经常购买的商品的价格非常敏感，而对低成本的、不经常购买的商品则不太注意其价格是否上涨。

5. 附加馈赠

涨价以不损害卖场正常收益为前提，可搭配附属商品或赠送一些小礼物，提供某些特别优惠。这样给顾客一种商品价格提高是由于搭配了附属商品的感觉，过一段时间，再取消附加馈赠品，维持已涨价水平。这样做要注意时间的把握，如 12 月 1 日开始采用搭配附属商品进行提价，到次年 1 月 1 日取消附属商品，平稳过渡，这样顾客容易接受。

📐 本章小结

1. 影响零售定价的主要因素包括零售商本身、消费者价格心理、竞争对手的价格策略、商品进货成本和国家法律法规。

2. 零售商品定价策略包括高低价格变动策略和稳定价格策略。

（1）高低价格变动策略是指零售商制定的商品价格经常变动，有时高于竞争对手，有时低于竞争对手。

（2）稳定价格策略是指零售商基本上保持稳定的价格策略。

3. 零售商品初始定价包括成本导向的初始定价、需求导向的初始定价和竞争导向的初始价格。

（1）成本导向的初始定价是指零售商以进货成本为基础，采用成本加成的定价法。具体计算公式为：商品零售价格＝商品进货成本 ×（1+百分比加成）。

（2）需求导向的初始定价是指零售商在充分考虑价格需求弹性和消费者需求对价格变动的反应基础上，以最大利润为目标形成的定价方法。

（3）需求导向的初始定价的影响因素主要包括商品因素、营销策略和消费者个体因素。

（4）需求导向的初始定价具体包括声望定价、招徕定价、最小单位定价、购买习惯定价、组合定价和错觉定价等方法。

（5）竞争导向的初始价格是指零售商以竞争对手的价格为参考，制定高于市场价格或低于市场价格的商品初始价格。

（6）高于市场价格是指卖场制定的商品价格高于市场价格或竞争对手价格。

（7）低于市场价格是指零售商把商品价格定得低于正常价格，但高于其竞争对手大打折扣后的价格。

4．零售商品价格调整主要是指商品初始价格的变动，包括降价和提价两个方向的调整。

（1）降价注意事项：有计划降价、降价时机的选择、控制适宜降价幅度。

（2）提价注意事项：将实情告诉顾客、分步提价、选择适当提价时机、一次提价幅度不能过大、附加馈赠。

思考题

1．简述影响零售定价的主要因素。
2．简述零售商品定价策略。
3．简述零售商品初始定价方法。
4．简述零售商品价格调整方向及其注意事项。

案例分析

沃尔玛与凯玛特两家公司的价格策略的利与弊

沃尔玛与凯玛特同时创业于 1967 年，两家企业都从折扣商店起家，并相继转成以大型综合超市为主要业态。在后来 40 余年的相互竞争中，两家企业均成长非常快，凯玛特在 1990 年以前的发展一直快于沃尔玛，而在 1990 年沃尔玛超过凯玛特后，沃尔玛就一直处于领先地位，直到 2002 年年初传来沃尔玛成为世界 500 强第一，而凯玛特申请破产保护的消息。

这里主要介绍一下两家公司的价格策略。沃尔玛的经营宗旨是"天天平价，始终如一"，它指的是"不仅一种或若干种商品低价销售，而是所有商品都以最低价格销售；不仅是在一时或一段时间低价销售，而是常年都以最低价格销售；不仅是在一地或一些地区低价销售，而是在所有地区都以最低价格销售"。正是力求使沃尔玛的商品比其他商店更便宜这一指导思想使得沃尔玛成为本行业中的成本控制专家，它最终将成本降至行业最低，真正做到了天天平价。

凯玛特也是以成本领先战略为自己的基本竞争战略，体现在价格上也是希望以较低价格水平吸引顾客。但凯玛特的定价不是追求天天平价，而是实施差别毛利率法，将一些促销商品价格定得很低，而另一部分非促销商品价格定得相对较高，并且为了吸引顾客，定期更换促销商品。凯玛特的一个独特的促销方式即"蓝灯闪亮"，商场的某一商品会突然亮起蓝灯，然后以很低的价格在短时间内销售，用这一促销方式来吸引顾客。

（案例来源：https://wenku.baidu.com/view/a2f588a0a88271fe910ef12d2af90242a995ab99.html）

问题：

1. 两家零售公司采用的是什么价格策略？

2. 两家零售公司采用的价格策略各有什么利处和弊端？

分析：

1. 沃尔玛采用的是稳定价格策略，凯玛特采用的是高低价格变动策略。

2. 高低价格变动策略的利处：刺激消费，加速商品周转；同一种商品价格变化可以使其在不同商场上具有吸引力；以一带十，达到连带消费的目的；对于以价格作为竞争武器的零售商而言，该价格更容易运转。弊端是：降低消费者忠诚度；增加库存管理难度；增加人员开支与其他费用；服务水准难以提高；增加日常管理难度。

稳定价格策略的利处：可以稳定商品销售，从而有利于库存管理和防止脱销；可以减少人员开支和其他费用；能为顾客提供更优质的服务；改进日常管理工作，维持顾客忠诚。弊端是：缺乏连带消费吸引力，商品在特定时期的快速周转不灵；在不同市场缺乏吸引力；对有些企业而言难以长期保持低价。

第十二章 零售企业的促销管理

 学习目标

1. 掌握零售促销的概念及其组合要素。
2. 了解零售策划方案的设计内容。
3. 掌握零售广告的特点及应用。
4. 熟悉零售销售促进策略的形式。
5. 了解零售公共关系的形式。

 导读

大润发超市促销策略

1. 卖场促销

大润发超市内部物品按功能区块陈列，卖场有音乐的烘托，营造出温馨快乐的购物环境。

2. 开业广告

大润发超市开业广告只做两件事：一是开店前会大量地在本地电视媒体上推广；二是大量地印制纸质购物券，派人员挨家挨户发放。

3. 运营购物免费车与移动广告

大润发独家运营着自己的购物免费车。这些车车身涂满大润发的标志，也成为平日里最有效的移动广告。

零售促销是指零售商为告知、劝说或提醒目标市场顾客关注有关企业任何方面的信息而进行的一切沟通联系活动。本章介绍零售促销活动的类型、零售促销组合、零售促销策划的步骤、零售广告的特点、零售广告媒体类型、零售销售促进的特点、零售销售促进的主要方式、零售公共关系的特点及其形式等内容。

第一节 促销组合策略

一、零售促销的定义

零售商之间的竞争非常激烈，他们向消费者提供的产品和服务都差不多，竞争基本围绕价格和各种促销活动展开。零售促销是指零售商为告知、劝说或提醒目标顾客关注有关企业方面的任何信息而进行的一切沟通联系活动。零售商要吸引消费者，创立竞争优势，必须不断地与顾客沟通，向顾客提供卖场地点、商品、服务和价格方面的信息，影响顾客的态度与偏好，说服顾客，光顾卖场，购买商品。零售商通过一系列有效的促销活动，吸引顾客进入卖场，完成企业的活动目标。

二、零售促销活动的类型

1. 开业促销活动

几乎所有大中型卖场在开业时都会策划一个较为大型的促销活动，因为开业促销对卖场而言只有一次，而且是与顾客的第一次接触，会在顾客心目中留下深刻的第一印象，影响顾客将来的购买行为。顾客往往根据自己的第一印象长久地留下对这家卖场的商品、价格、服务、气氛等认识，而第一印象一旦形成，以后将很难改变，所以，每一家卖场对开业促销活动不敢懈怠，都是全力以赴。如果开业促销活动策划成功，通常开业前几天的营业额可以达到平时营业额的 5 倍以上。

2. 周年庆促销活动

周年庆促销活动是仅次于开业促销活动的一项重要活动，因为每年只有一次，而且供货商对卖场的周年庆典也比较支持，会给予商家更多的优惠条件。因此，卖场一般也会在这一时期举办较大型的促销活动，活动范围比较广。如果周年庆促销活动策划成功，其营业额可以达到平时营业额的 2 倍左右。

3. 例行性促销活动

除了开业和周年庆促销活动外，卖场还往往在一年的不同时期推出一系列的促销活动，这些促销活动的主题五花八门，有的以节日为主题，如：大打国庆节、春节、中秋节、儿童节、情人节等牌子；有的以当年的重大活动为主题，如庆祝北京申奥成功；等等。尽管这些主题花样繁多，但每一卖场在下年要做哪些促销活动已经提前做好计划，每年的变化不会太大，故称为例行性促销活动。而有些超市或货仓式卖场每隔半个月举办一次促销活动，均可算在例行性促销活动之列。一般在例行性促销活动期间，销售额会比平时的销售额提高二至三成。

4. 竞争性促销活动

竞争性促销活动是指针对竞争对手的促销活动而采取的临时性促销活动。由于目前新兴零售业态不断涌现，市场竞争日趋激烈，同一业态的卖场在某一区域内出现过剩现象，于是价格战、广告战、服务战等促销活动此起彼伏。为了与竞争对手相抗衡，防止竞争对手在某一促销时期将当地客源吸引过去，卖场往往会针对竞争对手的促销行为推出相应的竞争性促销活动，以维持自己的营业额。

三、零售促销组合及其影响因素

（一）零售促销组合

促销组合是指企业根据促销的需要，对人员推销、商业广告、销售促进、公共关系等各种促销方式进行的适当组合。从促销的历史发展过程看，企业最先划分出人员推销职能，其次是商业广告，再次是销售促进，最后是公共关系。

企业在制订促销方案时，首先会遇到两个主要问题：一是花费多少钱来进行促销活动；二是这些钱应如何在众多的促销工具之间进行分配。一般来讲，在下述情况下，促销活动应适当多投资。

（1）与竞争产品相似时应大规模地开展促销活动。零售商有意在顾客心理上造成产品差异印象时，应多投资金，大规模地进行促销活动。

（2）在产品生命周期的介绍期和成熟期应多采取促销措施。因为在介绍期，顾客对于产品的用途还不熟悉，需要企业进行大规模的促销活动来介绍产品，引起购买者的兴趣；在成熟期，多采取促销措施，以维持已有的市场占有率。

（3）以邮购方式销售的产品应大力开展促销活动。因为购买者在采取购买行动之前看不到货物，只凭企业介绍产品的具体信息决定是否购买。

（4）用自动售货机销售产品应多采取促销措施。因为售货时无人在现场介绍产品。

（二）影响促销组合的因素

确定促销组合方案实质上是企业在各促销工具之间合理分配促销费用预算的问题。一般来讲，企业在将促销费用预算分配到各种促销工具时需考虑如下因素。

1. 促销目标

确定促销组合方案需考虑促销目标。相同的促销工具在实现不同的促销目标上，其成本效益会有所不同。商业广告、销售促进和宣传在建立购买者知晓方面，比人员推销的效益要好得多。在促进购买者对产品的了解方面，商业广告效果最好，人员推销其次。购买者对产品的信任，首先受推销人员的影响，其次才是商业广告。购买者的订货量主要受推销访问影响，销售促进则起协调作用。

2. 产品生命周期阶段

在产品生命周期的不同阶段，促销费用支出的效果也有所不同。在介绍期，商业广告的使用能促使消费者认识、了解本企业产品销售情况；在成长期，公共关系促销效果明显，口头传播产品消息十分重要，如果想继续提高市场占有率，必须加强原来的促销工作，如果想取得更多利润，则宜于用人员推销取代商业广告，以降低成本费用；在成熟期，竞争对手日益增多，为了与竞争对手相抗衡，保住已有的市场占有率，必须增加促销费用，运用赠品等促销工具比单纯的商业广告活动更为有效；在衰退期，只用少量商业广告活动来保持顾客的记忆即可，宣传活动可以全面停止，人员推销可减至最小规模。

3. 经济前景

零售商应随着经济前景的变化，及时改变促销组合方案。例如，在通货膨胀时期购买者对价格反应十分敏感，可采取如下对策：① 扩大人员促销的规模；② 在促销中特别强调产品高价值与低价格；③ 提供信息咨询，劝说顾客购买。

四、零售策划方案的设计内容

（一）确定促销目标

零售商的促销目标包括长期目标和短期目标，总体来说就是提高业绩，增加销售，增强企业的竞争力。具体来看又包括增加某一时期的销售额，刺激顾客的购买欲望，增加客流量，提高顾客忠诚度，加强企业形象，扩大企业知名度，等等。由于每一具体促销目标与不同的促销方式相对应，零售商在开展具体的一次促销活动之前，必须首先确定这次促销活动应该达到的具体目的。

零售商促销目标的实现与顾客的购买行为直接相关，而顾客的购买行为是顾客漫长决策过程的最后结果。营销人员必须了解目标顾客购买决策的过程，并给目标顾客灌输某些观念，改变目标顾客的态度或促使目标顾客采取行动。

零售商在确定促销目标时，应注意要尽可能准确地阐述促销目标，该目标最好是定量的、可衡量的，这样企业才能精确地评估以后各步骤是否成功。

（二）制定总体促销预算

1. 量力而行法

量力而行法是指零售商在自身财力允许的范围内确定预算。零售商用这种方法确定促销预算，首先要预测周期内的销售额，计算各种支出和利润，然后确定能拿出多少钱来作为促销费用。这是最保守的预算方法，完全不考虑促销作为一种投资以及促销对销量的直接影响。如果企业的销售额不理想，那么促销就会被视为可有可无。这种方法导致年度预算的不确定性，从而使长期的促销目标难以实现。小型的、保守的零售商主要使用这种方法。

2. 销售百分比法

销售百分比法以年度预测的销售额为基础，固定一个比率来计算一年总的促销预算，然后再根据一年中计划举办多少次促销活动进行分摊。其中的比率可能是过去使用的比率，也可能是参考了同行业中其他零售商预算的比率，或者是根据经验确定的。这种方法有许多好处：① 容易确定，易控制，可以调整并将促销与销售额联系起来；② 激发管理层努力协调促销成本、销售价格和单位利润这三者之间的关系，在此基础上考虑企业的运作；③ 能在一定程度上增强竞争的稳定性。这种方法的缺陷在于没有将促销与销售的关系弄清楚，而且因果倒置，视促销为销售额的结果。这样会导致由资金到位水平而不是由市场机会去确定预算，没有考虑每次促销活动的实际需要。

3. 目标任务法

目标任务法是零售商首先确定促销目标，再据此确定一年所计划举办的促销活动和每一次促销活动需要的具体金额，将所有促销活动的费用加起来，便得出全年的促销预算。这种方法的优点是以促销活动为主导，可充分表现促销诉求重点；其缺点是难以控制促销费用，如果促销没有达到相应效果，会影响经营效益。

4. 竞争对等法

竞争对等法是指零售商根据竞争者的行动来增加或减少预算。也就是说，企业确定促销预算是为了取得与竞争对手对等的发言权。若某一区域的领先企业将其促销费用增加10%，则该区域的竞争者也会做出相应的调整。采用这种方法的营销人员相信，只要在促销中与其竞争对手的花费占各自销售量的百分比相等，就会保持原有的市场份额。

（三）实施零售促销方案的要点

一项好的促销活动不仅要有一个好的创意，关键还在于活动的实施。在活动的实施中，零售商应做好以下几点。

（1）根据商场的市场定位做好战略性的决策。决策包括定价的高低、促销战略、服务的种类和水平、花色品种的多少、活动覆盖的范围（特定的专卖点或整个商场）等，只有确定了这些战略性的因素，才能使促销活动的目的明确，有据可依。

（2）促销活动的前期策划。大、中型商场内的促销活动一般会提前决定年度内要举办哪些促销活动，这些活动通常会与某些季节、假日、节日等联系起来，使促销活动师出有名。例如，针对学生开学可以举办一些文具类和体育商品的促销活动。活动策划包括活动目的、活动对象、活动内容、活动时间、活动费用预算、供应商的协商、宣传方式等。

（3）促销商品的确定。一般零售商经营的商品达到上万种，并不是每一种商品都适合做促销活动。零售商在选择促销商品时应考虑以下几个因素：① 商品的可获利性，即促销商品的销售额、竞争对手的促销力度、销售速度；② 制造商的支持程度，即制造商以什么形式支持促销，促销的力度大小，等等；③ 消费者的可接受程度。

（4）发布宣传广告。任何一项促销活动都要广而告之，将活动详情告诉给消费者，这时就需要做广告，宣传工具包括电视、报纸、汽车车身广告、DM、POP、X展架等。

（5）提前存货。当制造商向零售商提供了特别的促销时，将会吸引消费者大量购买，这时一定要有充足的存货，满足顾客的购买需求，否则会引起消费者的不满，这样就得不偿失了。

五、促销效果评估方法

1. 目标评估法

目标评估法是将促销实际业绩与目标进行比较分析，一般而言，实际业绩在目标的95%～105%，算正常表现，若是在目标 105%以上，则算高标准表现，若是在目标 95%以下，则需反思。

有些促销目标很难用销售额来直接表示，这使得促销活动的评估很困难，需要营销人员研究一套专用的评估体系和办法。例如，促销目标是树立企业良好形象、增进顾客忠诚，营销人员通常要在促销前后进行一系列调查，研究企业的形象问题以及老顾客来店频率等情况。一般来说，促销目标越具体明确，评估工作越容易进行。

2. 前后比较法

前后比较法是选取开展促销活动之前、中间与进行促销时的营业情况进行比较，一般会出现十分成功、得不偿失和适得其反三种效果。促销十分成功说明此次促销活动使顾客对卖场的印象有所加强，卖场的知名度和美誉度均有所提高，销售量增加，在活动结束后，该影响持续存在；促销得不偿失是指促销活动的开展对卖场的经营、营业额的提升没有任何帮助，反而浪费了促销费用；促销适得其反是指促销活动结束后，卖场销售额不升反降，可能是由于促销活动过程中管理混乱、设计不当，某些事情处理不当，或是出现了一些意外情况等原因，损伤了卖场自身的美誉度。

3. 消费者调查法

消费者调查法是指卖场组织有关人员抽取合适的消费者样本进行调查，向其了解促销活动的效果。例如，调查有多少消费者记得卖场的促销活动，他们对该促销活动有何评价，是否从中得到了利益，对他们今后的购物场所的选择是否会有影响，等等，从而评估卖场促销活动的效果。

第二节　广　告　策　略

一、零售广告的含义及其优缺点

广告是指由确定的赞助者以付费的方式对观念、商品或服务进行的非个人的沟通传达方式。零售广告是指零售商以付费的非人员的方式，向最终消费者提供关于商店、商品、服务、观念等信息，以影响消费者对商店的态度和偏好，直接或间接地引起销售增长的沟通传达方式。

1. 使用零售广告的优点

（1）广告（POP 广告除外）传播范围广，可以吸引大量的公众，零售商在大型促销活动中常常使用。

（2）广告投放可供选择的媒体较多，可以与其他促销方式有效配合。

（3）零售商可以控制广告信息内容，而公关宣传的内容很难被零售商所控制。

（4）广告内容生动活泼及表现方式灵活多样，容易引起公众注意。

（5）广告使顾客在购物前就对零售商及其产品和服务有所了解，这使得自助服务或减少服务成为可能。

2. 使用零售广告的缺点

（1）广告主要采用大众媒体，受众广泛，零售商无法针对个别顾客设计广告内容。

（2）许多广告的投入较大，中小型零售商承受不起。

（3）许多媒体信息覆盖面广，超出了零售商的商圈范围，致使零售商的广告费用有一部分浪费。

（4）如果所采用媒体的广告较繁杂，零售商的广告很容易被淹没，难以引起公众注意。

（5）一些媒体需要一段较长前置时间来安排广告刊登，这不利于配合零售商临时促销活动的开展。

二、商业广告效果的测定

商业广告效果有经济效果和社会效果之分，也有即效性效果与迟效性效果之分，还有促销效果和商业广告本身效果的分类。在此，按最后一种分类测定其效果。

1. 商业广告促销效果的测定

商业广告促销效果，也称商业广告的直接经济效果，它反映商业广告费用与商品销售量（额）之间的比例关系。商业广告促销效果的测定是以商品销售量（额）增减幅度作为标准衡量的。测定方法很多，主要有以下几种。

（1）商业广告费用占销率法。通过这种方法可以测定计划期内商业广告费用对产品销售量（额）的影响。商业广告费用占销率越小，表明商业广告促销效果越好；反之则越差。其公式为

$$商业广告费用占销率=(商业广告费/销售量（额）)\times100\%$$

（2）商业广告费用增销率法。此法可以测定计划期内商业广告费用增减对商业广告商品销售量（额）的影响。商业广告费用增销率越大，表明商业广告促销效果越好；反之则越差。其公式为

$$商业广告费用增销率=(销售量（额）增长率/商业广告费用增长率)\times100\%$$

（3）单位费用促销法。这种方法可以测定单位商业广告费用促销商品的数量或金额。单位商业广告费用促销额（量）越大，表明商业广告效果越好；反之则越差。其公式为

$$单位商业广告费用促销额（量）=销售额（量）/商业广告费用$$

（4）单位费用增销法。此法可以测定单位商业广告费用对商品销售的增益程度。单位商业广告费用增销量（额）越大，表明商业广告效果越好；反之则越差，其计算公式为

$$单位商业广告费用增销量（额）=(报告期销售量（额）-基期销售量（额）)/商业广告费用$$

（5）弹性系数测定法。此法通过销售量（额）变动率与商业广告费用投入量变动率之比值来测定商业广告促销效果。其公式为

$$E=(\Delta S/S) \, / \, (\Delta A/A)$$

式中：S 表示销售量（额）；

ΔS 表示增加商业广告费用后的销售增加量（额）；

A 表示商业广告费用原有支出额；

ΔA 表示增加的商业广告费用支出额；

E 表示弹性系数，即商业广告效果。E值越大，表明商业广告的促销效果越好。

影响产品销售的因素很多，商业广告只是其中之一，单纯以销售量（额）的增减来衡量商业广告效果是不全面的。也就是说，上述测定方法只能作为衡量商业广告效果的计划期内的经济效果。当商业广告促销效果不理想时，也不应轻易否定商业广告，而应从其他多方面来考虑分析。

2. 商业广告本身效果的测定

商业广告本身效果不以销售数量的大小为衡量标准，而主要以商业广告对目标市场消费者所引起心理效应的大小为标准，包括对商品信息的注意、兴趣、情绪、记忆、理解、动机等。因此，对商业广告本身效果的测定，应主要测定知名度、注意度、理解度、记忆度、视听率、购买动机等项目。测定方法中，常用的有以下几种。

（1）价值序列法。这是一种事前测定法，其具体做法是，邀请若干专家、消费者对事先拟定的几则同一商品的商业广告进行评价，然后排序，依次排出第一位、第二位、第三位……排在首位的，表明其效果最佳，选其作为可传播的商业广告。

（2）配对法。这也是一种事前测定法，其做法是，将针对同一商品设计的不同的两则商业广告配对，请专家、消费者进行评定，选出其中一例。评定内容包括商业广告作品的标题、正文、插图、标语、布局等全部内容。

（3）评分法。此法既适用于事前测定，又适用于事后测定。其做法是，将商业广告各要素列成表，请专家、消费者逐项评分。得分越高，表明商业广告自身效果越好。

（4）访查法。这是一种主要适合于事后测定商业广告效果的方法。其主要做法是，通过电话、直接走访等方式征集商业广告接受者对商业广告的评价意见，借以评价商业广告优劣。

三、商业广告媒体选择

商业广告策划人员还必须评核各种主要媒体到达特定目标受众的能力，以便决定采用何种媒体。主要媒体有报纸、杂志、直接邮寄、广播、电视、户外商业广告牌、自印商业广告品等。这些主要媒体的影响能力互有差异，而影响能力包括送频率、影响面。例如，电视的送达率比杂志高，在某一种地区户外商业广告的频率比杂志高，而报纸的影响面比杂志大。

（一）媒体的特性

商业广告策划人员在选择媒体种类时，需了解各媒体的特性。报纸的优点是弹性大、及时、对当地市场的覆盖率高、易被接受和被信任；其缺点是时效短、传阅人少。杂志的优点是可选择性多、时效长、传阅者多；其缺点是商业广告在杂志未出前置留时间长，有些发行量对商业广告是无效的。广播的优点是覆盖面广、成本低；其缺点是仅有声音效果，没有动画的可视性。电视的优点是视、听、动作紧密结合且引人注意、送达率高；其缺点是企业投入商业广告费用高、展露瞬间即逝、对观众无选择性。自印商业广告品的优点是可选择性投递、无同一媒体的商业广告与之竞争；其缺点是容易造成泛滥的现象。户外商业广告牌的优点是比较灵活、展露重复性强、成本低、竞争少；其缺点是不能选择受众、创造力易受到局限等。

（二）影响商业广告媒体选择的因素

企业商业广告策划人员在选择媒体种类时，必须考虑如下因素。

（1）目标受众的媒体习惯。例如，生产或销售玩具的企业，在把学龄前儿童作为目标受众的情况下，不能在杂志上做商业广告，而只能在电视台做商业广告。

（2）产品特性。不同的媒体在展示、解释、可信度与彩色等各方面分别有不同的说服能力。例如，照相机之类的产品，最好通过电视媒体做实地商业广告说明；服装之类的产品，最好用鲜艳的色彩做商业广告。

（3）信息类型。宣布销售活动开始前，最好在电视台上做相关信息公告；如果商业广告信息内容含有大量的技术资料，最好在专业杂志上做商业广告。

（4）成本。不同媒体所需商业广告费用也是企业选择商业广告渠道所需考虑的一个重要因素。电视是最昂贵的媒体，而报纸则较便宜。不过，最重要的不是投入的绝对成本，而是目标受众的人数构成与投入成本之间的相对关系。如果目标受众用每千人成本来计算，在电视上做商业广告比在报纸上做商业广告理应便宜。

（三）零售广告媒体选择

1. 电视广告

电视广告是信息高度集中、高度浓缩的节目。电视广告兼有报纸、广播和电影的视听特色，以声、像、色兼备，听、视、读并举，生动活泼的特点成为最现代化也最引人注目的广告形式。

2. 广播广告

广播广告是依附于广播媒体的一种经营和宣传，其优势主要有：交流感与意境性；流动感与兼作性；覆盖的无限性与受众的全面性；低投入与高回报。

3. 报纸广告

报纸广告是刊登在报纸上的广告。报纸是一种印刷媒介（Print Medium），其特点是发行频率高、发行量大、信息传递快，因此报纸广告可及时、广泛发布。报纸广告以文字和图画为主要视觉刺激，不像其他广告媒介，如电视广告等会受时间的限制。而且报纸可以反复阅读，便于保存。鉴于报纸的特点及印制工艺上的原因，报纸广告中的商品外观形象和款式、色彩不能理想地反映出来。

4. 直接邮寄广告

DM 是 Direct Mail Advertising 的省略表述，直译为"直接邮寄广告"，即通过邮寄、赠送等形式，将宣传品送到消费者手中、家里或公司所在地。

5. 交通工具广告

在火车、飞机、轮船、公共汽车等交通工具及旅客候车、候机、候船等地点进行广告宣传，旅客量大、面广，宣传效果也很好，而且交通广告由于是交通工业的副产品，因此费用比较低廉。

6. 户外广告

户外广告指在城市道路、铁路两侧，城市轨道交通线路的地面部分，河湖管理范围和广场、建筑物、构筑物上，以灯箱、霓虹灯、电子显示装置、展示牌等为载体形式和在交通工具上设置的商业广告。

7. 杂志广告

杂志广告是刊登在杂志上的广告。杂志是视觉媒介中比较重要的媒介。杂志可以按其内容分为综合性杂志、专业性杂志和生活杂志；按其出版周期则可分为周刊、半月刊、月刊、双月刊、季刊及年度报告等；而按其发行范围又可分为国际性杂志、全国性杂志、地区性杂志等。

8. 传单广告

传单广告即用传单做广告。传单广告的印制费和人工费相对报纸广告和电视广告便宜很多，对于宣传经费有限的小企业来讲，传单广告是上上之选。

9. 电话号码簿

电话号码簿是刊登以用户名称、地址、电话号码为主体内容，以各类商品、商务广告、经济性和服务性信息为主的出版物。它可以印刷品、磁盘、光盘、INTERNET、多媒体网等多种途径向公众发布、发行。"黄页"是带有分类广告、用黄纸印刷的电话号码簿，称作黄页电话号码簿。

10. 包装广告

包装广告可以说是无声的推销员。包装广告是与产品最近的广告宣传。包装可分为小包装、中包装、大包装；内包装、外包装；软包装、硬包装。大包装、外包装、硬包装又称为运输包装，而小包装、内包装、软包装则都附带产品说明的性质，产品的详尽信息或企业观念的宣传大都体现在上面。

11. POP 广告

POP 广告（Point of Purchase Advertising）是指在商品进行销售和购买活动的场所所做的销售现场媒体广告。销售现场媒体是一种综合性的媒体形式，从内容上大致可分为室内媒体和室外媒体。销售现场的室内媒体广告主要指货架陈列广告、柜台广告、模特广告、四周墙上广告、圆柱广告、空中悬挂广告等。销售现场的室外媒体广告主要指销售场所，如商店、百货公司、超级市场门前和附近的一切广告形式，包括广告牌、灯箱、霓虹灯、电子显示广告牌、招贴画、商店招牌、门联、门面装饰、橱窗等。

第三节　销售促进策略

一、销售促进的概念及特点

1. 销售促进的概念

如果说广告是引发消费者购买行为的原因，那么销售促进（Sales Promotion，SP）就是消费者购买的刺激。零售商的销售促进是零售商针对最终消费者所采取的除广告、公共关系和人员推销之外的能够刺激需求、激励购买、扩大销售的各种短暂性的促销措施。它不同于人员推销和广告。人员推销和广告是持续的、常规的促销活动，而销售促进则是不经常的、无规则的促销活动。销售促进一般用于暂时的和额外的促销工作，是为了促使消费者立即购买，提高某一时期的营业额或某种商品销售额的特殊促销。

2. 销售促进的特点

（1）引人注目，吸引力强，在销售中能产生更快和更多可衡量的反应。

（2）形式多样，可增强顾客的购买兴趣。

（3）吸引大批顾客，增加卖场的客流量，促进其他商品销售。

（4）效果是短暂性的，常常吸引品牌转换者，并不能产生新的忠诚的顾客。

二、销售促进方式

1．优待券

零售商将印在报纸、杂志、宣传单或商品包装上的赋有一定面值的优待券或单独的优待券，通过邮寄、挨户递送、销售点分发等形式发放，持券人可以凭此券在购买某种商品时免付一定金额的费用。

卖场优待券只能在某一特定卖场或连锁店使用。它绝大部分是为了吸引顾客光临某一特定的卖场，而不是为了吸引顾客购买某一特定品牌的商品。另外，它也被广泛地用来协助刺激消费者对店内各种商品的购买欲望。许多事例显示，优待券也是零售商与厂商一个绝好的合作组合，其目的在于给消费者一个诱人的动因，以吸引他们到特定的卖场购买特定的商品。

虽然优待券的种类繁多，但都不外乎以下三种。

（1）直接折价式优待券，即指某特定零售商店在特定期间内，针对某特定品牌，可凭券购买以享受某种金额的折价优待。这种促销方式可运用在多量购买上。

（2）送赠品优待券，即购买 A 商品，可凭此券获赠 B 商品。

（3）送积分点券式优待券，即购买某商品时，可获赠积分点券，凭这些点券可在该卖场兑换自己喜欢的赠品。一般此券的价值常由零售商决定。

2．赠送商品

赠送商品即消费者免费或付出某些代价即可获得特定物品的活动。实践证明，赠送商品是吸引消费者来卖场购买商品或劝其购买某种特定商品的好方法。赠送商品是零售商常用的销售促进活动，包括以下两种方式。

（1）赠送。这种方式是指消费者无须具备什么条件即可得到赠品。赠送时，一定要选择好赠送对象，这样才能达到事半功倍的效果。例如，有些卖场并不固定赠送物品的种类和数量，而是视顾客的需要和心理情况而定。尤其是在女士购买化妆品犹豫不定时，可以赠送化妆包、化妆棉棒等小物品，以促成顾客购买。

（2）付费赠送。付费赠送是指卖场为吸引消费者而采用的只要消费者购买某种特定商品或购买金额达到一定数量，就可获得赠品，或者消费者在购买某种商品的同时提供赠品的部分费用即可获得赠品。

3．折价优惠

折价优惠是指卖场在一定时期内，调低一定数量的商品售价，也可以说是适当减少自己的利润以回馈消费者的促销活动，是零售商使用最广泛的一种促销方式。折价优惠常在以价格作为主要竞争手段的卖场使用，如货仓式卖场、超级市场、折扣卖场等，但也广泛应用于其他零售业态卖场，尤其是国内服装专卖店经常打出折价优惠的招牌吸引顾客。

卖场之所以采用折价销售，主要是为了与其他卖场在价格上进行抗衡，也为了吸引对价格比较敏感的品牌转换者。俗话说："没有不被减价两分钱而击倒的品牌忠诚。"可见价格促销在消费者心中的威力。折价优惠虽然在单件商品上获得的利润减少，但低价促进了销售，增加了销售量，从总体角度看，也增加了卖场的利润。

　　大部分卖场经常采用折价优惠来掌握已有的消费群，或是利用这一促销方式来抵制竞争对手的活动。通常折价销售在销售现场能强烈地吸引消费者的注意，并促进购买欲望，明显地提高卖场的销售额，甚至可以刺激消费者购买单价较高的商品。

　　4. 竞赛

　　竞赛是一种让消费者运用和发挥自己的才能以解决或完成某一特定问题来获得奖品鼓励的促销活动。日常生活中，经常看到这种促销方式：回答有关商品的优点；为卖场命名；提供广告主题语和广告创意；等等。此类活动通常需要具备三个要素：奖品、才华和学识以及某些参赛的规则。竞赛着眼于趣味性及顾客的参与性，通常竞赛会吸引不少人来观看和参与，可连带达到增加客流量、扩大销售的目的。

　　5. 抽奖

　　抽奖是指顾客在卖场购物满一定金额即可凭抽奖券在当时或指定时间参加卖场组织的公开抽奖活动。抽奖并不需要顾客具有一定的才能（不同于竞赛获奖，顾客要有一定的能力取胜），全凭顾客的运气，这利用人本身具有一定的侥幸、追求刺激的赌博心理，有以小博大的乐趣，主办卖场通常备有各式奖品吸引顾客。

　　抽奖与赠送商品中的商品中奖、随货中奖是有区别的。抽奖是购买商品后，凭购物小票等证明从卖场方获得抽奖券，再参加抽奖。而商品中奖和随货中奖都是与商品有直接关系的，即奖品或奖券就在商品中，顾客获奖的直接原因是购买了该商品。生产厂商多采用商品中奖和随货中奖的促销手段，而零售商则多采用抽奖方式进行促销。

　　6. 集点优待

　　集点优待又叫积分卡或商业印花（商业贴花），指顾客每购买单位商品就可获得一张印花，若筹集到一定数量的印花，就可以免费换取或换购（即支付少量金额）某种商品或奖品。

　　对于消费者而言，他们对集点优待的偏好不一，有的消费者对积分卡十分热衷，有的消费者对积分卡不以为然，因而其对不同消费者的效果是不一样的。真正对积分卡感兴趣的是卖场的经常性客户，他们经常来这一卖场购买商品，用积分卡形式给这类顾客提供更物有所值的回报可以提高他们对卖场的忠诚度。

　　7. 退费优待

　　退费优待是指消费者提供了购买商品的某种证明之后，卖场退还其购买商品的全部或部分付款，以吸引顾客，促进销售。例如，某市一家卖场曾规定在某个月的某一天，消费者购买的商品可以全部退款，而这一天是事后随机确定的，以刺激顾客的购买欲望。还有些商家直接打出促销宣传："买一百退五元。"退费优待适用于各行各业，由于其直接返利给顾客，所以效果十分明显。同时，退费优待也适用于绝大多数商品。实践证明，销售速度缓慢、冲动式购买、差异化较小的商品，消费者虽然不经常购买，但只要购买，常用得很快，再购频率很高，这种类型的商品运用退费优待效果最好。而对于高度个性化或经久耐用的商品，则不宜采取此方法。

8. 商品演示

商品演示就是通过对商品的使用进行示范，提供实物证明，使顾客对商品的效能产生兴趣和信任，以激起冲动性的购买行为。商品演示的目的是向顾客进一步证实商品的效能和优点，为了达到预期的效果，演示人员应该掌握商品的性能和演示的技巧。商品演示还包括卖场试吃，即现场提供免费样品供消费者食用的活动。此类活动对于以供应食品为主，且以家庭主妇为主要客户的超市，是提高特定商品销售量的有效方法。通过商品实际展示和专业人员的介绍，消费者购买的信心及日后持续购买的意愿都会增加。

9. 展示会

新产品的展示可以在店堂显眼的地方陈列出来，也可利用杂志、报纸等媒体刊载。零售店也可以展示一些营业项目公关的活动，如模特泳装表演、霹雳舞大赛、机车大展等以招徕顾客。展示会既能以新产品、新款式引导、诱发人们的消费欲望，又能给人以亲眼看见、不会上当的心理满足，因此常会带来好效益。

10. 邀请

邀请即通过当面、电话、邮递等方式邀请顾客参加某种活动。例如，餐厅可以寄贺卡给即将毕业的同学，请他们光顾本店办谢师宴或毕业宴。也可以邀请本店的顾客来参加某种竞赛或美容讲座之类的活动，商家可准备纪念品给受请前来的顾客。

11. 主题促销

针对特殊节庆，如国庆节、圣诞节、妇女节、儿童节等举办主题促销，也有突出某一类商品的主题促销，如美国一家百货公司办过德国产品、波兰商品、布拉格之春等主题促销，新颖别致，吸引了很多顾客。举办主题促销时，店里的设计、布置、装潢、摆设乃至店员的服装等都要围绕主题，洋溢着该主题的气氛。

12. 巡回展示服务

巡回展示的目的是展示真正的商品，以便更能接近目标市场，即使是小乡镇也可列入考虑范围。巡回展示也可以说是一种"深耕"的计划，它使得商品的铺货点增加，从而加强配销通路的据点。

13. 公共服务事件

参与或创办某些公共服务事件来扩大知名度，吸引客户。例如，举办画展、参与演出等，也可参与慈善事业或政治上的活动，在美国很多商店就参与女权运动或消费者保护活动等，这有助于强化企业的形象，争取客户的好感，达到促销目的。

14. 迷你学习班

例如，百货公司可以附设"妈妈教室"，设置美仪、烹饪、缝纫等课程；计算机销售公司可以举办计算机知识普及班；另外，还可设插花、化妆、乐器、绘画、园艺、机械修护等兴趣课堂。通过学习班加强同顾客的联系，增进感情，在顾客心中树立起良好形象，达到促销目的。

15. 合作促销

合作促销是近年来较受瞩目的一种促销活动，其方式很多，如制造商和零售商共同促销，制造商在广告、展示方面多出力，零售商可以在销售技巧上多使劲；也可以在两种不同业务之间合作促销，如购买一定数量的某商品可以到某餐饮店享受一份美食等。合作促销由于涉及两个或两个以上的业务单位，在力量投入、利润分配、名实相当等方面容易引起争议或困扰，因此合作者一定要充分协调，团结一致。

促销包括上述持续或不连续的各项活动，目的是创造更多的销售或服务。

第四节　公共关系策略

一、零售公共关系的含义、特点及其类型

1. 零售公共关系的含义

零售公共关系是指零售商利用各种传播手段，为沟通内外部关系、塑造自身良好形象、加深顾客印象而进行的一系列旨在扩大品牌知晓度和树立企业形象的促销活动，是为企业的生存和发展创造良好环境的经营管理艺术。它是零售商促销策略组合中的一项重要措施。零售商建立公共关系的目的是提高零售商的知名度；在社会公众中树立良好的形象；协调好企业内部上下级、员工之间的关系；减少促销费用，获取更佳的促销效果。

2. 零售公共关系的特点

零售公关宣传与零售广告相比较，具有以下特点。

（1）以树立商店形象为直接目的，促进商品销售为间接目的。

（2）对所宣传的信息报道详细。由于是以新闻稿件出现的，所以对所宣传的内容报道详细。

（3）被消费者认可程度高。公关宣传是由媒体控制的，体现了外部公众的看法，使顾客感到真实可信。

（4）信息传播不需付费。公关宣传是媒体做的新闻报道，不是企业的经济行为，不涉及费用。

（5）企业不能控制宣传内容。零售商不能控制媒体的报道行为。

（6）可以引起消费者广泛注意。人们对于新闻报道比对纯粹的广告更留意。

3. 零售公共关系的优点和缺点

（1）零售公共关系的优点。能树立或进一步增强企业形象；客观地向消费者提供关于零售商的信息，使消费者感到可信（如对餐厅有益的评论性文章）；信息所占用的时间和空间是不付费的；可触及大量的受众；可能有附加的效果（如一家商店被认为是社会导向性和社会公益性的，这就比仅仅被当作一家商店要有价值）；人们对新闻报道尤其是一些有民众信心的报道要比纯粹的广告更留意，对其真实性更有信心。

（2）零售公共关系的缺点。一些零售商不相信将资金投入与形象相关的沟通联络中会有效果；在公众宣传中，对于给定的媒体，零售商很难控制信息及其发布时机、刊出位置及覆盖面；虽然公众宣传中没有媒体费用，但却有公共关系人员、活动及活动本身（如商店开业）而产生的费用。

4. 零售公共关系的类型

零售公共关系可以分为预期型公共关系、意外型公众宣传和正面的公众宣传等类型。

（1）预期型公共关系是指零售商事先做好活动策划并努力使媒体进行报道，或预计某些事件会引起媒体报道。零售商希望居民区服务（如捐款或特殊的销售互动）、假日展览、新产品或服务的销售、新店开业等活动能引起媒体关注。

（2）意外型公众宣传是指媒体在零售商事先未曾注意的情况下报道其表现。例如，电视和报纸记者可以匿名访问餐厅及其他的零售商，评价他们的表现及服务质量。一次失火、一次员工罢工或其他具有新闻价值的事件都可能被引用。经过调查研究，关于公司活动的报道就会出现在媒体上。

（3）正面的公众宣传是指媒体用赞赏的口吻来报道企业，关于其杰出的零售活动、为公众所做的努力等。但是，媒体也可以对企业进行负面的公众宣传。例如，一家商店开业，媒体可能用不那么热情的语言描述其店址，批评商店对周围环境的影响以及提出其他批评性意见，零售商无法控制这些信息。这就是公共关系必须被看作是促销组合的一个组成部分，而不是全部的原因。

二、零售公共关系的内容

零售公共关系的主要任务是沟通和协调店铺与社会公众之间的关系，以争取公众的理解、认可与合作，实现扩大销售的目标。这一任务决定了其工作的主要内容是正确处理与宣传对象的关系。

1. 正确处理店铺与顾客的关系

顾客对任何企业来说都是最重要的评判者。顾客对店铺的印象和评价，决定着店铺能否保持和扩大市场占有率，决定着店铺的生存和发展。因此，公关宣传工作要树立以消费者为中心的思想，主动、积极地争取顾客，处理好与他们的关系。而处理好这种关系，就需要企业做好如下工作：做好消费者需求调查，加强与消费者的沟通；在售后服务中推进公关宣传；重视消费者投诉，这样有助于消除消费者的误会，增进相互了解，建立持久的关系。

2. 正确处理店铺与新闻媒介的关系

社会舆论工具可影响民意，间接有力地影响企业行为。因此，它是宣传人员争取社会公众、实现宣传目标的重要公关对象。企业公关宣传人员应当同新闻界保持经常、广泛的联系，通过主动合作打开市场局面，提高企业的知名度，建立良好的社会形象。

3. 正确处理店铺与社区的关系

店铺与社区存在着千丝万缕的联系，只有建立融洽的社区关系，企业才能立足扎根。因此，店铺必须满足社区对自己的正当要求。店铺应搞好安全和环境卫生，提供优良服务和必要的公益赞助，积极、主动地担负起社会责任，造福于社区。

4. 正确处理店铺与政府的关系

店铺的活动应服从政府的监督，企业公关宣传工作必须正确处理与政府的关系。在遵守国家法律法规、自觉接受政府有关部门的指导和监督的同时，企业应主动与政府有关部门沟通信息，赢得政府的信赖与支持。

三、零售公共关系活动形式

（一）出版物

零售商在很大程度上依赖沟通材料来接触和影响目标市场。沟通材料包括年度报告、小册子、文章、商店的业务通信和杂志，以及视听材料。

1. 年度报告

年度报告是指公司整个会计年度的财务报告及其他相关文件。它告诉消费者有关零售商的信息。

2. 小册子

小册子在公关中扮演着重要角色，它告诉消费者有关商店和商品的情况。

3. 文章

商店工作人员写的好文章能吸引消费者对商店和商品的注意。

4. 商店的业务通信和杂志

商店的业务通信和杂志能帮助商店树立形象和向消费者通告重要新闻。

5. 视听材料

电影和带解说的幻灯片、录像等正被越来越多地使用。视听材料的成本要比印刷品的成本高，但影响也较大。

（二）事件

商店可以安排特殊事件来吸引消费者对商店新进的商品或商店的其他事物的注意。特殊事件包括新闻发布会、讨论会、旅游、展览、竞赛和比赛、周年纪念等特殊纪念日活动，以及对体育和文化事业提供赞助，等等。

1. 新闻发布会

新闻发布会又称记者招待会，是企业举行的公开传播重要新闻事件，邀请有关新闻机构的记者参加，让记者就此提问，然后由召集者回答的一种特殊会议。会议材料的形式有口头发言稿、新闻文稿、背景材料、照片、录像以及实物展示等，有的还当场分发新闻资料。例如，某大型百货商店经过积极努力终于成功上市发行了股票，之后经过周密策划举行了新闻发布会，几十家新闻单位和有关部门出席了发布会，有关电台、电视台及报纸分别以不同的形式进行了报道。结果这一消息得到了广泛的传播，使商店的声誉大增，不仅增强了老顾客的信心，而且还吸引了许多慕名而来的新顾客，销售额直线上升。

2. 赞助活动

赞助不仅对社会有利，而且能赢得社会对组织的好感，树立商店的美好形象。赞助活动主要有以下类型。

（1）赞助体育运动。例如，赞助运动会等。

（2）赞助文化娱乐活动。例如，赞助电影的拍摄、文化娱乐活动的比赛等。

（3）赞助教育事业。资金主要用于建设教育设施，以及作为研究基金、奖学金、奖教金和其他教育奖励。例如，资助希望工程、建设希望小学等。

（4）赞助社会慈善和福利事业。此项活动是与社会、政府搞好关系的重要途径，也是表明企业向社会承担义务责任的手段。例如，赞助残疾儿童福利院等。

（5）赞助宣传用品的制作。例如，赞助有特殊意义的录像带、电视片、记录电影的制作等。

（6）赞助其他活动。例如，赞助职业奖励、竞赛活动等。

3. 特殊纪念日活动

每一个国家或地区都有特殊纪念日活动，利用特殊纪念日制造新闻是影响公众的好时机。

（三）新闻

新闻报道是零售商乐于接受的、由新闻媒体公开发布的、对事实或观点的一种陈述。新闻报道用来通告特定的事件、新商店的开张、每季度和每年的销售额以及零售商经营战略的转变。企业公关人员的一个重要职责就是发现和创造有关企业、产品及人物的新闻，并与新闻机构建立良好的关系。和新闻机构的关系越好，就越可能得到更多、更好的有关企业的报道。

（四）演说

演说是进行商店和商品宣传的另一个重要工具。零售商经营者应经常通过宣传媒体圆满地回答各种提问，并在行业协会和销售会议上演说，这些表现都会对商店的形象造成影响。良好的表现会建立商店的形象，劣质的表现会损害商店的形象。所以，零售商一定要仔细挑选发言人，并进行训练和由专业人士辅导，以求提高发言人的水平。

（五）电话服务

电话是一种快捷而新颖的公关促销工具。通过电话沟通，目标顾客可以从企业那里获得有关商店方面的信息。高质量的电话服务常能使潜在的顾客成为现实的顾客，也能使他们成为商店信息的传播者。

（六）媒体识别

通常，商店的广告材料要求特征鲜明，否则会经常产生混淆和失去强化商店形象的机会。在一个高度开放的社会里，商店要想尽全力去获得注意，就必须设计一个公众能立刻认知的视觉识别标志。这个视觉标志可用在商店的招牌、营业场所、制服以及制服的号码、包装袋、商业表格、商业名片、发票、建筑物等。当商店的形象具有吸引力、个性和给人以深刻印象时，它就成了零售商店经营者开展营销活动的一个有力工具。

四、零售公共关系的意义

1. 零售公关可以建立商店形象，产生吸引顾客的优势

零售商形象是零售商与其竞争对手产生明显区分的关键识别点，是竞争顾客的力量。顾客对形象良好的商店，总是优先考虑光顾；对形象不佳的商店，总是存有戒心，很难信任。这就是零售商形象在市场竞争上的效率。一个在社会公众中具有良好形象的商店，可以赢得消费者的信赖，为确立竞争优势打下基础。在大同小异的商品、琳琅满目的货架跟前，各商店的商品与服务不难做到并驾齐驱，平分秋色。唯有销售商形象与众不同，才能产生对顾客的吸引力。

2. 零售公关可以提高企业知名度，产生经济效益

零售商的知名度是销售的先行指标、潜在的销售额。商店的销售业绩原则上和商店的知名度成正比。消费者对商店有了认知才会有购买欲望，通过认知便可能产生好感和信赖，才有可能成为商店的顾客。同业间两家商店，知名度高的商店其业绩肯定优于知名度低的商店。因此，商店的知名度是潜在的销售额。

3. 零售公关宣传可以减少广告成本，获取最佳促销效果

零售公关有一定的广告宣传效应，但与零售广告不同的是不需要付费，在达到宣传目的的同时又节省了零售广告的开支。零售公关的新闻内容由媒体来控制，顾客反而更信赖、更重视这种宣传，从而获取更佳的宣传效果。

4. 零售公关有利于协调好各方面的关系

零售公关有利于协调好企业内部上下级、员工之间的关系，为商店的顺利经营创造和谐、融洽的内部环境。

本章小结

1. 零售促销是指零售商为告知、劝说或提醒目标市场顾客关注有关企业任何方面的信息而进行的一切沟通联系活动。

2. 零售促销活动类型包括开业促销、周年店庆促销、例行性促销、竞争性促销。

3. 零售促销组合是对商业广告、销售促进、人员推销、公共关系等工具所进行的使用与搭配。

4. 零售促销策划的步骤包括确定促销目标、制定促销预算、选择促销组合、执行促销策划、评估促销效果。

5. 零售广告媒体类型主要有电视广告、广播广告、报纸广告、直接邮寄广告、交通工具广告、户外广告、杂志广告、传单广告、电话号码簿、包装广告、POP 广告。

6. 零售销售促进的特点主要有引人注目、吸引力强、形式多样、增加客流以带动其他商品的销售、效果短暂。

7. 零售销售促进的主要方式有优待券、赠送商品、折价优惠、竞赛、抽奖、集点优待、

退费优待、商品演示等。

8. 零售公共关系的优点主要是扩大零售商的知名度、可信度高、不需要付费、受众面广等；零售公共关系的缺点主要有短期效果不明显、难以控制等。

9. 公共关系活动的形式主要包括出版物、事件、新闻、演说、电话服务、媒体识别。

思考题

1. 简述零售促销与零售促销活动类型。
2. 简述零售促销组合。
3. 简述零售促销策划的主要内容。
4. 简述零售广告的特点及其媒体类型。
5. 简述零售销售促进的特点及其推广的主要方式。
6. 简述零售公共关系的优点与缺点。
7. 简述公共关系活动的形式。

案例分析

屈臣氏的促销活动真拼

屈臣氏的促销活动算得上是零售界最复杂的，不但次数频繁，而且流程复杂，内容繁多，每进行一次促销活动更是需要花很多的时间去策划与准备。策划部门、采购部门、行政部门、配送部门、营运部门都围绕着这个主题运作。为超越顾客期望，屈臣氏所有员工都乐此不疲。

屈臣氏中国区提出"我敢发誓，保证低价"的承诺，并开始了以此为主题的促销活动，每15天一期，从那时起的一段时间里，笔者就一直参与并研究促销活动带来的顾客反应以及屈臣氏各店营业额的变化。笔者根据所收藏的一大堆《屈臣氏商品促销快讯》，将屈臣氏的促销活动发展大致分为三个阶段：第一阶段主要以传统节日促销活动为主。屈臣氏非常重视情人节、万圣节、圣诞节、春节等节日，促销主题多式多样，如"说吧说你爱我吧"的情人节促销，"圣诞全攻略""真情圣诞真低价"的圣诞节促销，"劲爆礼闹新春"的春节促销，还有以"春之缤纷""秋之野性""冬日减价""10元促销""SALE周年庆""加一元多一件""全线八折""买一送一""自有品牌商品免费加量33%不加价""60秒疯狂抢购""买就送"等为主题的促销活动。第二阶段是提出"我敢发誓，保证低价"承诺后，以宣传"逾千件货品每日保证低价"为主题，在这一阶段，每期《屈臣氏商品促销快讯》的封面都会有屈臣氏代言人高举右手传达"我敢发誓"信息，屈臣氏做出了宣言调整，提出"真货真低价"，并仍然贯彻执行"买贵了差额双倍还"方针，"我敢发誓"一周年，屈臣氏一共举行了30期的促销推广，屈臣氏的低价策略已经深入人心。第三阶段是屈臣氏延续特有的促销方式并结合低价方针，淡化了"我敢发誓"的角色，特别是到了2007年，促销宣传册上几乎不再出现"我敢发誓"字样，差价补偿策略从"两倍还"到"半倍还"到最终不再出现，促销活动更灵活多变，并逐步推出大型促销活动，如"大奖POLO开回家""百事新星大赛""封面领秀""VIP 会员推广"，屈臣氏促销战略成功转型。

一、屈臣氏促销活动的突出表现

1. 持之以恒

很多消费者对屈臣氏的促销活动都非常熟悉，他们了解屈臣氏在定期举行什么形式的促销活动，这归功于屈臣氏多年来的坚持，屈臣氏的常规促销活动每年都会定期举行，特别是自有品牌商品的促销，如"全线八折""免费加量""买一送一""任意搭配"等会在每年定期举办，并且在活动中经常包含"剪角抵用券""满 50 元超值 10 元换购""本期震撼低价"。

2. 丰富多彩

屈臣氏一年有 24 期常规促销活动，形式独特，完全不同于其他零售店。"自有品牌商品免费加量33% 不加价""60 秒疯狂抢购""买就送"更是丰富多彩，促销商品品种繁多，如滋润精选、如丝秀发、沐浴新体验、皓齿梦工场、维有新健康、营养街、清亮新视界、知足便利店、关爱自己、完美纸世界、小工具课堂、优质生活、开心美味园、健康情报站、潮流点缀、旅游自助魔法、美丽港……非常多的趣味主题，介绍众多的个人护理用品，引导着消费。

3. 权威专业

屈臣氏的促销活动往往会贯穿一个权威专业的主导线，每时每刻都在向消费者传递着自己在专业领域里的权威信息，让消费者有更大的信任感。屈臣氏的"健康知己"，为顾客提供日常健康知识咨询，《屈臣氏护肤易》《屈臣氏优质生活手册》《健与美大赏》《屈臣氏自有品牌特刊》《畅游必备品》向顾客推荐好的产品的同时，邀请行业界知名人物，与读者共同分享美容心得、健康知识，如"美白无瑕、靓丽心情""健康身心迎夏日""健康相伴、美丽随行""和您分享""美容专家扮靓 TIPS""夏日护肤心得""屈臣氏关心您"等主题，《屈臣氏商品促销快讯》也是一本健康美容百科全书，除了众多的特价商品、新商品推介外，还介绍了非常多的日常护理小知识。

4. 优惠实效

根据国人消费习惯，实惠才是硬道理，屈臣氏促销讲究的就是"为消费者提供物超所值"的购物体验，从"我敢发誓"到"冬日减价""10 元促销""SALE 周年庆""加一元多一件""全线八折""买一送一""自有品牌商品免费加量 33%不加价""买就送"等，每一次都会引起白领丽人的惊呼，降价幅度非常大。每期都有的 3 个 "10 元超值换购"商品、9 个"震撼低价"商品每次都会被抢购一空。

5. 全员重视

屈臣氏的促销能达到一个好的效果，不仅因为有好的策划思路，最重要的是有好的执行力，其全员重视为促销获得成功做了铺垫。在屈臣氏举办一次促销活动需要非常大的工作量，在每次举行新的促销活动时从店铺形象就可以发现，所有的宣传册、商品、促销主题宣传画、价格指示牌都得更换一新，店铺的员工更是要熟悉每次的促销规则，把所有促销商品陈列到位，更换所有的商品价格，按要求将宣传挂画摆放。每次更换促销活动主题，在屈臣氏称为"转销"，员工需要在停止营业后一直工作到凌晨，才可以把卖场布置好。为了每次促销活动都能让各个分店按总部思路执行，各分店的经理都要去参观样板店，促销开始的第二天，区域经理就马不停蹄地到各个分店巡视促销活动执行情况，随时监督工作部署。

6. 氛围浓郁

"创造一个友善、充满活力及令人兴奋的购物环境"是屈臣氏卖场布置的精髓，为了创造一个好的促销氛围，屈臣氏从不吝惜布置场地方面的成本，每次促销会更换卖场所有的宣传挂画、价格牌、商品快讯、色条（嵌在货架层板前面的彩色纸条）、POP，虽然有浪费之嫌，但是舍得投入也是获得回报的根本。同时每次促销活动，屈臣氏都会有新的录像光盘提供给每个分店播放，宣传更多的促销信息。

7. 注重研究

屈臣氏研究认为，"小资情调"是白领一族的固有心态，甚至有些"虚荣"的心理，仅仅廉价无法满足他们的需求，大奖也不是引起他们光顾的根本，新奇刺激的活动对他们更具有吸引力，提供一种方便、健康、美丽的服务才更能提升顾客忠诚度，如"60秒疯狂抢购"，获奖者可以在卖场对指定的货架商品进行"扫荡"，60秒内拿到的商品都属于获奖者，这样的刺激让消费者津津乐道。屈臣氏在促销商品陈列方面有非常标准的原则，收银台附近的商品陈列技巧，"推动走廊"的陈列方式，超值换购、震撼低价商品的陈列，促销端架的陈列，促销胶箱商品的凌乱美，HOT SPOT（热卖焦点）的陈列原则，这些都是在从顾客购物心理、视觉角度、走动习惯等多方面研究得出的结论。

8. 良好习惯

员工养成了良好的促销推荐习惯。在屈臣氏的促销中，员工会随时告诉顾客，这是正在进行促销的商品，向顾客推荐促销商品，推介更多的优惠信息，可以获得顾客好感。屈臣氏的服务要求中要求员工必须做到这一点，门口的保安会礼貌地向入店顾客赠送一本商品促销手册，以让顾客获得更多的促销资讯。

9. 优秀的 IT 系统支持

屈臣氏的 IT 系统能配合其灵活多变的促销活动，特别是在打折、买就送、赠品管理、商品订单、价格标牌等方面可以发挥得淋漓尽致。

10. 员工熟悉操作流程

因为屈臣氏特有的操作流程，屈臣氏非常重视员工的培养，良好的企业文化及福利待遇是屈臣氏低员工流失率的根本，屈臣氏甚至欢迎离职的员工（没有不良记录）再次回公司任职。

二、屈臣氏促销招数

1. 超值换购

在每一期的促销活动中，屈臣氏都会推出 3 个以上的超值商品，顾客一次性购物满 50 元，多加 10 元即可任意选其中一件商品，这些超值商品通常会选择屈臣氏的自有品牌，所以能在实现低价位的同时保证利润。

2. 独家优惠

独家优惠是屈臣氏经常使用的一种促销手段，他们在寻找促销商品时，经常避开其他商家，别开花样，给顾客更多新鲜感，也可以提高顾客忠诚度。

3. 买就送

买一送一、买二送一、买四送二、买大送小；送商品、送商品、送礼品、送购物券、送抽奖券，促销方式非常灵活多变。

4. 加量不加价

这一招主要是针对屈臣氏的自有品牌产品，经常会推出加量不加价的包装，用鲜明的标签标示，以加量33%或加量50%为主，如面膜、橄榄油、护手霜、洗发水、润发素、化妆棉等是日常使用的产品，对消费者非常有吸引力。

5. 套装优惠

屈臣氏经常会向生产厂家定制专供的套装商品，以较优惠的价格向顾客销售，如资生堂、曼秀雷敦、旁氏、玉兰油等都会常做一些带赠品的套装，屈臣氏自有品牌也经常会推出套装优惠。例如，买一盒69.9元的屈臣氏骨胶原修护精华液送一支49.9元的眼部保湿啫喱，促销力度很大。

6. 震撼低价

屈臣氏经常推出系列震撼低价商品，这些商品以非常优惠的价格销售，并且规定每个店铺必须将其陈列在店铺最前面、最显眼的位置，以吸引顾客。

7. 剪角优惠券

在指定促销期内，一次性购物满60元（或者100元），剪下促销宣传海报的剪角，可以抵6元（或者10元）使用，相当于额外再获得9折优惠。

8. 购某个系列产品满88元赠商品

例如，购护肤产品满88元、购屈臣氏品牌产品满88元或购食品满88元，送屈臣氏手拎袋或纸手帕等活动。

9. 购物2件，额外9折优惠

购指定的同一商品2件，额外享受9折优惠。例如，买营养水一支要60元，买2支则只需108元。

10. 赠送礼品

屈臣氏经常会举行一些赠送礼品的促销活动，一种是供应商本身提供的礼品促销活动，另外一种是屈臣氏自己举行的促销活动，如赠送自有品牌试用装，或者购买某系列产品送礼品装，或者是当天前30名顾客赠送礼品一份。

11. VIP会员卡

屈臣氏在2006年9月开始推出自己的会员卡，顾客只需去屈臣氏门店填写申请表格，就可立即办理屈臣氏贵宾卡，办卡时仅收取工本费一元，屈臣氏会每两周推出数十件贵宾独享折扣商品，低至额外8折，且每次消费有积分。

12. 感谢日

屈臣氏会举行为期3天的感谢日小型主题促销活动，推出系列重磅特价商品，单件商品降价幅度在10元以上。

13. 销售比赛

销售比赛也是屈臣氏一项非常成功的促销活动，每期指定一些比赛商品，在各级别店铺（屈臣氏的店铺根据面积、地点等因素分为A、B、C三个级别）之间进行推销比赛，销售排名在前三名的店铺都将获得奖励，每次参加销售比赛的指定商品的销售业绩都会奇迹般地迅速增长，供货厂家非常乐意参与这种有助于销售的活动。

以上列举了屈臣氏经常使用的一些促销招数，其他细节就不一一细说了。

三、屈臣氏常见主题促销活动

1. 春之缤纷

"春之缤纷"促销活动一般安排在春节过后的2~3月，整个促销以绿意浓浓的春天为主题，以展示春色时尚用品为主，屈臣氏的店铺在促销期间布置成一片绿色，宣传牌、POP、物价牌、色条及促销商品都以春色为主，"炫色春时尚"展示春天时尚用品；"三月浓情关爱女性"以展示绿色女性用品为主；"唤醒春之容颜"提供大量春天彩妆系列；"逍遥享春风"推荐清醒系列用品，如空气清新用品、带有薄荷清新气味的用品等；"春节健康心选"提供有益的系列保健食品。

2. 水润肌肤心动价

针对10~11月干燥气候，主推秋季滋润护肤系列商品，包括"秋季护肤易""健康新动力""秋之魅力""万圣节之夜""护齿小百科""贴身温柔享""天天新欲望"等。针对秋天的还有另外一个主题——"秋之野性"，推出众多秋季应季时尚潮流物品，充分体现时尚潮流魅力。

3. 冬日减价

在每年的12月至次年的1月，屈臣氏举行以冬日产品为主题的促销活动，在这个促销活动中，商品从两个方面做主题，一是针对冬日应季商品促销，展示大量冬季特价商品，"冬季护肤系列"是其中非常重要的主题；另一个是将公司部分积压的商品做一个年终清仓，大幅度折价销售。

4. 全线八折

"全线八折"促销活动一般以两个主题为核心，第一是屈臣氏自有品牌商品全线八折，店铺会换上所有自有品牌全线八折的宣传标识，促销力度非常大；第二是夏季的应季商品促销，以"绽放身体的魅力"为主题，推出大量清凉的护肤产品、护齿用品，渲染"炎炎夏日，清凉购物"感觉。

5. SALE 周年庆

每年的3~4月是屈臣氏的周年庆祝时期，促销活动对各系列商品进行全面特价促销，给顾客以"惊喜不断"的感觉，"即买即送""独家优惠""美丽加分""健康生活每一天""潮流热浪"全面进行，是一次非常大型的促销活动。精明的顾客都知道，这是一次"淘宝"的好机会。

6. 加一元多一件

多加一元，就可以获得一件商品。方式有两种，一是加一元送同样的商品，如一件商品是二十元，二十一元即可以买两件；另一种是加一元送不同的商品。这种促销活动很让顾客心动，但是非常容易让顾客产生误会，所以这种促销活动工作量非常大，除了准备大量的POP、标价牌外，还要打印大量的文字指示，员工要对送同样商品的产品贴"鱼蛋"（小圆标贴）标记。由于近乎买一送一，而且一买是两件，所以商品的订货量非常大。卖场挂满很多黄色圆圈标识，写有"¥1，多一件"字样，非常别致，引人注目。

7. 10元促销

大量10元、20元、30元商品，大量精选商品震撼出击，冠于"抢购价""惊喜价"等宣传字样，这一招完全合乎消费者心理，消费者觉得 10 元、20 元、30 元无所谓，好像非常实惠，一件、两件、三件，不知不觉"满载而归"。

8. 60 秒疯狂抢购

促销活动期间，每个店铺每周抽出一位幸运购物者（以购物小票及抽奖券为凭证），得奖者本人可以在屈臣氏店铺指定时间进行"扫荡"（部分指定商品不参与，如药品），同样的商品只能拿一件，60 秒内拿到的商品只需要用 1 元钱购买，商品总金额最高不超过 5 000 元。本活动非常刺激，让参与者终生难忘。

9. 红唇明眸魅力

这是一个较小型的专题促销活动，主要是以"艳丽红唇"为主题，与厂商合作推出系列特价名牌唇膏、彩妆，如美宝莲、露华浓、卡姿兰、雅芳、UP2U 等，而且这些都是独家优惠。

10. 健与美大赏

健与美大赏活动是由屈臣氏自创和举办的健康与美容护肤产品的大赏盛事，从 2000 年开始每年举办一次，屈臣氏根据产品受消费者的欢迎程度，在数千种产品中挑选出各个组别中的最佳产品，有"至尊金奖""银奖""铜奖""最具潜质新产品奖""最佳部门销售奖""最佳品类大奖"等，并设"健与美群英榜"，给顾客的消费以指引。一方面是对获奖品牌及产品的肯定，同时也能帮助消费者做出明智的选择，让顾客以最优惠的价格买到最优质的产品。屈臣氏研究发现，健与美是现代生活的一种追求，在屈臣氏，健与美大赏已经成为时尚消费的风向标。

四、屈臣氏促销活动的操作流程

带领店铺员工执行一次促销活动，对于一个经验丰富的店铺经理来说也许并不难，但是对于一个新手，简直是一件非常复杂的工程。

每期促销活动举办之前，总部采购部提前给各分店发送《促销手册》，告诉店铺下期促销主题、促销时间、促销内容，有哪些促销工具、物料及其发送时间，促销规则、注意事项，怎样布置卖场、陈列商品，内容非常多，而店铺的所有员工要仔细阅读《促销手册》，特别是管理人员，按照上面的指引，做好订货等促销准备，而总部要做好配货、定制促销物料的工作，新式的促销活动还要陈列样板店，组织分店管理人员参观并讲解注意事项，以保证促销活动能按要求执行到位。在促销活动开始前，仓库也会按《促销手册》给各分店配送商品，店铺会检查商品、赠品、物料的到货情况，没有到货的要及时通知采购部门。

在促销活动开始的前一天晚上，员工要对店铺进行全面调整，陈列促销商品、赠品，更换促销宣传画、POP、价格牌，由于屈臣氏的促销活动都有非常特别的要求，所以这些流程需要非常熟悉的员工才能操作。

五、屈臣氏自有品牌商品促销

屈臣氏大致在本世纪初的时候才推出护理用品类的自有品牌商品，时间还并不是非常长，但已深受消费者喜欢，市场占有份额日趋增长，目前数据显示已经超过 20%，其产品推广及促销策略功不可没。

1. 新品上市促销

有新品上市时，屈臣氏都会安排较大篇幅的版面进行宣传，并大规模地发送试用赠品，如 2004 年 10 月推出骨胶原系列护肤品；2005 年 3 月推出美颜糖果，4 月推出滋养沐浴露系列，11 月推出天然精华护理系列，都会安排所有店铺进行大型促销活动。

2. 宣传专刊

《屈臣氏优质生活手册》是专门针对自有品牌进行宣传的专刊，一年两期，免费发送给顾客，专门介绍自有产品的功能特性，并邀请知名专业人士与消费者分享健与美心得。

3. 店铺陈列

屈臣氏在店铺中都会安排几米货架陈列自有品牌商品，长期推广，并有醒目的标识。

4. 促销方法

"自有品牌全线八折""免费加量 33%""免费加量 50%""一加一更优惠""任意搭配更优惠""购买某系列送赠品"等活动都是屈臣氏对自有品牌产品常用的促销方式，由于自有品牌产品具有利润空间较大、包装灵活等优势，所以促销幅度非常大，效果非常明显。

（案例来源：袁耿胜．屈臣氏促销案例分析[EB/OL]．（2020-04-20）．https://wenku.baidu.com/view/3e9829e2a4e9856a561252d380eb6294dc88223d.html．）

问题：

屈臣氏的促销活动成功的经验有哪些？

分析：

屈臣氏策划促销活动的能力表现突出：持之以恒、丰富多彩、权威专业、优惠实效、全员重视、氛围浓郁、注重研究、优秀的 IT 系统支持、员工熟悉操作流程。

屈臣氏采用的促销方法变化多样：超值换购、独家优惠、买就送、加量不加价、优惠券、套装优惠、震撼低价、剪角优惠券、购某个系列产品满 88 元送赠品、购物 2 件额外 9 折优惠、赠送礼品、VIP 会员卡、感谢日、销售比赛。

屈臣氏的促销活动主题鲜明：春之缤纷、水润肌肤心动价、冬日减价、全线八折、SALE 周年庆、1 元多一件、10 元促销、60 秒疯狂抢购、红唇明眸魅力、健与美大赏。

屈臣氏促销活动的操作流程规范：每期促销活动举办之前，总部采购部提前给各分店发送《促销手册》，告诉店铺下期促销主题、时间、内容，有哪些促销工具、物料，发送时间，促销规则，注意事项，怎样布置卖场、陈列商品，内容非常多，而店铺的所有员工要仔细读《促销手册》，特别是管理人员，按照上面的指引，做好订货等促销准备，而总部要做好配货、定制促销物料的工作，新式的促销活动还要陈列样板店，组织分店管理人员参观、讲解注意事项，以保证促销活动能按要求执行到位。在促销活动开始前，仓库也会按《促销手册》给各分店配送商品，店铺会检查商品、赠品、物料的到货情况，没有到货的及时通知采购部门。

屈臣氏自有品牌商品促销有力：新品上市促销、宣传专刊、店铺陈列。

"自有品牌全线八折""免费加量 33%""免费加量 50%""一加一更优惠""任意搭配更优惠""购买某系列送赠品"等方式都是屈臣氏对自有品牌产品常用的促销方式，由于自有品牌具有利润空间较大、包装灵活等优势，所以促销幅度都非常大，效果非常明显。

总之，屈臣氏促销活动成功的原因是理论与实践的有机结合。

第十三章 零售企业的服务管理

 学习目标

1. 了解零售服务的概念及重要性。
2. 掌握零售服务设计时应考虑的因素。
3. 了解如何改进零售商的服务质量。

 导读

马歇尔公司为顾客提供的一些服务

（1）银器的保养和维修服务。由手艺精巧的熟练雇员负责银器和奖品的维修与保养。

（2）刺绣服务。在衬衫、桌布、餐巾、床单、毛巾上绣上由姓与名的第一个字母编制成的雅致的图案。

（3）干洗服务。由熟练的雇员负责高级服装、织物的干洗，并接送。

（4）毛皮保养服务。代顾客保管毛皮，将毛皮收藏在可以控制温度的储藏室中。

（5）修改服装式样服务。缝纫专家可以修改帽子和服装的式样，翻旧更新，变成适时的服装。

（6）服装的整修服务。提供高级服装、皮革制品，以及其他高级外衣的整修服务，不管这些衣物是哪里买的。

（7）定做框架服务。手艺精巧的熟练工匠可以为顾客珍爱的物品，如照片或石版画等定做框架。

（8）雕刻服务。提供机械的和手工的雕刻服务，为顾客的珠宝首饰和传家宝刻上姓名。

（9）修理钟表服务。钟表修理专家为各种钻石手表提供应有尽有的修理服务。

（10）代顾客加工针织品服务。顾客可以自带针织花边和用毛线在帆布上刺绣的绣品，由商店手艺精巧的熟练雇员代顾客加工成枕头、椅套等。

（案例来源：https://wenku.baidu.com/view/ da82651cae1ffc4ffe4733687e21af45b207fe60.html）

本章首先对服务的概念、特点、类型以及重要性做介绍；再讨论顾客的期望服务与容忍区域，理想服务与适当服务的区别，顾客服务设计的内容及考虑的因素，服务质量差距模型；最后提出缩小服务质量差距的主要措施。

第一节　零售服务的重要性

一、服务的概念及其特性

顾客服务是零售商为顾客提供的、与其基本商品相连的、旨在增加顾客购物价值并从中获益的一系列无形的活动。与提供的商品相比，零售商为顾客提供的服务具有无形性、不可分割性、易变性和易消失性的特点。下面进行详细解释。

1. 无形性

服务是无形的，不像实物商品，如衣服，可以拿在手里并且检查。无形性是指看不见，品不到，听不见，嗅不出。无形性使人难以了解顾客究竟需要什么样的服务，以及他们怎样评价零售商的服务。顾客在接受服务之前，并没有上述有形的要素来评价服务，只能在接受服务之后，评价其是否满足自己的需要。正是这种无形性使服务变得十分复杂，难以考核。

2. 不可分割性

通常服务的提供和消费是同时进行的，这与实物商品的情况不同，实物商品被制造出来后，先储存，通过多重中间环节的分销，然后才是消费。而服务的生产与消费是同步进行的。如果服务是由人提供的，那么这个人就是服务的一部分。服务生产时顾客是在现场的，而且会观察甚至切入生产过程中，提供者和顾客相互作用，并都对服务的结果有影响。

3. 易变性

由于服务基本上是由人表现出来的一系列行为，因此没有两种服务完全一致。员工所提供的服务通常是顾客眼中的服务，人们的行为可能每天，甚至每小时都会有区别。另外，没有两个顾客会完全一样，每位顾客都会有独特的需求，或者以一个独特的方式来体验服务，这就造成了顾客眼中的服务是经常变化的。正是由于零售商在提供稳定不变的优质服务时会遇到很大的困难，因此能够做到这一点的零售商具有创造持续竞争优势的机会。

4. 易消失性

服务不能被储存、转售或退回。这与商品可以库存或在某一天再出售，或者由于顾客不满意而退货的情况正好形成对比。服务的易消失性使之不能集中生产来获得显著的规模效益，服务出现差错将造成顾客流失，从而造成经济损失。因此，零售商在提供服务之前，必须设立一套服务流程标准和控制方法，尽力防止服务出现差错，同时还必须制定有力的补救措施，以减少差错造成的经济损失。

二、零售服务的构成要素

1. 获取性

商品获取性体现了一系列管理决策，首先是产品种类选择、存货地点以及这一商品大类的消费者可得性，所有这些都体现了商品的实际获取性。

2. 便捷性

就购买过程中的时间投入来讲，便捷性使消费者减少了时间耗费，而且便捷性与其他很多因素密切相关，其中有些因素，如商店位置，并不会在短期内得到改善。其他因素，如营业时间、商场中商品的摆放位置、结款台的数量与结款方式，以及商品偿付等因素相比之下则更容易进行改进。零售商可以通过提供有关商品供给与缺货情况的信息或者商店其他销售点的商品信息为顾客带来便捷性。

3. 支持系统

支持系统在某种程度上是指零售商为构成商店商品组合的商品负责的意愿。共有的支持系统构成包括退货政策、安装、调试与修理以及信息提供等内容。

4. 信息系统

信息系统既将各种服务成分联系在一起，又直接提供客户服务，并能够防止或者减少由于商品获取失败所造成的不良影响。有关商品需求变化的实时信息可以使零售商通过预测何时需要对订购政策做出调整来防止缺货现象的发生。零售商通过预测什么商品有现货或没有、何时有、在何处可以找到等信息来增加客户的方便性。

三、零售服务的类型

（一）按顾客购物过程划分

按顾客购物过程划分，零售服务可以分为售前服务、售中服务和售后服务。

1. 售前服务

售前服务是指在顾客购买商品之前，企业向潜在顾客提供的服务。售前服务是一种超前的、积极的顾客服务活动。它的关键是树立良好的第一印象，目的是尽可能地将商店信息迅速、准确、有效地传递给消费者，沟通双方感情，同时也了解顾客潜在的、尚未满足的需求，并在企业能力范围内尽量通过调整经营策略去满足这种需求。售前服务的主要方式有免费培训班、产品特色设计、请顾客参加设计、导购咨询、免费试用、赠送宣传资料、商品展示、商品质量鉴定、调查顾客需求情况和使用条件等。

2. 售中服务

售中服务是指企业向进入销售现场或已经进入选购过程的顾客提供的服务。这类服务主要是为了进一步使顾客了解商品特点及使用方法，同时通过服务，表现对顾客的热情、尊重、关心、帮助、情感和向顾客提供额外利益，以帮助顾客做出购买决策。售中服务的主要形式有提供舒适的购物现场（如冷暖空调、休息室、洗手间、自动扶梯等）、现场导购、现场宣传、现场演示、现场试用（如试穿、品尝、试看、试听等）、照看婴儿、现场培训、礼貌待客、热情回答、协助选择、帮助调试和包装、信用卡付款等。

3. 售后服务

售后服务是指企业向已购买商品的消费者所提供的服务。它是商品质量的延伸，也是对消费者感情的延伸。这种服务的目的是增加商品实体的附加价值，解决顾客由于使用本企业商品而带来的一切问题和麻烦，使顾客方便使用、放心使用，降低使用成本和风险，从而增加顾客购买后的满足感或减少顾客购买后的不满情绪，以维系和发展商店的目标市场，使老顾客成为"回头客"，或者乐意向他人介绍、推荐本商店商品。售后服务的关键是坚持、守信、实在。售后服务的主要方式有免费送货、安装和调试、包退包换、以旧换新、用户免费热线电话、技术培训、产品保证、备品和配件的供应、上门维修、巡回检修、特种服务、组织用户现场交流、顾客投诉处理、顾客联谊活动、向用户赠送自办刊物和小礼品等。

（二）按投入的资源划分

按投入的资源进行划分，零售服务可以分为硬服务和软服务。

1. 硬服务

硬服务是指零售商店通过提供一定的物资设备、设施为顾客服务。例如，商店向顾客提供休息室、电梯、停车场、寄存处、购物车、试衣室、空调环境等，方便顾客购物。

2. 软服务

软服务是指商店员工对顾客提供的服务。这是商店员工与顾客进行的面对面接触。他们的形象和服务水准对商店的形象有最直接的影响，也是顾客评价商店服务质量的一个重要方面。软服务有易变化的特点，管理起来难度更大。

四、顾客服务的作用

1. 零售服务是零售经营活动的基本职能

零售服务的重要性来自零售业本身的特点，因为零售业是一个与顾客"高接触"的行业，以顾客为导向的经营观念决定了零售服务是零售经营活动的基本职能。顾客选择一家零售店，一是为了购买称心如意的商品，二是为了享受商店优美舒适的环境和周到的服务。诚然，商品是商店经营的基础，一家商店即使有着舒适的环境和良好的服务，但没有适销对路、货真价实的商品也是枉然。然而，在企业经营商品大同小异的情况下，要保持显著的商品差别优势是十分困难的，只有在拥有竞争力强的商品基础上，以完善周到的服务来满足顾客的需要，才能形成自己的竞争优势。

2. 零售服务对企业的营利性有积极影响

良好的服务对企业的营利性有积极的影响。美国消费者事务局调查结果显示：在银行业、公用事业、自动化服务业、电器业以及零售业等众多行业中，通过寻找和处理消费者投诉项目，企业的投资回报率中零售业为最高，达到 400%。当然处理投诉项目只是服务的一个方面，但服务对零售业的重要性由此可见一斑。良好的服务能够帮助企业赢得积极的声誉，并通过声誉赢得更高的市场份额，从而有能力比竞争者索取更高的服务价格。

3. 零售服务能起到防御性营销作用

良好的服务能起到防御性营销作用（留住现有顾客），培养顾客忠诚。顾客背离或顾客动摇现象在零售业中十分常见（美国福音姆咨询公司在调查中发现，顾客从一家商店转向另一家商店来进行经常性购买，10 个人中有 7 个人是因为服务问题）。这样零售店就必须开发新顾客代替失去的顾客，这种替代需要很高的成本代价，除了涉及启动运营费用外，还有广告、促销和销售成本。据《追求卓越》一书的作者彼德斯估计，在美国，零售店的一位老主顾会在 10 年内平均购买 5 万元的商品。他们会主动再来购买，从而使得在他们身上投入的营销和销售成本比招徕新顾客所投放的成本要低得多。

第二节 零售服务的设计

一、期望服务与容忍区域

顾客对服务的期望是零售商设计服务的标准和参考点。在设计高质量的服务时，了解顾客的期望是首要的也是最关键的一步。如果竞争对手正确地提供服务，那么一家零售商搞错了顾客的需要就意味着失去顾客及其业务，也意味着在与顾客无关的活动上投入资金、时间和其他资源，甚至意味着在竞争激烈的市场中无法生存。

顾客对于零售商的服务有几种不同类型的期望。第一个水平被称为理想服务，定义为顾客想得到的服务水平、希望的绩效水平。理想服务是顾客认为"可能是"与"应该是"的混合物。但是，由于现实条件的限制，顾客希望达到其服务期望但又常常承认这是不可能的。因为这个原因，他们对可接受服务的门槛有另一个低水平的服务期望，被称为适当服务，即顾客可接受的服务水平。适当服务代表了"最低的可接受的期望"，即对于顾客来说可接受服务绩效的最低水平，同时反映了消费者相信其在服务体验的基础上可得到的服务水平。

不同的零售商，同一零售商的不同服务人员，甚至相同的服务人员，服务水平也不会总是一致。顾客承认并愿意接受该差异的范围叫作容忍区域。假若服务降到适当服务水平之下——被认为可接受的最低水平，顾客将感受到挫折并对卖场的满意度降低。假如服务水平超过了容忍区域的上限，即超过理想服务水平，顾客会非常高兴并可能非常吃惊。可以这样认为，容忍区域是这样一个范围或窗口，在这里顾客并不特别注意服务绩效，但在区域外（非常高或者非常低）时，该项服务就会以积极或消极的方式引起顾客的注意。

二、顾客服务水平设计

1. 不同服务的效果

一项服务项目应该直接或间接地促进销售，而不能完全与销售无关系。零售商在设计服务项目时，要研究服务与销售量的关系。服务项目与销售量的增长并非都有关，因此零售商确定服务项目不是越多越好，而是要考虑增加一项服务项目以及该服务项目应达到的质量标准对销售量的影响。当然，有些服务项目从短期来看，也许对零售商销售量的影响并不明显，需要进一步花费较长一段时间来考察。

2. 卖场的特点

不同业态卖场所提供的服务水平是不相同的。对顾客而言，大型百货公司提供的导购、送货上门、退换、售后保修等多项服务是期望之中的；对于超级市场和折扣商店，人们期望更多的是购物便利与价格合算。由于零售商提供的服务不一样，于是便产生了百货公司、超级市场、专卖店、购物中心、仓储式商店、24小时便利店等多种零售业态之间的差别。它们以各自的服务特色，满足着不同顾客的不同期望。

卖场的规模和等级不同，所提供的服务项目也有差异。比较大的百货卖场为顾客提供的花色品种要比食品杂货店或者五金器具卖场的多。同一行业的大型零售商店经营的品种与小型零售商店经营的品种也不相同。顾客可以从大型零售商店得到比较多的服务，而从小型零售商店得到的服务则比较少，小型零售商店更加体现了个人之间的友好关系。

3. 竞争对手的服务水平

竞争对手提供的服务，对零售商确定服务水平有直接的影响。因此，零售商必须考虑竞争对手提供的服务，并分析是否与竞争对手一样也提供这些服务或类似服务，或者是否应该比竞争对手提供更高质量的服务，又或者是否用比较低的销售价格来取代这些服务。

4. 经营商品的特点

每种商品在销售的过程中都需要伴随一定的服务才能完成，而不同的商品需要伴随的服务是不同的。零售商需要按照商品的销售特点提供相应的服务，如耐用性商品，提供保修、安装和维修服务是必要的。对于一些技术复杂的商品，甚至还需要提供培训服务，如美国胜家公司推出缝纫机这一新产品时，为了普及新技术，而不得不提供相应的培训服务。

5. 目标顾客的特点

服务不存在一个标准的模式。不同的顾客、不同的消费目的、不同的消费时间与不同的消费地点，顾客对服务水平的要求是不同的。目标顾客的收入水平不同，愿意支付的价格就不同，零售商可以提供的服务也不同。零售商提供一项服务项目的基础是顾客需要，但顾客需要的服务往往又和付出价格成为一对矛盾。免费提供服务，顾客当然高兴，但被要求支付金钱时就会有所顾虑。一般来说，顾客需要服务但不愿意付出太多金钱，收入水平低的目标顾客尤其如此。如果零售商由于提供服务而提高商品出售价格，那么目标顾客宁愿放弃需要的服务而接受低的价格，在这种情况下，服务就不是顾客需要的。

6. 服务成本

零售商提供每一项服务都需要付出成本。因此，零售商提供服务项目的数量要视所承担成本的能力而定。零售企业管理者必须清楚地知道为顾客提供的每一项服务所增加的成本，这些服务成本需要产生多少额外的销售额才能得到补偿，并以此设计服务水平。例如，如果为顾客提供的服务每年预计要增加2万元的服务成本，而卖场的毛利率为20%，那么所提供的服务必须能够促进销售，使销售额至少增加10万元，这项服务才是有效益的。这里关键的判断标准是增加或取消服务项目的经济效果。当零售商发现有些服务是无价值的服务，或零售企业无力承担该项服务的高成本时，这项无效益的服务或高成本的服务可能不得不终止。然而零售商可能会面对这样的情形，一旦零售商的服务形象树立起来，顾客可能对任何服务的减少都会产生消极的反应。此时，零售商最佳的策略是直截了当地解释为什么终止该项服务，并告诉顾客将从商品价格下调中获得利益。零售商也可以选择对先前的免费服务收费，允许那些想要服务的顾客继续使用。

三、零售服务内容设计

（一）零售商综合性服务

现代零售已经不仅仅局限于商品的销售，还应该提供综合性服务。

（1）提供顾客感性。越来越多的消费者在评价和购买商品时注重第一印象、综合感觉，这种感性所产生的情感、态度决定着消费者的购买决策。

（2）注重情感服务，实现顾客让渡价值。当顾客感觉他所得到的总价值大于总费用时，他会对购买给予较高的评价。这里应特别注意顾客心理的意义，或者说顾客所得到的总价值有些是无法衡量的，是人们的心理感受或抽象的情感。这就要求零售商综合运用情感服务来影响顾客心理感知。

（3）注重商品以外的附加服务竞争。消费者购买商品，不仅要求获得商品的使用价值，更注重商品的品牌、包装、款式、特点、附加服务等。零售商要开展商品以外的附加服务的竞争，包括售前、售中、售后服务，以及技术性和知识性服务等高级服务，并突出企业的文化氛围，以创造和适应消费者的文化品位和个性化的需求。

（4）超越4Ps，提供全方位的整体服务。零售商在传递产品过程中提供的是服务，服务既包括硬件设施，也包括软件服务。服务营销组合与一般商品营销组合的区别就在于服务营销的范围大于一般商品，即拓展到4Cs。

（5）开展全员式全过程的服务。现代零售是全员式的销售，企业所有与顾客接触的员工都是销售人员，包括商场的营业员、清扫员、收银员、寄存人员、导购员等。人员已经被消费者看作商品的一部分，这些人员服务的水平、仪容仪表、技能、服务态度等直接反映零售企业的服务质量。

（二）零售商常规服务项目

1. 营销相关类

营销相关类服务项目即在商品销售的同时或之后进行的与营销相关的服务项目，如商品售后艺术礼品包装、裤子扦边、购买布料代裁剪等。目前大型百货商场大多设有这类服务项目。

2. 辅助促销类

为促进商品销售，使消费者购买欲望增加，可以设立免费或少量优惠收费的服务活动，如大型零售商场大件商品送货上门、快速冲扩胶片、电话订货、邮寄商品等服务项目。

3. 便利类

便利类服务项目即通过商业企业的服务活动帮助消费者方便购买和使用的服务项目，如购物手推车，托儿站，顾客衣帽存放处，吸烟室，自动式物品存放箱，顾客休息厅，公用电话间，邮票、信封、信纸自动售货机，复印室，银行代理处等。

4. 维修类

维修类服务项目即商品销售后出现质量问题和故障，商店帮助检查与修理的服务项目，这是售后服务的重要内容，如家用电器类商品修理，个人珍藏品清洗、清扫，皮衣清洗与保管，等等。这些维修类服务能够带来更多的回头客，解除消费者的后顾之忧。

5. 文化情感类

通过企业文化和公共关系进行营销服务，以经营与服务感情为主线，将文化注入商业的服务项目，如现场促销演出、名人签售、文化艺术节、消费者品尝等。

6. 培训类

培训类服务项目是指在营销过程中，对经营范围的产品或相关事物举办消费者培训班，有助于消费者掌握其使用及保管知识的服务项目。可以举办各种技艺学习活动，如个人计算机操作培训、运动技巧讲座、篆刻知识教学、陶器烧制讲座、书法画技讲座、居室布置讲座、美发美容讲座、摄影创作讲座等。

7. 间接辅助类

与商品营销没有直接联系，但能间接为消费者提供服务，称为间接辅助服务项目。这些在国外比较普及，如美国、德国、英国的大型百货商场中有血液检查、牙医服务、汽车驾驶学习、交通违章讲习会等服务项目。

8. 质量保证类

为消费者提供商品质量保证、财产保险等服务项目，可以提高企业信誉，树立企业形象，如金银饰品检验、手表灵敏度检测、商品财产保险、自行车试骑三天等。

（三）以人为本的服务项目

人本服务是现代零售商的深层次经营内容，其作用力大，涉及面广。马斯洛的人类需求层次学说基本表述了人本服务的内容和范围。按照人本主义关于社会成员在适当环境下都可能得到健康发展和潜能释放的主张可以推出，现代零售商只要提供了周到良好的服务，也就为消费者准备了价值表现与潜能发挥的积极条件。零售商提供的人本服务主要体现在以下几个方面。

1. 环保商场与绿色营销

以人为本的服务要求商场除了经营质量可靠的商品外，还必须提供有利于消费者身心健康的购物环境。

2. 娱乐享受与陶冶情操

现代商场既是一种展示商品、吸引消费者购物的场所，也是洋溢着文化气氛、令消费者精神愉悦的环境。基于这一特点，商场在准确定位特色经营的同时，应不失时机地推出伴随精神享受的多功能服务。

3. 合理组合自选与导购

自选业务适应了现代消费者自主挑选的要求。在零售商场，一部分商品由消费者随意比较挑选，使消费者真切体验到价值与尊严，并且在充分表现自主决策能力的同时，享受到购物乐趣。另一部分技术复杂、价格高、涉及较多知识的商品，仅靠消费者自己的知识与能力难以达到购物享受的目的，此时提供导购或陪购服务，是辅助消费者自选性要求实现的积极形式。所以，因人、因物、因时提供咨询或建议性销售服务，有利于增加消费者价值享受。

4. 概念营销与消费教育

宣传一种新的消费观念和生活方式给消费者带来实惠和知识，再以营销策略引导消费者购买使用相应的产品，并在使用中增进消费者偏好，如聘请专家、开办顾客学校、设立咨询服务热线、开辟商品知识专栏、进行现场有奖问答等服务项目，可以从不同角度引发顾客的求知欲望，更新其观念，加快其对新产品的接受度。

5. 顾客组织与消费者参与

强化人本服务的目的之一是培养更多的回头客。顾客组织是吸引和维系回头客的好办法。商场创建会员制或顾客俱乐部，既为老顾客提供了优惠条件，也迎合了顾客的归属心理，提升对组织的认可度。

（四）电子商务服务项目

在现代电子商务零售中，服务同样重要。建立在计算机技术基础上的电子商务开辟了网上购物的新业态，这一新业态并不因为销售人员和顾客互不谋面而降低了服务的重要性，相反，这一现代经营业态对服务提出了更高的要求。首先，在售前服务中，企业通过网络介绍商品，比起面对面的直接介绍要困难得多，这就要求企业充分考虑顾客需求，结合商品特性，提供主动、形象、详细的商品信息。其次，售中服务要求企业迅速、准确地把商品送到顾客手中，并准确无误地结算。最后，售后服务要求企业提供强有力的维修保障体系，以解除顾客的后顾之忧，这都要求企业提供更好的服务。在电子商务活动中，服务的重要地位没有降低，它仍然是零售企业营销的核心。

第三节　零售服务质量的改进

一、服务质量差距模型

服务质量差距模型总结了零售商要提供优质的顾客服务需要进行的一些活动。零售商必须通过减少服务差距（顾客的期望与顾客对服务感受之间的差别）来改善顾客对服务的满意程度。有四个因素会影响服务差距，下面进行具体介绍。

1. 认识差距

认识差距是顾客期望与零售商对顾客期望的认识之间的差别。零售管理者有时不能正确地感知顾客的需求。例如，管理者可能认为顾客需要更贴身的人员服务，但顾客需要的是更自由自在地选购商品，当出现困惑时，能够立刻得到营业员的帮助。

不了解顾客期望是无法满足顾客需求的基本原因之一。造成这种现象的原因有很多，如没有与顾客建立互动关系，不进行深入的顾客需求调查，漠视顾客的抱怨，想当然地认为自己已经了解顾客需要，等等。当管理人员不能完全理解顾客服务期望时，他们会做出一系列不恰当的决策，如将过多的资金投入建筑物的装饰上，而顾客关心的是购物环境是否方便、舒适以及功能齐全。因此，要提高服务质量，管理层首先必须获得正确的顾客期望信息。

2. 标准差距

对顾客期望的准确描述，对于实现高质量的服务来说必不可少，同时又远远不够。另外一个必不可少的条件是，列出用以反映准确认识的服务设计和服务标准。标准差距便是零售商对顾客期望的认识与其制定的顾客服务标准之间的差距。管理部门可能正确感知了顾客的服务需求，但没有建立正确的服务标准。例如，管理者可能要求卖场收银员实行快速服务，但如果没有具体量化的标准，收银员的速度可能达不到要求。

服务质量的好坏受到服务标准的影响，标准可向服务人员显示什么是管理中最为重要的准则，以及哪些行为真正有意义。当服务标准不具体或采用的标准不能反映顾客期望时，顾客感受到的服务就很可能非常糟糕；当标准准确反映出顾客期望时，顾客得到的服务质量就可能加强。负责制定标准的管理人员，有时会认为顾客的期望毫无道理或者不切实际，或者认为服务本身所固有的可变性特征会使标准落空，这样即使对服务进行了设计并制定了标准，也达不到满足顾客要求的目的。这种观念下设计的服务标准或者不准确，或者不能具体落实，于是，便产生了对顾客期望的认识与建立服务标准之间的差距。

3. 传递差距

传递差距是零售商的服务标准与实际提供给顾客的服务之间的差别。大量事实表明，即使建立了提供良好服务和正确接待顾客的标准，高质量的服务也未必能水到渠成。服务标准必须由适当的资源（人、系统和技术）支持，而这些支持必须行之有效，也就是说，对人员要进行培训、激励，对他们的表现要按照标准进行奖惩。如果零售商不能为服务标准提供支持，那么即使标准能准确反映顾客的期望，也无济于事。

许多原因导致卖场员工不能按标准为顾客提供服务，如员工不能清楚理解公司的宗旨，员工感到在顾客和管理层之间左右为难，缺少授权和团队合作，评价和奖惩不当，员工缺乏训练或劳累过度，以及无能力或不愿意按标准行事，或者员工面对着相互矛盾的标准，如花时间倾听顾客的意见和快速服务等。管理人员必须尽力消除这些问题，以便缩小服务差距。

4. 沟通差距

沟通差距是零售商提供给顾客的实际服务与零售商对外沟通中承诺的服务之间的差别。零售商通过广告媒介、营业人员和其他沟通途径所做的服务承诺可能会提高顾客对服务的期望。例如，一家零售商大肆宣传自己卖场中的商品品种如何齐全，价格如何低廉，但顾客到达后却发现卖场中的一些畅销商品缺货，价格也不便宜，那么这种外部沟通就扭曲了顾客的期望。

造成沟通差距的原因有很多，如无效的营销沟通、广告和人员推销中的过度承诺，经营中各部门的不协调，权力分散导致各分店的服务策略与程序不一致，等等。零售商要缩小沟通差距，除了不能做过度承诺和表达失误外，还必须管理顾客，培养顾客的现实态度和对服务的期望。

二、缩小服务质量差距

1. 了解顾客的真实需要

提供优质服务必须建立在了解顾客的基础上，设身处地为顾客着想，最大限度地满足顾客的期望。有许多零售商在采购商品或设计服务项目时，从来不主动研究顾客有哪些期望，而是凭想象增减服务项目，结果他们所提供的服务不能提高顾客的满足感，浪费了财力和人力。

2. 寻找并控制关键的服务点

服务点就是提供服务时与顾客互动关系的触点。它是卖场与顾客接触过程中能够提供的服务交会处。一般而言，点的选择是空间与时间的结合。要提升服务质量，必须确认关键的服务点，并进行不断的改进。零售商需要做到以下几点。

（1）确定在零售商服务能力可能提供的范围内，具备哪些服务的触点。一般认为，服务的触点是一个多因素的系统，如各类广告及其媒体，营业员的仪表、仪容、行为，营业员的语言表达和适度的介绍，服务场所的气氛、装潢，产品的格调、品牌以及价格都是服务的触点。触点的存在具有广泛的意义，正因为有这种广义上触点的存在，服务与需求之间才可能撞击并产生"火花"。但不同零售商由于经营的结构有差异，所以有效触点是不同的。提供服务，首先就是要寻找零售商服务的效率触点。

（2）在众多的服务触点中，确认每个服务触点的吸引力如何，顾客会接触多久。显然，顾客的需求是多种多样的，他们的认知程度也不完全一样，这就带来了不同触点的接受和处理上的差异。例如，有的顾客喜欢听介绍，而有的顾客则相信自己的感觉；有的顾客价格敏感度强，而有的顾客则对服务场所选择要求高；等等。所以，对零售商的经常性顾客进行触点有效分析，可以从中找到具有吸引力的触点，并尽可能延长顾客对服务触点的关注时间。

（3）寻找和调查顾客满意（不满意）的服务触点，这是改进服务质量的关键。在所有服务触点中，确认了每一个服务触点对顾客的吸引力后，接着需要寻找顾客最不满意的服务触点。通过改进顾客最不满意的服务触点的质量水平，尽可能地弱化或剔除顾客的不满意服务触点，提高整个零售商的服务水平，逐步形成优质的服务形象和服务特色。

3. 设计具体可行的服务标准

由于顾客服务是一种无形的软性的工作，因人而异，服务的提供者总会出于心情、身体状况等原因影响服务的质量，也会由于每个服务人员的个人素质、经验、训练程度的差异造成服务水平差异。因此，有些人认为，服务无法由一个统一的标准来测量，或认为标准化的服务是缺乏人情味的，不能适应顾客的需要。这种观点是错误的。事实上，许多服务工作是常规性的工作，管理人员很容易确定这类服务的具体质量标准和行为准则，而消除服务水平差异也只有通过建立规范化的服务标准来实现。

好的服务标准应十分具体简洁，而且绝不含糊。零售商组织规模越大，服务标准就应越简单。例如，美国沃尔玛商场的员工被要求宣誓"我保证：对三米以内的顾客微笑，并且直视其眸，表达欢迎之意。"我国许多大商场也对顾客从一进门开始，建立了一套怎样接近、怎样打招呼的令消费者满意的服务行为规范。一些商场除了对顾客许诺大件电器商品"送货上门，安装到位"外，还要求操作人员进顾客家门必须戴手套、脚套，携带抹布，保证顾客的家庭卫生。

4. 由上至下改进服务

要提供优质服务，必须使"顾客满意"的理念扎根于基层员工的价值观中，使"顾客满意"成为全体员工的责任。世界上许多成功的零售商都是依靠以顾客为导向的零售商文化在推动服务水准不断提高，诺顿公司就是这样一个代表，其所建立的全公司的服务文化使其享有极大的竞争优势。然而，在许多零售商中，顾客服务往往变成仅仅是销售部门、市场部门和客户服务部门员工的工作，因为他们与顾客直接接触且处在对顾客具有非凡影响力的位置上，也称之为"关键部门"，其他部门员工则认为自己只与同事、管理人员及部门领导打交道，不会触及顾客，因而不会影响顾客服务质量，而许多零售商领导者也只将注意力放在这些"关键部门"上。

有证据表明，满意的员工有助于产生满意的顾客。有些证据更进一步显示，如果服务员工在工作中感受不到快乐，顾客的满意也很难实现。西尔斯公司发现顾客满意度与员工的流动率密切相关。在其连锁卖场中，顾客满意度高的卖场，员工的流动率是 54%，而在顾客满意度低的卖场，员工的流动率是 83%。因此，顾客服务是全员性工作，只有上下同心，相互配合，才能达到完美的效果。

5. 实施有效的服务补救计划

即使是服务最好的零售商，即具有最完善的目标，并且清楚理解顾客期望的零售商，有时也会出现失误。服务补救是零售商针对服务失误采取的行动。失误可能因各种原因产生：服务没有如约履行，送货延期或太慢，服务可能不正确或执行质量低劣，员工可能粗暴或漠不关心……所有这些失误都会引起顾客的消极情绪和反应。接下来可能的情况是，顾客离开，并将其经历告知其他顾客，甚至通过消费者权益组织或法律渠道投诉该零售商。

一个有效的服务补救计划有多方面潜在的影响，它能提高顾客的满意度和忠诚度，并提供了改善服务的信息。在总结服务补救经验的基础上，通过调整服务过程、系统和标准，零售商能提高"第一次做对"的可能性，这相应会降低失误成本并提高顾客的初始满意度。

零售商实施有效的服务补救计划，第一项要求是应当使不满意的顾客很容易地进行抱怨，这可以通过提供顾客满意表和突出反映问题的"热线电话"来实现。第二项要求是接受顾客抱怨的零售商员工应得到良好的培训，并授权他们迅速、满意地解决顾客的问题。研究表明，零售商回应抱怨的速度越快，修补的程度越高，并且态度越好，顾客对公司越满意。第三项要求是不仅要使特定顾客满意，还应发现和改正不断造成问题的根本原因。通过研究顾客抱怨，零售商能够改正经常造成问题产生的制度缺陷。

本章小结

1. 顾客服务是零售商为顾客提供的、与其基本商品相连的、旨在增加顾客购物价值并从中获益的一系列无形的活动。

2. 服务与有形商品相比具有无形性、不可分割性、易变性和易消失性等特点。

3. 零售服务的类型按顾客购物过程划分为售前服务、售中服务和售后服务；按投入的资源划分为硬服务和软服务。

4. 零售服务是零售经营活动的基本职能；对企业的营利性有积极影响；能起到防御性营销作用。

5. 要注意顾客的期望服务与容忍区域，理想服务与适当服务的区别，在进行顾客服务设计时，要考虑的因素有：不同服务的效果、卖场特点、竞争对手的服务水平、商品特点、目标顾客特点；卖场的常见服务项目。

6. 造成服务质量差距的因素有认识差距、标准差距、传递差距、沟通差距。

7. 缩小服务质量差距的主要措施包括了解顾客真实需要、寻找并控制关键的服务点、设计具体可行的服务标准、由上至下改进服务、实施有效的服务补救计划。

思考题

1. 观察身边零售商所采取的服务并分析其有效性。
2. 为一家新开业的卖场设计服务项目及服务水准。
3. 对目前国内零售商服务管理存在的普遍问题提出解决建议。

案例分析

仟村百货在服务上狠下功夫最终还是倒闭

仟村百货于 1996 年年初进入广州市场，其在服务方面的确下了一番功夫。

仟村将一楼大厅一半的空间开辟为托儿所，专为逛商场的父母免费照看小孩。里面设置的波波池、电子琴、电视、滑梯、少儿图书等，足以让孩子们尽情玩耍，流连忘返，让家长们免去后顾之忧，从容选购。

仟村开设的男士休息厅顾得丈夫们的欢心。当太太去"疯狂"购物时，他们可以悠闲地坐在这里享受免费供应的茶水、书报、皮鞋刷、纸巾及健康咨询。为此，仟村每天要送出近 4 000 杯茶水。

仟村的售后服务也别出心裁，顾客在购买大件商品时，可以先使用一个月，感觉满意后再付款；对广州顾客提供的售后服务，若 24 小时内不到位，商场则赔给顾客 300 元。

此外，还有店内外服务队，服务项目包括搀扶顾客上步梯，帮顾客拎重物、打伞、叫出租车，免费修单车、擦洗汽车等。顾客光临或离开商场，有若干线路的大巴免费接送。

然而，上述种种服务措施最终没有抓住消费者，在经营亏损一年之后，仟村被迫关门倒闭。

（案例来源：http://www.doc88.com/p-741861057277.html）

问题：

1. 仟村的服务设计是否合理？
2. 百货商店在服务设计时要考虑哪些因素？要注意避免什么问题？

分析：

1. 设计不合理，没有认真分析消费者需求、服务的成本和效果。
2. 要考虑顾客的服务期望、服务的效果、服务的成本、商店的特点、消费者的承受能力、商品本身的特点等。要注意避免为了营造良好的服务特色而不计成本，最终使优良的服务变成企业负担。

第十四章　网络零售

学习目标

1. 了解网络零售的发展。
2. 了解网络零售的技术与模式。
3. 掌握网络零售支付。
4. 了解物流系统。

导读

传统零售企业正经历变革

《中国零售业发展报告（2020年）》显示：2019年全年，社会消费品零售总额实现366 262亿元，同比增长10.2%，增速较上年放缓0.2个百分点。其中，2019年我国消费品市场呈现出网络零售额占比持续提升、乡村消费品市场增速连续6年超过城镇、商品零售增速放缓、餐饮收入增速放缓，限额以上单位餐饮收入增速提升、大众消费继续保持稳健增长、大型零售企业增速回暖及限额以上单位化妆品、金银珠宝、石油及制品销售情况相对较好等运行情况。

目前所谓线上服务如火如荼地发展。本章就网络零售的类型、网店的特征、网店的经营功能、在淘宝网开店的步骤、网店经营策略、物流模式选择等内容进行介绍。

第一节　网络零售概述

网络零售最典型的代表就是网上电子店，它是在Internet上提供网上购买服务的站点，这种站点就是网上商店的虚拟店址，购买者只要输入该站点网址访问它的主页，就可以开始进行选择和购买。购买者可以通过网页浏览产品有关信息，对产品的性能和价格进行深入了解，在决定购买后只需选择所要的产品，并输入数量和支付方式，就可以在家等着送货上门，顺利完成整个购买过程。

由于Internet是全球性的互联信息网络，任何网民都可以在任何地点、任何时间访问网上任意一个站点。因此，网上商店可以24小时服务。基于Internet的网上商店作为新兴的商业模式显示出强大的生命力，它创造了新的商业传奇。山姆·沃尔顿苦心经营了12年才使沃尔玛销售额提升至1.5亿美元，而杰夫·贝佐斯（Jeff Bezos）只用短短3年时间就把亚马逊网上书店发展到过亿美元的销售额，如今增长速度依然强劲，顾客遍布全球。

一、网络零售的类型

1. 电子零售型

电子零售型网上商店直接在网上设立网站，网站中提供一类或几类产品的信息，供购买者选择购买，提供商品的价格比一般商店更优惠，这部分折扣就是网上商店相比传统商店减少的开销费用。如亚马逊网上书店、当当网就属于电子零售型商店。

2. 电子商业街型

电子商业街类似于传统商业城，由许多个别商场或购物中心组成，可供用户游览观光、购物。它不直接参加交易，只是提供商业活动场所和相关服务。电子商业街吸引有关商店参与，为它们的网上交易提供配套服务，并从中收取少许的服务费。电子商业街与网上购物中心的区别并不是很大，电子商业街多为同类商品的集聚或经营同类商品的商店的集聚，专业性较强。

3. 电子拍卖型

电子拍卖型商店提供商品信息，但先不确定商品的价格，而是通过拍卖形式，由会员在网上相互叫价确定，价高者就可以购买该商品，如美国著名拍卖网站 eBay 在开业的第二年就开始盈利。

4. 电子直销型

电子直销型站点是由生产型企业开通的网上直销站点，它绕过传统的中间商环节，直接让最终消费者从网上选择购买，购买者可以将自己的爱好和选择告知生产者，让其根据自己的需要定制生产，因此网上购买既可以享受减少中间环节带来的价格实惠，又可以最大限度地满足自己的特定需求。这类站点发展极为迅速，而且对传统的中间商提出了挑战。

5. 网上购物中心型

网上购物中心是围绕能提供大量购物和信息服务的网点形成的。当某些网点集中了人们日常所需的很多产品和服务时，人们就会大量光顾，这会刺激更多的企业在相应的地点设点，以增加自己的销售。于是便存在这种状态，这个网点的网页越来越长，内容越来越多，包含的服务越来越全，访问人次数也越来越多。网上购物中心可以包括个别商场、购物中心及商业街。

6. 个别顾客售卖型

个别顾客售卖是指那些相对独立的网上用户，利用诸如个人网页、博客、私人电子邮件、组织私人聚会等多种形式进行商品销售活动，其售卖的商品多为小件手工艺品、收藏品等。

7. 虚拟社团型

虚拟社团实质为一个网上顾客群体。通常在网上建起的网点和商店中，有着相同想法和共同兴趣爱好的网民会聚集在一起，交换信息或采购物品，并常常光顾此处，他们形成一个圈子，即虚拟社团。在网上，这些虚拟社团可以给加入者很好的购物指导，同时他们本身又是一个基本的客户群。因此，虚拟社团的存在对网上商店的销售有很大的影响和促进作用。

二、网上商店的特征

1. 虚拟性

网上商店只存在于 Internet 的站点中，不需要到处选择店址，无须耗费大量的人力、物力和财力建造商场。网上商店的运营既不用担心由于店址不好影响销售，也不需要雇用大量人员进行管理和销售。

2. 时空优势

网上商店突破了传统的时空限制，互联网购物已没有了国界和昼夜之分。网上商店凭借 Internet 可将产品和服务在任何时间送到任何一个连接到 Internet 的地方。由于 Internet 的全球性和开放性，网上商店在网上建造好网站后，就好比在世界各地都设立了分店一样。商店所拥有的零售空间随着网络体系的延伸而延伸，没有任何地理障碍，零售时间由消费者（即网上用户）自己决定。这种优势可在更大程度上、更大范围内满足消费者的需求。

3. 全方位展示优势

网络上的零售商可利用网上多媒体的性能，全方位展示产品或服务的外观、性能、品质，以及决定产品或服务功能的内部结构，使消费者完全认识商品或服务后，再购买。

4. 密切联系用户优势

在互联网即时互动式沟通下，消费者表述自己的感想不受外界干扰，更易表达自己对产品或服务的评价。这种评价一方面使网上的零售商可以更深入地了解用户的内在需求，另一方面有些零售商提供即时互动式沟通，促进了两者之间的密切关系。

5. 可实现深度分析

数据挖掘技术是计算机在商业领域中最成功的应用之一。利用在网页上放置的特定程序软件自动收集信息，在用户访问时自动跟踪，并自动录入数据库中，零售商可以对此开展深度统计分析。

6. 降低费用优势

利用互联网渠道可以避开传统销售渠道中的中间环节，降低流通费用和交易费用，并加快信息流动的速度。网上零售业中商品的提供者可以是制造商，不再需要中间环节，如批发商，这样可以以更优惠的价格向消费者提供商品。

三、网上商店的经营功能

网络零售利用先进的通信技术和计算机网络的三维图形技术，把现实的商业街搬到网上，使消费者可以方便、省时、省力地选购商品，而且订货不受时间限制，商店会送货上门。

1. 信息传播功能

商店可以利用网络把自己商品的声音、影像、图片及文字等信息输入自己的网站，消费者可以浏览这些商品信息，选购自己满意的商品。

2. 广告促销功能

网络零售可利用多媒体技术制作零售广告，以展示商品。消费者可以自主选择广告内容，不受报纸、电视等传统媒介的单向、强迫式宣传的影响。网络零售的营销活动借助数据分析和现代营销理论，能有针对性地根据消费者的偏好进行定向营销，甚至可以实现一对一营销，激发顾客的购物潜意识，实现促销效率最大化。

3. 货币支付功能

经过十余年的发展，互联网电子交易的支付体系日趋完善，越来越多的家庭使用网络银行服务，消费者购物结算的后顾之忧得到解决。

4. 商品交付功能

购买者支付电子货币后，购买的实物商品可以由商店通过第三方物流送货上门；购买的电子商品，如电子书刊、计算机软件、音像制品、机票等，由商店通过网络直接传递到购买者的网络终端。总之，网络零售和现代物流的有机结合，能有效、低成本地将货物送达顾客手中。

四、网络零售对传统零售业的冲击

1. 网络零售业态新颖

网络零售是采用虚拟实境的手法，设立虚拟商店或虚拟商业街，甚至可以在计算机显示器上显示与现实的商店或商业街一致的三维动态画面。购物者可以在虚拟商店或虚拟商业街漫游，决定采购就可进行在线订购。这种新商业业态不占土地空间，可全天候营业，服务全球顾客，并有售货员负责回答专业问题。还可以在互联网上组织在线商展，如房地产商展，可与家具商、厨具商、家电商、灯具商等联合促销，从而增加消费者的上线意愿与消费动机。可以说，网络零售给传统零售业带来了很大的冲击。

2. 网络零售的营运成本较低

网络零售可以通过网络直接发生，传统的中间环节将失去作用；商品的购和销采用一种菜单式的点拨，商品的包装和展示已变得不再重要，裸店和裸货将大量出现；不需要砖石结构的庞大建筑群和忙忙碌碌接待顾客的柜台职员，无须过度分散的商品库存和沉积的流动资金。低成本经营将如飓风般冲击传统零售业，如亚马逊网上书店中部分商品的价格只有传统书店的40%，从而吸引了众多的网上订书者和购书者。

3. 网络零售的市场空间较大

网络为人们开启了一个超大市场。任何地点的网民都可以从网络零售网站中了解到各种商品信息，一旦想购买，只要将想买的商品相关的信息输入互联网，就可以达成交易。这对实体零售商的冲击将是震撼性的。

五、传统零售业涉足网络零售应注意的问题

网络零售的发展成熟需要社会各方面的配合，如货币的电子化、货物递送的网络化，

以及整个社会的高信用度和完善的法律。根据零售业目前的情况，传统零售业在涉足网络零售前应有充分的准备。

1. 注重人才的培养

运营网络零售必须有相应的各种服务器等硬件设备，而这些硬件部分的维护支持需要大量的专业人员才能得到保证。另外，还需要网页编辑、美工和编程人员。同时，建立健全企业的计算机管理信息系统则是网络零售成功运营的基础。因此，零售商应关注兼具营销理论与计算机技术的人才，强化在职培训，并研究制定奖励办法和激励机制，吸引优秀的商用网络人才加盟企业。

2. 掌握网络零售商品的特点

适合网络零售的商品应该是富含信息的商品，即包含大量事实、新闻、知识、智慧及相对易于标准化处理的产品，如图书、音乐、汽车、消费性电子产品、计算机、软件、房屋以及礼物等。如亚马逊通过创建一个包含 250 万条书目的数据库，成为比世界上最大的书店还大的虚拟书店。

3. 追求人性化服务

网络零售应以直接的商业信息联络为前导，了解每个顾客的特殊需求，加强与顾客的联系，从而赢得市场。亚马逊通过建立读者、作者、编者与出版者之间互相即时沟通的平台，拥有 80 万名会员，参与者互相点评与讨论，形成了一个个趋于稳定的独特文化群体。读者这种比较亲和的互动关系，使站点可以比较容易地收集到读者的信息、趣味，以及他们的购买需求，从而能更快地向他们推荐所需要的新书。这种个性化的服务方式同样也在其他商品品类中得以应用，如美国彭尼公司的客户账户数据库有 9 800 万用户登记，还包括 1700 万信用卡消费者的丰富档案，使其在线结婚礼品登记及服装等商品的销售服务极具个性。

4. 有计划地拓展网货品类

虽说网络零售应选择富含信息的商品，但随着销售的个性化，日常商品应当是网络零售的更大市场。根据哈佛大学经济学院消费行为分析专家雷蒙德·伯克提供的数据，一个购物者一般每周要用 90 分钟购物。这种购物活动是重复性的：每周购买的东西中 8% 是完全一样的。因此，随着个人计算机的普及使用，越来越多的家庭开始接受网络零售在线预订服务。但商店在选择品类时应利用品牌优势，循序渐进，有计划地拓展。

5. 创新虚拟的购物体验

由于真实的购物活动所带来的生理、心理体验是网络零售的虚拟时空所无法比拟的，传统的零售业会不断挖掘自身的优势，对网络零售商的挑战加以反击。例如大型商店开设餐馆和儿童娱乐场所，唱片商场安装视听室，书店设有露天咖啡店，白酒商场举办品酒晚会，等等，这种集休闲、娱乐为一体的消费内容仍会对人们有强大的吸引力，人们为此也会走出家门，去过社会人的生活。网络零售商应该追踪现代技术的发展，创新客户界面，改善服务流程，提升客户满意度，挑战传统零售业的客户购物体验。

第二节　在淘宝网开店的步骤

一、拥有淘宝账号

1. 注册

有特色的会员名更容易让别人注意，不建议选择超长的英文名或者完全没有意义的一串数字，大多数淘宝买家的英语水平有限，一串字母没有意义，网民见了几次也未必能记住。

2. 申请认证

申请认证时，只需要点击鼠标，耐心等待。用数码相机或者扫描仪将身份证拍（扫）下来上传，然后等待三个工作日，认证就会有结果。如果因为某种原因无法通过认证，淘宝客服会主动联系。

二、通过认证

1. 进货

认证通过后，出售中的商品有 10 个才能开店。经过几天的时间来考虑卖什么、去哪进货，如果没有实体店或好的进货渠道，建议卖一些价格不太高的时尚商品，或者是有特色的商品，商品最好是人无我有。

2. 拍照

商品选好后，要为商品拍一张美照片。照片拍好后，可以在照片上打上一层淡淡的水印，水印上标明店名，打上店址，做好宣传。

3. 商品名称

有了漂亮的商品图，就该给商品上架了。商品名称要注重常用的关键字，以方便被搜索到。例如，产品的名称是"艾莉诺时尚水晶馆"天然粉晶，名称只说明了这款手链的材质，却没有写上最重要的"手链"两字，以"手链"为关键字进行搜索，这款商品就会错失被搜索到的机会。

4. 商品描述

做商品描述的时候，最好只用一到三种颜色，不要超出三种。字体选择宋体适合阅读，标题字体可以用颜色来突出，描述比较琐碎的时候，可以使用表格来规范，以便买家更好地阅读。

5. 价格设置

价格是商品成交与否的一个重要因素，大家购物的时候，会考虑价格因素，要为产品设置一个有竞争力的价格。当然价格的高低跟货源、进货渠道有密切关系，如果能进到比别人更便宜的货，那么就比别人更具有竞争力。

6. 运费

除了价格因素，运费也是买家关注的一个重点。要尽量给买家节省邮寄费用。特别是价值只有几元的商品，如果邮费设置高了，会引起买家的反感。

7. 有效期

有效期是指商品发布的有效期，只有 7 与 14 天两个选择，可建议淘宝增加更长时间。

三、开店

1. 店名修改

上满 10 件商品就可以开店了。店名要起好，店名是可以修改的，所以没想好也可以先起一个，想到了中意的店名再改过来。店名要诱人，能吸引人们的注意，最好是看到店名就能明白店铺是卖什么的。

2. 店标、店铺介绍与店铺公告

店标、店铺介绍与公告是不可缺少的。可在店铺公告上写促销说明。店铺介绍可写上主营项目，买家会感觉到商家的用心。

3. 头像与签名

论坛是淘宝的一个交流窗，也是宣传的好地方，发广告贴是被禁止的，所以，要将广告做到论坛头像与签名上，有不少客户会通过论坛找到网店。

四、运送

商品卖出，收到支付宝的打款通知以后，要尽可能节省运费，将商品安全地运送到买家手中。

五、服务

商品卖出不代表交易就此结束了，还有售后服务，不管是技术支持还是退换货服务，都要做到位。

六、促销

酒香也怕巷子深，所以开店后的宣传工作十分重要。

1. 发贴

发贴是一种宣传方式，有人到论坛发贴，会将顾客引流到自己的店铺。贴子的含金量越高，广告效应就越强。

2. 名片

为自己印上一张名片，标上店名跟网址，发给亲人、朋友、同学、同事，这些都有可能是你的潜在客户。商品寄出的时候，捎上一张名片，你的客户在跟朋友展示他在网上购买的东西时候，可能会把名片传给他的朋友，这就又多了一个潜在客户。

第三节　网店经营策略

随着电子商务的高速发展，网店越来越多，但只有少数网店能取得较好业绩。网店要以消费者需求为出发点，依据店铺自身特点和淘宝平台的特性，从货源、店铺、商品、推广促销、客服和物流等方面采用适宜的经营策略，才能取得理想的经营效果。

一、货源选取

对于网店创业者来说，货源选择是开展经营活动的重要环节，一定程度上决定着创业的成败，所以必须要分析网站上的商品是否与自己店铺的定位一致，以及这些商品对消费者是否具有吸引力。同时，还要考虑自己是否喜欢、熟悉这类商品，因为只有自己喜欢的商品，才会有激情去了解、去宣传；只有自己熟悉的产品，才能够敏锐地抓住卖点向消费者推介。

网店的货源主要有以下几个渠道。

（1）自产。卖家自产的商品在数量和质量上可控性强，但能够拥有自产货源的卖家较少。

（2）网络代销。代销货源种类多，商品管理简单，资金投入少，但商品质量难以把握。

（3）批发进货。传统批发市场服务周到，但由于受到地域限制，商品的种类可能不够丰富，且价格相对较高；而通过阿里巴巴等网络批发市场进货，商品种类丰富，价格低廉，但质量存在一定风险。

经营网店最好是自己进货，这样对产品质量比较了解，能够保证描述与实物相一致，为诚信经营打下基础。

二、店铺装修

1. 店名

和传统店铺一样，网店的起名也讲究简洁响亮、吉祥大气。此外，由于淘宝上可以通过店铺名称中的关键字搜索找到相关的店铺，所以店名最好与所经营的产品相关。建议最好充分利用 30 个汉字的长度限制，把主打产品、经营特色或促销活动也加入店名中，如"百分之一韩版女装年底大清仓全场 1 折起"。另外，在店铺名称中加入某个热店名称的关键词，可使店铺在买家搜索该热店时也作为查找结果出现，有助于提高店铺曝光率。

2. 店铺

店家可以根据所经营的商品特点和目标消费群体的审美习惯装修店铺。消费者来到网店首页，第一眼看到的是店招，店招采用动态图片会加深浏览者的第一印象，其内容可以由商品图片、店铺名称、促销活动、店铺信誉等内容构成；促销栏要以较大尺寸突出主推商品，也可用醒目的颜色和字体发布促销内容及相关提示；宝贝分类的一级栏目最好做成图片形式，既美观又醒目；收藏店铺不仅方便顾客日后购买，同时收藏量也影响店铺排名，为了便于买家收藏，最好将"收藏店铺"的图片和链接放置在店铺首页较显眼的位置。整个店铺务必做到色彩协调、风格统一，为了追求更好的装修效果，还可以购买店铺装修模板。

三、商品管理

1. 商品设置

商品设置包含标题、图片和描述三个基本要素，它们对商品的销售至关重要。

（1）标题。大部分消费者通过关键词的搜索来查找商品，而目前淘宝的商品搜索是针对商品标题的，只有标题里含有买家搜索的关键词，商品才能被搜索出来。所以设置标题时必须在分析目标消费群体的搜索习惯后，选择关键词并确定其组合方式，以提高商品浏览量。在设置关键词时，可从属性、促销、品牌和信誉关键词等四方面入手，如某女装标题为"纯棉连衣裙"，如果采用了多种关键词进行组合，并充分利用 30 个汉字的长度限制，改为"八折包邮 2013 新款伊黛儿韩版甜美长袖纯棉连衣裙专柜正品"，可大幅提高被搜索到的概率，且促销信息放置在标题最前面，容易吸引买家点击浏览。

（2）图片。在网购中，买家主要通过图片来获得对商品的直观认识并刺激产生购买欲望，因此商品的拍摄和图片的处理十分重要。商品照片要求构图美观、主体突出、色彩明亮、成像清晰，背景简洁单一并与产品风格协调，能够全面体现出商品的优点和细节。后期可用 Photoshop 等软件对照片进行修饰处理，并配上简洁的文字，把买家最关注的价格、促销等信息优先传达出来，引导买家深入了解。但商品图片不能过度美化，以防失真。

（3）描述。从买家的需求角度出发去描述商品，让买家充分了解商品，并产生足够的信任，可极大地提升店铺的转化率。① 通过图片、文字、表格等形式展现商品的材质、规格、性能、使用和保养等信息，并突出卖点，以帮助买家全面了解商品。② 从品牌、荣誉、销量等方面展示企业的实力，以提升买家对商品品质的信任。③ 由于网络的虚拟性，消费者无法真正接触到商品，往往借助其他用户的评价来了解商品，所以在描述中插入其他用户评价的截图，可提高商品的可信度。④ 交易说明中，首先应强调售后服务的保障，让买家无忧购物；其次则是"买家须知"，即从购买、收货、验货、退换、保修等方面明确买卖双方的责、权、利，防止交易纠纷。⑤ 为了带动其他商品的销售，在商品描述中还应对相关商品进行关联营销。此外，店铺中的商品描述尽量采用统一模板，使店铺看上去更美观、更专业，更能获得买家的信任。

2. 商品上架

（1）分类。商品分类的原则是方便顾客查找商品。一般可按照商品品种、规格、品牌和更新时间来分类，也可在店铺中同时采用两种分类方式。如果商品较多，则还可作二级分类，如某银饰店在"女士银饰"类目下，又分为"耳饰""项链""吊坠""手镯""戒指"

"脚链"等，非常方便顾客挑选。新品和促销活动的分类应尽量放在靠前的位置，促销活动的分类名称应经常更新，以保证其吸引力。

（2）上架时间。虽然网络购物摆脱了时间的限制，但淘宝每天客流量还是集中在三个时段：上午 10:00—12:00，下午 15:00—17:00，晚上 20:00—22:00。影响商品排名的因素有很多，距离下架时间的长短也是其中之一。同样条件的商品，离下架时间越短，排名越靠前。所以尽可能在每天 10:00、15:00、20:00 这三个时段上架商品，由于淘宝商品发布周期为七天，坚持一周后，每天的客流高峰时段就都会有商品排在靠前的位置，给店铺带来较大的流量。

（3）掌柜推荐和橱窗推荐。掌柜推荐的商品居于店铺首页商品列表的前列，顾客进入店铺后最先看到它们，而且顾客在查看店内任一商品时它们都会显示在该页面的最下方，用旺旺沟通时也在买家对话框的右下方显示。所以，把店铺中人气最旺的商品设置为掌柜推荐，可充分吸引浏览者的目光，提高成交的可能性。根据开店时间、信用级别和销售情况等条件，每个卖家都可免费获得数量不等的橱窗推荐位。当买家搜索商品或者在"我要买"中根据商品分类进行查找时，出现的就是各店铺橱窗推荐位的商品，它们获得的展示机会远比非橱窗推荐的商品高。在其他条件包括下架时间都相同的情况下，橱窗推荐的商品排名更靠前，因而把离下架时间最近的商品作橱窗推荐，可进一步提高商品的排名、曝光率和点击率。

四、推广促销

1. 站外推广

酒香也怕巷子深，装修好店铺、上架了商品之后，还必须采用各种方式进行店铺推广。除了常用的 QQ、旺旺、论坛、博客和邮件推广外，还可利用微博和微信进行推广，也可通过淘宝联盟选择在目标群体与店铺符合度高的网站上投放广告。此外，按效果付费的淘宝客推广是行之有效的推广方式，但采用淘宝客推广时，须选择销量较高的商品并设置较有吸引力的佣金。资金充足的网店也可以尝试在百度等搜索引擎投放关键词广告。

2. 淘宝站内服务和活动

利用淘宝平台的各种推广工具和活动往往对店铺提高知名度和销售额有立竿见影的效果。充分利用淘宝的各种免费渠道，如试用中心、掌柜说、淘画报、店铺街等以获得更多的免费搜索流量，并积极参加各类根据不同节令开展的推广促销活动。淘宝直通车可以起到迅速提升销量的作用，店铺可选择一至三款热销产品投放直通车推广；报名参加淘金币活动，不仅可带旺人气、提升销量、打造爆款，还可带动店内其他商品的销量；申请免费的淘代码放置于线上、线下任何买家可接触之处，方便买家访问店铺或商品。网店发展到一定程度后，可选择通过投入较高但见效更快的硬广、钻石展位、明星店铺和聚划算等方式进行推广。

3. 促销活动

利用淘宝平台的"满就送"、限时折扣、搭配套餐、店铺优惠券和会员关系管理等工具开展促销活动，往往效果十分明显。"满就送"可以有效提升客单价；限时折扣可促使买家尽快下单；搭配套餐可带动相关商品的销售；店铺优惠券和会员关系管理则可以提高顾客忠诚度和二次购买率。店铺可根据经营情况和商品特点，有选择地购买相应工具，并积极参加诸如"双 12"等淘宝促销活动。此外，还可根据季节、节日或其他理由自行开展店铺促销，如圣诞、店庆、冲钻等均可作为促销的理由。值得注意的是，大多数消费者对商品是否包邮非常在意，故含包邮方式的促销活动对消费者具有较大的吸引力。

五、客户服务

网店客服是架设在消费者和网店之间的桥梁，客服的服务质量在一定程度上代表了店铺的形象，直接关系到店铺的成交率和二次购买率，并影响用户体验。

1. 售前服务

售前服务直接影响能否成交。大多数消费者在购买之前会向客服咨询和议价，并通过与客服的交流判断店铺和商品的可信度，做出购买决策。客服必须掌握商品及其周边知识，热情、耐心地面对每一位客户，快速、准确地回答顾客的问题，并引导顾客购买。

2. 售中服务

这一阶段要求客服必须熟悉淘宝的交易流程和支付宝的使用方法，耐心、细致地帮助顾客完成购买、支付流程。

3. 售后服务

售后服务关系到顾客的用户体验、购买评价和二次购买率。售后服务包括以下几个方面：顾客购买后要及时与其核对所购商品的名称、数量、单价以及收货地址等信息；发货时最好附上一份感谢信或贺卡、优惠券等；发货后要通过旺旺和短信告知顾客物流信息，并提醒其注意查收；顾客收到商品后，告知使用和保养注意事项；此外，售后服务还包括退换货和维修等内容。在这一阶段中，网店客服必须耐心细致、礼貌周到，只有这样才能为顾客提供优质的服务。

网店客服尽可能全天候在线，至少在客流高峰期必须在线，不在线或离开时需设置旺旺自动回复，其内容主要是店铺经营范围、促销活动、联系方式等，并表明在看到留言后会尽快回复。

六、物流快递

除了虚拟商品外，网店销售的商品都需要经过物流配送才能送达顾客手中，在顾客确认收货、支付货款、给予评价后，交易才算正式结束。物流公司的到货速度和服务态度会影响顾客的用户体验，甚至会影响店铺信誉度的提高，所以最好选择实力雄厚、口碑良好、网点齐全的物流公司。物流费用在经营成本中占有一定比重，所以在选择物流公司时，运费也是必须考虑的因素之一。通常物流公司都会给予长期或大宗客户一定的优惠。

第四节　C2C 电子商务的物流模式选择

一、决定 C2C 电子商务物流模式的条件

1. C2C 网店对网络平台的依赖性

（1）品牌依赖性。C2C 网店的开设完全依赖于合适的网上电子商务平台，当初大多数人到易趣上开店，追求的就是易趣的经营理念和良好的网络服务。后来，阿里巴巴推出了淘宝，"全免费"优惠一下子就让网店的老板们集体倒戈，全然不顾在易趣积累起来的商业品牌。几年后，易趣败退中国 C2C。淘宝打算推出"招财进宝"，向网店老板收费，包括那些经营得非常红火的老板立马打算向其他平台迁徙。即使如淘宝网般如日中天的 C2C 网络平台，也立即停止行动。淘宝有今日的品牌形象和 C2C 领跑者的地位，全都是因为一个个网络商店的捍卫，这些网络商店实现的就是低价。

虽然 C2C 网络商店在很长的初期阶段没有自身的网络形象，但大家知道，淘宝是最大的 C2C 网络电子商务平台，消费者在这里几乎可以找到想要的一切商品。如同城市中的繁华地段，人流如潮。淘宝的品牌知名度很高，这是巨大的商业价值，借助这块金字招牌，只要自己提供的商品价格足够低廉，就一定会得到消费者的垂青。

消费者知道，在虚拟的网络环境中，人们普遍关心的产品质量问题仅依靠卖家是无法解决的，如果购买的是工业品，人们会选择品牌知名度较高的，其质量由生产厂家提供保证；如果是非品牌商品，如土特产，消费者会首选来自产地的商店，通过卖家信用和直接沟通来决定是否购买。在 C2C 购物时，消费者喜爱淘宝还有另外一个原因，就是淘宝为消费者提供了多种多样的鉴别商店的手段和措施，如信用等级评价、旺旺直接沟通、同样商品的交易平均价格、快速的搜索和排名等。淘宝率先可靠地解决了长期以来网络购物存在的支付问题，支付宝成了淘宝制胜的法宝。

（2）服务依赖性。相对于 C2C 电子商务平台，数量众多的卖家都在演绎着蚂蚁搬家似的故事，网上开店的老板大多数都白手起家，除了在网上提供出售商品的信息之外，几乎没有其他任何服务的能力。开店的地方是平台提供的，商品的售后服务一般由生产厂家提供，或者干脆没有售后服务，因为靠网上商店来提供售后服务成本很高，买卖双方都难以承受。支付问题更是商店无法解决的，只能依靠第三方提供，再就是商品递送，C2C 的物流问题往往价格约束非常大，即买卖双方都对递送价格非常敏感。

（3）交易过程依赖性。C2C 网络购物的交易过程要经历信息搜集、洽谈、订购、支付、递送、收货、反馈等环节，其中信息搜集要依靠搜索引擎，高速有效的搜索引擎是网络平台的基本服务内容，如果希望自己的网店得到更多的青睐，最好的办法是在搜索排名中居于前列；洽谈环节需要网络平台为双方提供点对点的交流工具，如淘宝网提供的 Web 旺旺和阿里旺旺，其中阿里旺旺还提供了聊天记录的保存功能，为解决纠纷提供了证据支持；支付过程一直是网络购物的难点，第三方支付工具结合银行提供的网上支付构成网上支付工具，不仅成为支付平台，而且因为其居中的权威性，解决了买卖双方的信用缺失，提高

了交易成功率；C2C 电子商务的物流完全依赖社会性的第三方物流来承担。从以上可以看出，C2C 电子商务的交易过程对网络平台的依赖性很大。

2. C2C 网店对社会性的第三方物流的依赖性

物流问题一直是电子商务的瓶颈，尤其是 C2C 电子商务，买卖双方都没有能力依靠自身的力量组织物流，而必须把物流环节交给社会的第三方物流。C2C 网上交易的买卖双方分布在全国甚至是全球的广泛区域内，交易数量的巨大和较小的单笔交易额形成强烈反差，消费者在 C2C 电子商务交易中对递送时间有较高的要求，这使得 C2C 电子商务中的递送时间和费用成为影响交易的重要因素，甚至决定交易的成败。也正因为如此，C2C 电子商务的物流递送一般首选物流快递，其中费用较低的民营快递更是广受青睐。

3. C2C 物流的时间要求高

依据相关调查，消费者对网上购物的送达时间要求一般为同城 1 天，国内 3～5 天，国际 7～10 天，说明 C2C 电子商务对物流的时间要求高。近年来，社会性的物流快递业的快速发展正好满足了 C2C 电子商务的物流需求，由此带动了 C2C 电子商务的快速发展。

4. C2C 物流的价格敏感度高

C2C 电子商务的单笔交易额较小，网上交易拼价格尤甚于传统商业企业，由于交易批量和交易额小，物流递送价格直接影响商品的销售成本。

二、创新模式寻求解决 C2C 物流的有效方法

C2C 电子商务物流问题一方面不可能通过自营物流模式来得到解决，另一方面，我国的第三方物流还处在不稳定的高速发展阶段，要解决日益扩大的 C2C 电子商务物流需求，必须创新 C2C 电子商务与物流的合作模式。

1. 物流快递业提高服务质量是前提条件

目前，我国快递企业中，民营快递公司的网络发展最为迅速，相对低廉的价格和较好的服务态度吸引着大部分的网络卖家与其合作。网商们一般会倾向于选择使用本地经过正规注册的规模较大的快递公司。同时，网点较多的快递公司也成为体现其规模和实力的重要因素，因为如果其网点不够多，很多较为偏远的地区都不能送达或要通过 EMS 和其他快递公司中转，就会造成网络卖家成本增加、送件延误和丢失等问题。当前中国快递公司的良莠不齐，尤其是高速成长中的中国民营快递公司，急需通过对投递环节中细节服务的标准化、管理上的规范化和科学化、品牌构建和品牌传播的专业化来整合资源。

2. C2C 电子商务的物流模式

（1）物流联盟模式。所谓物流联盟，是指电子商务网站与邮政、快递等物流企业组成的物流产业链，电子商务平台在其中扮演产业链的中枢角色，对各方面的物流资源进行合理而高效的整合与利用。

作为当前国内最大的网上安全交易服务提供商，支付宝率先与相关物流企业进行合作。2005 年 6 月，支付宝与天津大田集团和宅急送成立了我国第一个电子商务第三方物流联盟，解决物流瓶颈，打造适合电子商务发展的现代化物流模式。整合物流之后，支付宝在

"全额赔付"制度的基础上，2006 年又推出"推荐物流赔付制度"。在支付宝交易过程中，卖家在交易中直接使用支付宝系统，用下订单的方式选择由支付宝推荐的物流服务，享有支付宝与推荐物流公司商定的相应理赔内容，即对物品在运输过程中的遗失、破损及非本人签收给客户造成的损失，给予相应的赔偿，进一步强化了对买卖双方的利益的保障。

建立物流联盟模式的基本条件是第三方物流的成熟。目前，我国第三方物流发展迅猛，国外的物流大鳄、中国邮政的 EMS 以及大量出现的民营快递公司齐头并进，但也有越来越多的问题暴露出来，如入市门槛低，服务网络覆盖率不高，物流过程跟踪难度大，服务质量差，纠纷解决难，等等。在这样的情况下，物流联盟模式作为一种较为先进的电子商务物流模式是一种选择，但如果仅仅依靠平台网站建立起来的物流联盟模式，在现阶段其本身就存在着很大的风险，也很难独立承担起 C2C 电子商务物流的任务。外资物流企业和中国的民营快递在全国范围内的网络布局远未完成，要完成物流任务，必须与其他物流企业进行合作，增加了服务难度和成本，风险可控性差。中国邮政的 EMS 却因为价格较高，很难被对成本十分敏感的 C2C 电子商务作为首选，充其量只能作为备选方案。

（2）便利店模式。便利店模式来自日本的 7-11 公司的服务模式，即充分利用分布于各居住区的便利店来完成物流快递的最初和最后一公里，让便利店成为物流快递公司的接货起点与终点送达手段。这样既可以极大地降低或减少物流快递公司的配送成本，又可以使原有的便利店资源得以充分发挥作用。尤其是对上班族来说，便利店送达可以减少因为上班错过送货时间的机会。

便利店模式的前提条件是网络化的便利店，充分利用信息平台把便利店网络与物流快递网络、网上商店电子商务平台网络等整合起来，实现网上网下联动。在我国，全国范围内统一的便利店系统始终未能形成，如果利用散落的便利店，势必不能充分利用信息平台进行资源整合，便利店模式的优势也就不存在了。

（3）物流代理模式。物流代理是指物流渠道中的专业化物流中间人，其以签订合同的方式在一定期间内为其他公司提供所有或某些方面的物流业务服务。对 C2C 网络购物的卖方来说，面对日趋激烈的市场竞争不得不将主要精力放在自己的核心业务——网络营销上，而将物流环节交由专业物流企业进行操作，以求节约和高效。物流快递公司分析比较操作成本和代理费用，灵活运用自理和代理两种方式，提供客户定制的物流服务。在卖家难以有力量去选择和监督物流快递公司的运作过程时，选择如易运输这样的专业物流代理，开展对物流快递公司的综合性分析和评价，在经过充分比较后选择适用的物流快递公司作为自己的合作伙伴。

（4）指定或推荐物流模式。在 C2C 电子商务平台上开设的网上商店，规模大小差异很大，在其与物流快递公司的合作过程中，"店大欺客"和"客大欺店"的现象同时存在。为了减少物流成本的差异性，提高网上商店的物流服务质量，电子商务平台或网站应该充分利用自身的优势，与规范的、专业化的物流快递公司建立战略合作伙伴关系，向全体网商推荐这些物流快递公司，鼓励网商使用合作的物流快递公司的物流服务。

由于平台的加入，可以有能力（集众多网商的需求）进行服务招标，C2C 网上商店的卖方可以自愿选择是否采用平台推荐的物流快递公司，如果采用了平台推荐的战略合作伙伴，就可以享受到相应的物流服务。实际上，目前 C2C 网上商店卖方也自发地与大大小小的物流快递公司形成了一定的合作关系，如货款的按月按量结算、量大优惠等，只不过这种合作的规模很小、很不稳定。

 本章小结

1. 网络零售的类型包括电子零售型、网上购物中心型、电子商业街型、电子拍卖型、电子直销型、个别顾客售卖型和虚拟社团型等。

2. 网店的特征包括虚拟性、时空优势、全方位展示优势、密切用户优势、可实现深度分析和降低费用优势。

3. 网店经营功能包括信息传播功能、广告促销功能、货币支付功能和商品交付功能。

4. 在淘宝网开店的步骤包括拥有淘宝账号、通过认证、开店、运送、服务和促销。

5. 网店要以消费者需求为出发点，依据店铺自身特点和淘宝平台的特性，从货源、店铺、商品、推广促销、客服和物流等方面采用适宜的经营策略，才能取得理想的经营效果。

6. 物流模式选择包括物流联盟模式、便利店模式、物流代理模式和指定或推荐物流模式。

思考题

1. 简述网络零售的类型。
2. 简述网店的特征。
3. 简述网上商店的经营功能。
4. 简述在淘宝网开店的步骤。
5. 简述网店的经营策略。
6. 简述物流模式的选择。

 **案例分析**

大润发超市经营的案例研究

大润发超市（RT-MART）是台湾的一家大型连锁超市，成立于1996年，由润泰集团总裁尹衍梁所创设。最初模仿万客隆，以仓储模式经营。其后，大润发中国大陆区CEO黄明端在走访欧洲各国时，发现万客隆门可罗雀，而隔壁的家乐福却门庭若市，决定让原本供工商业采购的大润发仓储变成大卖场模式的大润发零售店。1997年创立的超市品牌，具体由大润发流通事业股份有限公司负责经营。1998年7月，大润发在大陆的第一家店开在地处工业区的上海闸北区，采用自助服务和集中式一次性付款的销售方式，主要经营产品有零售日用百货、日用杂品、针纺织品、五金交电、照相器材、仪表仪器、工艺美术品、精品、精细化工产品、音像制品、副食品、粮油制品、冷冻食品、干货类食品、烟酒类、书籍等，配套中西快餐等商务服务，成为满足消费者日常生活需求的零售业态。2010年年底赣州大润发超市开业，到2012年年底已开设219家店，这16年间，以年均20家的速度扩张，年均销售额以 15% 的速度增长，成为中国零售超市销售冠军。在全球经济不景气的大背景下，大润发超市的经营业绩不能不说是一个奇迹，它在战略管理和专业管理方面用什么样的经营管理方法，有什么样的成功经验，有哪些失误，又有哪些不足，对其他经营者有什么启示？下面我们把大润发超市作为一个案例，用系统的管理知识体系加以描述和讨论。

一、大润发超市的战略管理

1. 资本结构

大润发的股票并没有在台湾股票交易市场直接上市，润泰集团的子公司润泰纺织（润泰全球）持有中国大润发 16.7% 股权，润泰建设（润泰创新）持有中国大润发 10.85% 股权，法国欧尚集团持有 67% 股权。2001 年 2 月底，欧尚集团和润泰集团在香港注册成立香港太阳控股公司，它将 50% 的股份分别投入新组建的欧尚中国公司和上海大润发有限公司，分别持有两家公司 35% 的股份。

2. 战略布局

大润发在战略布局上基本集中于华东地区，不断加大华东地区的优势，使得华东地区具有绝对的优势，而其他竞争对手很难在这个中国最富裕的地区与其竞争。当一个区域巩固后，按照大润发的选址模式再扩张，不断发展。大润发在大陆分为 6 个区发展，分别为华东区（总公司在上海）、华北区（总公司在济南）、华南区（总公司在广州）、华中区（总公司在武汉）、东北区（总公司在长春）和西北区（总公司在西安）。与家乐福、沃尔玛门店投资主要集中于重点城市不同，大润发不仅在一线大城市发展，更注重在二、三线城市和县城发展。

3. 大润发的选址模式

通过消费者结构调查，结果表明：进入超市购物的消费者中 68% 为女性，其中 39% 乘公共汽车，37% 步行，15% 骑自行车，9% 乘坐出租车或小轿车。因此，大润发的选址一般都布局在城市的次级商业区的居民区，而非核心商业区。这一区域将来有一个非常大的发展空间，可建停车场。环绕在大润发卖场周围可以组建其他的商业业态，包括餐饮、服饰、娱乐等，从而形成以大润发超市为主，其他商业业态为辅的次级区域的商业生态区。

4. 大润发的经营哲学

经营理念：让大润发走进每一位顾客的生活中。

企业宗旨：大润发提出"帮顾客节省每一分钱"的宗旨，实现了价格最便宜的承诺。

5. 社会责任

大润发提出保障产品的质量和安全，应用家乐福质量体系，同农户共同开发绿色产品和有机食品，从产品的设计、包装和物流等方面充分考虑环保的因素。踊跃参与当地的公益事业和社区活动，积极支持并参与国家大事，以多种形式向受灾地区、希望学校、社会福利机构捐资捐物。

二、大润发超市的专业管理

我们知道服务行业很难做到标准化。大润发超市的管理者吸收了工业时代泰勒科学管理精髓思想——精细化管理，流程的精细化就容易形成标准化。赣州大润发超市流程标准化的做法主要有以下几个方面。

1. 服务流程标准化

大润发的服务流程是进店、指引、购物、结账、出店。

2. 采购流程标准化

大润发与供应商关系良好，主要遵循"三少一快"，即少盘剥、少促销费、少卡拿，快速结款。在后台具体产品的采购上，遵循采购原则和流程，按不同分区功能特点进行商品采购。

3. 运营流程标准化

供应商供货、收货、入库、出库的流程非常规范，内容已经标准化。

4. 培训流程标准化

大润发的培训有比较严格的标准，无论是新进入的兼职的大学生，还是老员工，入职都必须进行价值观和服务理念的体系培训。培训流程和培训时间不会因为个人的原因而改变。

5. 现场采用 5S 管理

5S 是指以整理（SEIRI）、整顿（SEITON）、清扫（SEISO）、清洁（SEIKETSU）、素养（SHITSUKE）为核心内容。大润发员工在现场每日反复实践 5S，不断改进现场管理。

三、大润发超市的市场营销管理

1. 价格策略

低价吸引消费者走进大润发超市。大润发配备了市场价格监察员，时刻关注竞争对手价格，一旦发现对手降价，立刻反应。大润发超市保持低价主要采取以下措施。

（1）从生产终端采购。大润发一方面与欧尚合作，运用全球网络进行采购，对于需求量大的产品，直接找厂家大规模成批量付全款买断；另一方面直接找到肉、米、瓜、果的生产者，采用期货锁定制，提前在生产终端控制价格。

（2）降低成本。大润发拥有专门的防损部门，同时实行的是损失率与个人业绩挂钩的原则，这样使得日常各个部门的损耗降到较低水平。同时，建立了专门的防损区域，进行专门的防损监控，从而进一步降低成本，保证低价策略。

（3）产品价格组合。招徕价格吸引人气，高价产品赚取利润。二者组合拥有高度的互补性和协同效应。大润发利用 ERP 信息系统对所有的商品按周期进行精确的测算，深度分析超市客户群体的特点，为他们提供不赚钱的生活必需品，在其他产品上赚取高溢价。

2. 渠道策略

大润发在广阔的三、四线市场，甚至于五线市场开店，下沉自己的渠道，在一线城市增长乏力的时候，三、四线城市可能会成为中国未来零售的主战场，再加上城镇化的发展，这种下沉的营销渠道策略是大润发扩大市场渠道优势的作为。

3. 促销策略

（1）卖场促销。大润发超市内部物品按功能区块陈列，卖场有音乐的烘托，营造温馨快乐的购物环境。

（2）开业广告。大润发超市开业广告只做两件事：一是开店前会大量地在本地电视媒体上推广；二是大量地印制纸质购物券派员挨家挨户发放。

（3）运营购物免费车与移动广告。大润发独家运营着自己的购物免费车。这些车车身涂满大润发的标志，也成为平日里最有效的移动广告。

四、大润发超市的文化管理

大润发"以人为本"，形成"诚实、热忱、创新、团队"的企业文化。大润发虽来自台湾，但聘用员工本地化，运营团队的决策权已从集权过渡到分权，大润发总体显示着良好的本土文化。

（1）诚实。大润发要求员工为人诚实正直，做事务实诚信。说话办事、待人接物诚信，严格遵守职业操守，实事求是，做好本职工作；勇于承担责任，承认工作失误和错误，找出原因，不断改进并避免再错；犯错了具有反省力，有承担的勇气，同样的错误不要再犯；对顾客不能犯服务之错，只要发现与供应商勾结，收货、盘点时弄虚作假等，一律严处，无任何理由可言。

（2）热忱。顾客进店有人"欢迎光临"，店内有导购介绍商品，以优质服务面对每一位顾客，完成每一件工作。顾客出门有人"谢谢光临"。

（3）创新。包括信息系统创新和服务特色不断创新。

（4）团队。员工团队是一家人，工作、生活上相互帮助，凡事都可以讨论，各部门与总店的门都是敞开的，团队内人员可以互相学习。团队具有反省力，不断改进，精益求精。

五、大润发超市面临的威胁与挑战

虽然大润发比其他超市在战略管理、专业管理、市场营销管理和文化管理等方面具有优势，但是也面临着严峻的威胁与挑战。

1. 消费者反应的问题

（1）同一功能区的卖方为了争夺顾客，双方发生打架现象，企业形象受损。

（2）顾客进入超市什么可以带，什么不可以带，应明确告知。例如，规定女性随身带的包什么包可以带入，什么包不能带入，以免部分顾客生气。

（3）关于小票盖章问题。消费者结账后，获得小票，有的人可能随手扔掉，有的人交给了同伴，在小票盖章处可能发生冲突，至少应在结账处告知消费者。

（4）产品退货问题。有消费者买到变质的商品或不如意的商品要求退货，虽然大润发规定期限为7天，但如有特殊情况，应协商解决产品退货问题。

2. 国际商业巨头的挑战

以大润发为代表的本土企业学习能力越来越强，以沃尔玛为代表的国际商业巨头在深入理解中国市场之后，如果大润发不再努力，时时事事为消费者着想，也许生命周期不会太长。

3. 食品安全事件的挑战

食品安全事件与超市客户争端越来越多，大润发能否适应当代危机公关也是一大考验。

4. "90后"员工的挑战

大润发属于劳动密集型企业，"90后"员工越来越多，工作累而无趣，职务上升空间小，待遇不高，大润发应如何应对？

5. 电子商务的挑战

在电子商务大潮下，消费者去淘宝、天猫、亚马逊等网点购物，大润发又该如何去改变？

问题：

1．大润发的战略布局下沉能成功吗？

2．大润发的选址模式对开超市有什么启示？

3．大润发在经营哲学中提出"经营理念：让大润发走进每一位顾客的生活中。企业宗旨：帮顾客节省每一分钱"。你认为这些提法有管理学的原理吗？如果你是该企业的一名高层管理人员，请提出你的经营哲学。

4．超市服务流程的标准化能做到吗？服务业流程的标准化该如何考虑？

5．大润发超市的低价格是骗人的吗？你如何看产品价格组合策略？

6．大润发三招促销对其他商业促销有什么启示？

7．大润发文化管理有何优势？

8．作者提出大润发面临的威胁与挑战你认同吗？你如何解决这些问题？

分析：

1．销售渠道的延长要利用日常消费品，但需要消费者的数量、可支配收入和投资回报率支持。

如果商圈中的消费者数量、可支配收入和投资回报率支持销售渠道下沉，就能取得成功，否则存在潜在经营风险。

2．大润发的选址模式独特，从未来内部与外部的环境来考虑选址问题有参考作用。

3．经营哲学包括企业使命和企业宗旨，要特别注意消费者的诉求和企业自身的发展。

4．这里讨论的是服务流程的标准化，而非服务标准化问题，服务标准化难，但服务流程可以根据企业的实际流程，制定各类标准，并通过实践不断改进与完善。

5．价格组合策略运用是商业获利的关键。

6．卖场促销、开业广告、运营购物免费车与移动广告花钱少，促销还是有提高，比如节假日的打折促销的应用。

7．熟悉中华文化，对中国消费者非常了解。

8．消费者反应的问题应尽快解决，至于其他问题应精心研究加以解决。

参考文献

1. 肖怡. 零售学[M]. 4版. 北京：高等教育出版社，2017.

2. 曾庆均. 零售学[M]. 北京：科学出版社，2012.

3. 胡春才. 零售之道与术：未来中国零售业超越和蜕变之路[M]. 北京：东方出版社，2013.

4. 孟利锋，刘元元，翟学智. 零售业态管理[M]. 北京：清华大学出版社，2013.

5. 李其涛，程艳. 城市商圈与购物中心业态定位[M]. 南京：江苏科学技术出版社，2013.

6. 哈里·J. 弗莱德曼. 零售店销售游戏和竞赛手册：零售商的好帮手和赚钱利器[M]. 屈云波，黄丽茹，译. 北京：企业管理出版社，2013.

7. 艾米特·考克斯. 做零售就该这样分析：零售业绩倍增的秘密武器[M]. 徐梦蔚，译. 北京：中国电力出版社，2012.

8. 大久保恒夫. 世界最赚钱零售店的经营课[M]. 张哲，译. 杭州：浙江人民出版社，2012.

9. 林小兰，赵志群，赵宏大，等. 零售管理实务：基于超市视角[M]. 北京：电子工业出版社，2012.

10. 郑秀. 制造抢购的200个促销手段[M]. 武汉：华中科技大学出版社，2012.

11. 周宁. 美国顶尖网商的经营之道（日用品篇）[M]. 北京：机械工业出版社，2012.

12. 宋钊. 零售业经营攻略[M]. 北京：经济科学出版社，2012.

13. 王国才. 零售营销[M]. 天津：南开大学出版社，2012.

14. 山姆·沃尔顿，约翰·休伊. 促销的本质：沃尔玛创始人山姆·沃尔顿自传[M]. 杨蓓，译. 南京：江苏文艺出版社，2012.

15. 劳拉·罗利. 体验至上：美国最时尚折扣店传奇[M]. 宋洁，译. 上海：上海远东出版社，2011.

16. 沈荣耀. 品类管理实务[M]. 大连：东北财经大学出版社，2011.

17. 刘春梅. 零售学[M]. 上海：立信会计出版社，2011.

18. 巴里·伯曼，乔尔. R·埃文斯. 零售管理[M]. 11版. 吕一林，宋卓昭，译. 北京：中国人民大学出版社，2011.

19. 陈德人. 网络零售[M]. 北京：清华大学出版社，2011.

20. 罗玛丽·瓦利，莫尔曼德·拉夫. 零售管理教程[M]. 胡金有，译. 北京：经济管理出版社，2005.

21. 王琍，周勇. 零售学[M]. 上海：立信会计出版社，2010.

22. 王晓云，李宽，王健. 服装零售学[M]. 2版. 北京：中国纺织出版社，2010.

23. 孙晓红，闫涛，冷泳林. 零售学[M]. 大连：东北财经大学出版社，2010.

24．沙振权．零售学[M]．2版．广州：广东高等教育出版社，2010．

25．沈红兵．网络零售学[M]．重庆：重庆大学出版社，2010．

26．LUSCH R F. Introduction to retailing[M]. 7th ed. South-Western:Division of Thomson Learning, 2010.

27．巴里·伯曼，乔·R．埃文斯．零售管理[M]．吕一林，熊鲜菊，译．北京：中国人民大学出版社，2002．

28．周筱莲，庄贵军．零售学[M]．北京：北京大学出版社，2009．

29．陈己寰．零售学[M]．2版．广州：暨南大学出版社，2008．

30．贝尔．零售学[M]．孙晓梅，高鹏，译．大连：东北财经大学出版社，2006．

31．黄国雄，王强．现代零售学[M]．北京：中国人民大学出版社，2008．

32．孙菊剑．服装零售终端运营与管理[M]．上海：东华大学出版社，2009．

33．曾庆均．零售学[M]．北京：中国对外经济贸易出版社，2005．

34．瓦拉瑞尔·A．泽丝曼尔，玛丽·乔·比特纳．服务营销[M]．3版．张金成，白长虹，译．北京：机械工业出版社，2004．